iHuman

成为更好的人

跟着唐博学历史

秦汉肇基

唐博 著

GUANGXI NORMAL UNIVERSITY PRESS
广西师范大学出版社
·桂林·

GENZHE TANGBO XUE LISHI　QINHAN ZHAOJI
跟着唐博学历史　秦汉肇基

图书在版编目（CIP）数据

跟着唐博学历史. 秦汉肇基 / 唐博著. —桂林：广西师范大学出版社，2021.5
ISBN 978-7-5598-3672-4

Ⅰ. ①跟… Ⅱ. ①唐… Ⅲ. ①中国历史－秦汉时代－通俗读物 Ⅳ. ①K209

中国版本图书馆 CIP 数据核字（2021）第 051002 号

广西师范大学出版社出版发行
（广西桂林市五里店路 9 号　邮政编码：541004
网址：http://www.bbtpress.com）
出版人：黄轩庄
全国新华书店经销
广西民族印刷包装集团有限公司印刷
（南宁市高新区高新三路 1 号　邮政编码：530007）
开本：880 mm × 1 240 mm　1/32
印张：11.875　　字数：270 千字
2021 年 5 月第 1 版　　2021 年 5 月第 1 次印刷
定价：150.00 元（全三册）

目录

第三专题

百家与一家：传统文化的肇基

第四专题

梦境与困境：传统个性的肇基

自序

二十年前，我做中学生，以1999年河南省高考历史状元的成绩告别高中生涯，考入中国人民大学。

十几年前，我当中学老师，在北京胡同里的一所重点中学执教高一高二，跟重点班、普通班都打过交道。

近几年来，我上央视百家讲坛开讲，随后应邀到很多高校、企业、中学和图书馆、书店作历史学科普的讲座报告。

执教的过程中，不少师生跟我反映，如何消化历史知识并融会贯通，如何把握陌生新史料，是一个关键，同时也是一个难点。

授业的过程中，不少听众，特别是职场人士跟我反映，他们对历史这门学科的感受是五味杂陈：很喜欢听历史故事，但不喜欢死记硬背；对历史悬案十分着迷，但不愿看晦涩的古代文献和学术专著，误以为影视剧里的戏说就是真正的历史；想从历史海洋中寻找规律，又捋不清中国历史的大势究竟是什么。对于普通公众来说，学历史有热情，但不容易。

正常的逻辑，是占有的资源越多，学起来越游刃有余。说白了，就是要大幅拓展知识面，储备丰沛的历史信息，阅读更多的文献资料，再付之以恰当的学习方法和一定量的知识记忆，此为学好历史的不二法则。然而，无论是寒窗苦读的学生，还是职场打拼的精英，日常学习工作任务繁重，时间有限，很难有精力把浩如烟海的历史文献读个遍。《跟着唐博学历史》这套书就是用来解决这个问题的。

这是一套多用途的小书。

——它在讲故事。无论是鲜为人知的，还是耳熟能详的，都娓娓道来。

——它在高端科普。不仅普及历史知识，更梳理了横向和纵向的宏观脉络，带着读者一起，探寻历史发展的规律，总结历史的经验教训。

——它是思想结晶。凝结了我求学、从教多年来的经验和体验，它旨在用故事来引领兴趣，提炼线索，搭建框架，兼顾宏观和微观，帮助读者学会读史料、找重点、培养辩证思维，让所有的读者都能建构起科学合理的历史观和方法论。既能抛砖引玉，提升历史学习水平，更能塑造爱国情操和健康人格。

2015年，习近平总书记在致第二十二届国际历史科学大会的贺信中强调，历史研究是一切社会科学的基础。作为“基础”，需要形成横向到边、纵向到点的立体化、网格化格局，才能更扎实、更牢靠。在这套小书里，我愿以历史故事为点，三条线索成面，点、线、面结合，搞清历史脉络，探索历史真谛。

唐博

2020年8月18日

引言

先秦秦汉，魏晋南北朝，纵横捭阖几千年。助纣为虐、老马识途、退避三舍、狡兔三窟、金屋藏娇、乐不思蜀、投鞭断流……每个脍炙人口的成语，都浓缩了这段历史的一个或若干个片断。如何把握这段历史的基本特征，将其学深学透，找到历史的智慧和奥秘，提炼出历史发展规律?《跟着唐博学历史：秦汉肇基》做出了有益尝试。

我们对这段历史的基本特征做出了最精炼的概括，那就是“秦汉肇基”。这是为中国历史，乃至中华文明打基础的阶段。可以说，“肇基”是这几千年的主题。

所谓“肇基”，至少可以从三个维度来理解：

——政治维度。既有集权和分权的较量，又有民族融合和民族歧视的拉锯。

分封制和郡县制，究竟孰优孰劣，尽管历史已经检验，但依旧争论不休，甚至在西汉王朝出现了“郡国并行制”这样和稀泥的怪胎。事实证明，折中并非最佳选择。

秦始皇确立了丞相、太尉、御史大夫的“三公制”。表面看来，三公各有分工，谁也不能独大，但在实际的权力运行中，丞相独大，甚至专擅朝政的情况屡见不鲜。于是，汉武帝创制的“中朝官”，汉光武帝设立的“尚书台”，都是从重用近臣入手，削弱乃至架空丞相，从而最大限度地加强君主专制。然而，近臣政治的弊端，就是外戚宦官交替专权，以及政治秩序的混乱无序。到头来，还是皇帝被架空。

隋朝统一以前，中国历史上经历了两次大分裂时代。第一次是春秋战国时期，第二次是魏晋南北朝时期。不同的不光是历时长短，更有个性化特征。

春秋战国纵然战乱不断，但好歹还有个东周王朝作为“共主”，齐桓公为了当霸主，还必须打出“尊王攘夷”的旗号。晋文公、楚庄王虽然兵力强大，但他们的霸主地位还要靠周王室来册封，才算有效。

魏晋南北朝则没有“共主”。除了西晋的短暂统一外，大部分时间都在四分五裂打内战。相对来说，三国鼎立和南北朝局面，就算是大分裂时代的局部统一了。

大分裂，并不意味着大分流。这也是民族大融合的时代。西周亡于犬戎，西晋亡于匈奴，在血与火的较量背后，是游牧文明与农耕文明的比拼。农耕文明有很强的包容性，什么样的游牧文明都能被融化掉。不过，农耕文明也非铁板一块，如果没有胡床、胡凳的传入，或许今天我们还在席地而卧。没有民族大融合，也就没有隋唐时代的大一统。

——经济维度。在核心产业的官营与民营，经济政策的收紧与放松之间摇摆。

中国传统社会的经济，总是逃不开“一抓就死，一放就乱”的魔咒。

经济资源和核心产业的全盘官营，固然可以集中力量办大事，但也造成了一系列社会弊病，至少损害了眼前的民生利益，给老百姓带来更沉重的税负。周厉王专利、汉武帝盐铁官营，都招致了朝野上下的非议。

如果转而放开搞民营，其实真正的“民”顶多是休养生息喘口气，日子能过得踏实，核心产业的暴利都流入了地方实力派手中，这对巩固中央集权和国家统一局面是很不利的，至少皇帝睡不踏实。吴王刘濞就靠着“民营”事业的暴利，积累了巨额财富，从而具备了发动叛乱的经济基础。

隋朝统一前，中国经济经历了几次政策趋紧、管制趋严的大事件，比如商鞅变法、王莽改制。前者阵痛百年，秦国终于适应，并锻造成了军事强国，却无法将成功经验复制，放之四海而皆准。后者直面现实，而又回避困难，希望开历史倒车，回归三代，将有形之手伸向经济运行的各个微观层面，这些违反经济规律的“瞎指挥”，最终招致了市场的惩罚。

与他们相比，汉武帝是幸运的，“有亡秦之失而免亡秦之祸”。就在于晚年的他，及时调整了紧绷的经济政策，转而做出了适度放松，不仅帮助西汉王朝起死回生，而且塑造了“霸王道杂之”的治国理念，为后世所沿用。事实证明，经济政策并非一成不变，应当与时俱进，张弛有度。

——文化维度。百家争鸣从有到无，“独尊儒术”一分为二。

春秋战国的大分裂、大变革时代，给知识分子插上了自由思考、自由翱翔的翅膀。儒家、道家、墨家、名家、法家、阴阳家、纵横家、兵家……各种学说大行其道。这些读书人用自己的研究心得，游说四方，有的希望说服诸侯，谋个一官半职，施展政治抱负，有的只是希望普度众生，让更多的人有书读，读得起书。教育从贵族走向民间，越来越多的平民有机会读书习字，为社会阶层的流动提供了源源不竭的人口红利。

中国文化是早熟的。百家争鸣后的两千多年间，中国文化虽然成果丰硕，竞相绽放，但万变不离其宗，大道理早在春秋战国时代已经讲明。这样厚重的文化积淀，成为中华文化长时间领航全球的资本。

文化离不开政治，政治需要文化保驾护航。当政治只需要一个声音之时，文化的多元化、学术的多样性，便成了皇帝的“眼中钉”。不过，秦始皇和汉武帝对诸子百家采取了不同的态度和处理方法。秦皇略显粗暴，焚书坑儒，得罪了许多人，也让自己长期污名化。而汉武帝因势利导，用选官考试的指挥棒，让一切渴望“学而优则仕”的读书人都来读四书五经，放弃其他学说。

汉武帝倡导的儒学，不再是最纯的孔孟之道，而是在董仲舒的加工下，加入了法家、墨家的要素。随着历史的演进，又与道教、佛教的一些理念进行了有机融合，加入了以玄学为代表的魏晋风度，从而形成了外延更广泛、内涵更趋近官方需求的新儒学，并最终成为两千多年的官方意识形态，其影响持续至今。

三个维度，是对先秦秦汉、魏晋南北朝时代的宏观认识，有助于把握这一历史时期的规律和特征。在这些线的背后，紧跟着一个个历史故事和段子，有熟悉的，也有陌生的。熟悉者，换个讲法，换个套路，甚至换个视角；陌生者，直接就是新内容、新思维、新主人公。这些都有助于拓展知识面，达到举一反三的启发目的。

学习历史，制度史和文化史是最枯燥的，但须知道，制度可以让想犯错的人犯不了错，文化可以让有机会犯错的人不愿意犯错。学习历史，制度史和文化史又是绕不开的领域。本书力求深入浅出，通俗易懂，重在学以致用，内化于心。

对于先秦秦汉、魏晋南北朝时代的历史，我没打算推荐参考书，是因为学习和研究这段历史，更多的要依赖传世文献和出土文献。因此，《左传》《战国策》《竹书纪年》《史记》《汉书》《后汉书》《三国志》《晋书》《南史》《北史》《资治通鉴》，就是唾手可得的一手资料。

唐博

2020年8月18日

第一专题

集权与融合：传统政治的肇基

清代史学家赵翼在《廿二史札记》中曾说:“自古皆封建诸侯，各君其国，卿大夫亦世其官……秦皇尽灭六国以开一统之局……下虽无世禄之臣，而上犹是继体之主也。”

同样是赵翼，同样是《廿二史札记》，对北魏孝文帝的汉化改革提出了不同看法:“盖帝优于文学，恶本俗之陋，欲以华风变之，故不惮为此举也。然国势之衰，实始于此。”

中央集权，不是说说而已；民族融合，也非自然而然。

郡县制、分封制、郡国并行制，秦汉时代反复摇摆，为的就是如何既能提高行政效率，又能避免国家分裂，既能让皇帝掌控全局，又不至于让皇帝累到吐血。

民族融合，并非只有诗和远方，也非只有跨民族婚姻，以及民俗变迁。在血与火的洗礼中，融合需要政治权力的助推，需要政治人物的引导、规制和塑造。

中国传统政治的基础，就是这样一点点累积起来的。

第一章

摇摆：分封与郡县的迷局

公元前221年，秦统一六国。面对广土众民，年近不惑的秦始皇踌躇满志。然而，如何管理这么庞大的帝国，他有些举棋不定。

在他的认知范畴里，历史上使用过且行之有效的地方治理方法只有两种：分封制和郡县制。前者在西周时期最盛，后者已在战国诸侯国中零星实践。

不仅他陷入彷徨，就连决策层也争论不休。

丞相王绾主张实施分封制，派皇子们作为诸侯，前去管理。他的理由是："诸侯初破，燕、齐、荆地远，不为置王，毋以填之。"意思是说，燕、齐、楚地处偏远，难以管理，不如效仿西周制度，"封建亲戚，以藩屏周"。正所谓疏不间亲、血浓于水，还是自家人更值得信赖。

秦始皇并没有直接拍板，而是"下其议于群臣"。这么做，显然是对分封制有些成见，但又拿不准，想听听更多人的意见。可是，分封制毕竟在周代实施了几百年，大家都习以为常。于是，"群臣皆以为便"。

廷尉李斯是个另类，他表示"置诸侯不便"，反对实施分封制。他的理由有两点：

——直陈分封制的坏处。"周文武所封子弟同姓甚众，然后属疏远，相攻击如仇雠，诸侯更相诛伐，周天子弗能禁止。”意思是说，周天子虽然给同胞兄弟大批封地，但随着代际传承的延续，感情日渐疏远，最终相互攻伐，变成仇人。春秋战国的几百年混战，就是分封制失败的结果。

——强调郡县制的好处。“今海内赖陛下神灵一统，皆为郡县，诸子功臣以公赋税重赏赐之，甚足易制。天下无异意，则安宁之术也。”秦国在商鞅变法时期已经在辖区内实行郡县制，由君主任免地方官，摒除世卿世禄，朝廷坐收赋税，赏罚分明，效果很好，何乐不为？

作为法家代表人物，李斯主张加强君主集权。郡县制显然比分封制更容易达此目标。在他看来，实施分封制就是变相削弱皇帝权力，久之易形成地方割据势力，将刚统一的国家搞得四分五裂。他站在维护秦始皇政治权力的角度考虑问题，当然深受秦始皇青睐。

不过，秦始皇不大可能把集权的目的挂在嘴边，据《史记·秦始皇本纪》载，他的决断显得很艺术：“天下共苦战斗不休，以有侯王。赖宗庙，天下初定，又复立国，是树兵也，而求其宁息，岂不难哉！廷尉议是。”他把国家分裂内战的责任推到分封制头上，将实施郡县制上升到维持安定团结局面、不再新启战端的高度上来，容易赢得广泛认可。

然而，秦始皇推行的郡县制，却没有帮助秦王朝千秋万代。在帝国风雨飘摇、行将崩盘的关键时刻，末代君王子婴猛然发现，那些郡守县令要么望风披靡，要么作壁上观。没有了皇亲国戚的庇护，没有了同姓诸侯的勤王，秦王朝陷入了绝境。这样的窘境给汉高祖刘邦留下了深刻印象。在他上台后，分封制又得到局部恢复。

而这个美其名曰“郡国并行制”的体制，竟然困扰西汉王朝将近一百年。

分封制，还是郡县制？到底谁更像“安宁之术”呢？在秦汉地方政治体制的设计中，一直反复摇摆。

一、八百诸侯到战国七雄

几十年来，神怪小说《封神演义》被改编成多个版本搬上了荧屏。无论是《封神榜》，还是《封神传奇》《封神》，展现的是不同时代风格各异的审美情趣，给观众留下了深刻印象。

其实，如果把小说和电视剧里的诸神做历史还原的话，会发现他们只是紧密围绕在周武王和商纣王两大阵营周围的方国部落。而武王伐纣成功后的封神，其实就是周天子对参与伐纣的同盟进行分封，确立其诸侯地位，以及对周王室的臣属关系。

在《尚书·牧誓》里，周武王就明确提到了这些盟友：“我友邦冢君御事，司徒、司马、司空，亚旅、师氏，千夫长、百夫长，及庸，蜀、羌、髳、微、卢、彭、濮人。称尔戈，比尔干，立尔矛，予其誓。”

尽管在武王伐纣前夕，已有周王室“三分天下有其二”的说法，但相比而言，周人依旧是弱者。经济上，周人占据的秦川地区偏僻落后，无法与商人经营几百年的中原沃野相提并论；军事上，周武王虽然联络了诸多盟友，但伐纣大军也只有“戎车三百乘，虎贲三千人，甲士四万五千人”，兵力不仅少于商纣王临时拼凑的大军，甚至连春秋时期诸侯国发动大规模战役的军力都不如。因此，周武王出兵进攻商纣王，必须满足三个条件：

第一，商纣王倒行逆施，人神共愤。要造出纣王罪该万死，武王伐纣是吊民伐罪的舆论来，让周灭商的行动师出有名，贴上主持正义的标签。

第二，借助舆论号召力，团结“友邦”，形成灭商大联盟。联盟的参与者必须比周更弱小，必须对商纣王不满，必须承认周的联盟领袖地位，这样才能在一定程度上弥补周的实力短板，并增强出兵伐纣的正义性。

第三，寻找商朝统治中心的薄弱点。商朝的经济和军事实力强大，周人贸然出兵硬碰硬胜算不大。因此，周王室长期对商纣王卑躬屈膝，忍辱负重，表示臣服，甚至连周文王被关押在羑里多年，靠行贿送礼换取出狱机会后，只能闷声发展，不敢对商朝实施报复。

机会是东夷送来的。商朝地处中原，晚期一直面临两线作战的压力。西线的周在崛起，东线的东夷“不服王化”。商纣王认为周文王入狱和臣服的表现，已让西线形势稳定，从而将自己的战略重心转向东线，大批商军调往今天的山东跟东夷作战，商朝首都形如空壳。

周武王抓住机遇，组织盟友联合进攻。商军主力陷在东线，一时回不来，商纣王只能武装大批刑徒，抵挡以周军为首的虎狼“盟军”。殊不知，周军有备而来，这批商军临时拼凑，且对商王室有怨气，不愿当炮灰，战场倒戈，调转矛头，成为压垮纣王的最后一根稻草。

商纣王在鹿台自焚，周武王取得了胜利，实现了朝代更迭。然而，这不是周武王一个人或是一个集团的胜利，而是整个联盟的胜利。周武王只是这一联盟的“共主”，即从氏族社会演变而来的部落联盟首领。他无力吃掉这些盟友，就必须对他们既要依靠，又要管好。

于是，分封制应运而生。封国大体分为四类：

第一类：旧商诸侯。周灭商后，为了稳住和争取人心，便将商纣王太子武庚封到朝歌，来替周王室管理殷商遗民和东线商军。同时，把商朝王畿地区分成卫、鄘、邶等三个封区，分别由周武王的三个弟弟管叔鲜、蔡叔度、霍叔处来统治，用来监视武庚。不过，周武王去世，年幼的周成王即位，周武王的另一弟弟姬旦以周公名义摄政。这一新形势让管叔等人不满，他们不仅散布周公篡位的言论，还联络武庚发动叛乱。而武庚也想借此机会实现复国，便联合起兵造反。

为了维系来之不易的周朝天下，周公旦“内弭父兄，外抚诸侯”，澄清其忠于王室、无意夺位的心迹，得到召公等人的支持后，以周成王名义率军东征，击败叛军，诛杀武庚、管叔，放逐蔡叔，贬斥霍叔。殷商遗民则被一分为二：臣服周室者迁到宋国商丘，由早年投降周朝的纣王兄长微子启统治；顽固对抗周室者强制迁到洛阳，派兵管教监视。

第二类：同姓诸侯。武庚叛乱的发生，使周朝统治者更深刻地认识到“疏不间亲”的道理。他们更相信血缘纽带是屏藩周室的最可靠关系。于是，周王室分封诸侯重点倾向同姓贵族。相传周武王分封七十一国，其中五十三人（如鲁国、燕国国君）是姬姓子弟，是周文王、周武王和周公的后人。他们作为周王的直系亲属，同宗同源，更受信赖。比如原先由武庚管理的殷商故都朝歌，以及当今著名的“殷墟”附近，就封给了周成王的叔父康叔，建立了卫国。

《史记·晋世家》讲了个故事：“周公诛灭唐。成王与叔虞戏，削桐叶为珪以与叔虞，曰：‘以此封若。’史佚因请择日立叔虞。成王曰：‘吾与之戏耳。’史佚曰：‘天子无戏言。言则史书之，礼成之，乐歌之。’于是遂封叔虞于唐。唐在河、汾之东，方百里，故曰唐叔虞。”珪是象征爵位的玉器，周成王削桐为珪，潜意识里就体现了对同宗兄弟的格外信任。唐国是春秋五霸之一晋国的前身，因此叔虞就是晋国的始祖。

第三类：功臣诸侯。《封神演义》里的诸神大多算是功臣，分封他们，既是奖赏，也是信任和笼络。其中，功勋卓著的吕尚（姜子牙）封到了东海之滨的齐国，靠近中原地区，占据渔盐之利，经济文化基础较好，也便于帮助周室监控殷商故地。

第四类：盟友诸侯。以庸国为例。这个位于长江中下游地区的古老国度，与黄河流域的殷商一样，都是中华文化渊薮所在。古庸国极盛之时，曾建都上庸（今湖北竹山）。庸国参与了武王伐纣的战争。《尚书·牧誓》里说，武王兴兵伐纣，庸率卢、彭、濮等八国以兵相从。当周武王的盟友，给庸国带来了许多好处，不仅分封为“子爵”，而且其南方群蛮领袖的地位也得到了周室承认，控制区域也扩大到今陕西、湖北、重庆交界地带。

与此类似的是，楚人先祖鬻熊辅佐周文王有功，周成王念其功劳，封其曾孙熊绎为子爵，建都丹阳，从而开启了楚国辉煌灿烂的八百年历史。

分封制为周王室带来了实惠。一方面，借助诸侯国的力量，原先政治地位和综合实力较弱的周国，得以以宗主身份巩固新政权，稳定新秩序，确保王室权威；另一方面，通过诸侯国这一载体，周王室拓展了疆域，加强了对地方的控制，扩大了周文化的覆盖面和延展度。比如齐国，《史记·齐太公世家》如此记载，“师尚父谋居多。于是武王已平商而王天下，封师尚父于齐营丘……太公至国，修政，因其俗，简其礼，通商工之业，便鱼盐之利，而人民多归齐，齐为大国”，切实起到了屏藩王室、拓展疆域的作用。

在分封制的构建下，西周王朝形成了纵向和横向的两种秩序。

横向来说，通过构建遍布全国的交通网络，形成诸侯国对周王室众星捧月的政治格局，打破了夏商时期小国林立的状态，有利于维系周朝的国祚。近代以来，就有历史学家提出“西周封建论”，将中国封建社会的开端定在西周时期，理由就是实施分封制，实现了“分封建藩”，开启了中国政治制度史的新篇章。

纵向来说，周天子确立了天下共主的地位，在西周统治集团内部形成了“王—诸侯—卿大夫—士”的等级序列。诸侯以王为大宗，自己是小宗，同时又是卿大夫的大宗。这样说来，分封制与宗法制又紧密联系，互为表里。某种意义上，宗法制是分封制的血缘基础。

宗法制是氏族社会父系家长制的延续，是贵族按照血缘关系来分配权力，以建立和巩固世袭统治的制度。其主要特征就是宗族组织和国家组织合二为一，宗族等级和政治等级完全一致，也就是所谓“家国一体”。在这一背景下，国家层面在分封，卿大夫层面也在分封。嫡长子占据有利地位，直接继承前人名爵，享有政治特权和对宗族成员的统治权，而庶子和家臣则等而下之。由于各方都认可周礼，贵族等级秩序得以维护。

然而，分封制和宗法制的一切好处，都要以周王室保持强大的军事实力和政治威信为前提，如果这两方面不复存在，上述好处就会走向反面。事实上，“烽火戏诸侯”的典故，就充分说明西周后期王室衰微，实力不济，威信大减；危难关头，诸侯国不来勤王，坐视周幽王被杀，镐京毁于一旦。

春秋战国局面的出现，则是周王室全面衰颓的结果。诸侯国相互兼并，以强凌弱，周天子根本无力干预，只能承认事实。周王室威信不再，周礼也就逐渐被抛弃，出现所谓“礼崩乐坏”的新格局。于是，诸子争权、弑君弑父的现象在春秋战国时期屡见不鲜，宗法制确立的国家秩序和宗族秩序被推倒在地。

春秋时期，齐桓公打出“尊王攘夷”的旗号，利用周天子在法理上仅有的一点权威，为己所用，既给周天子面子，更给自己里子。此后，名列春秋五霸的诸侯，都走“各国会盟＋周天子授权”的形式，以确保其法理地位。至少在这一时期，除了楚、吴、越等国称王（中原各国对其称王不予承认），其他诸侯在称呼上还保持着对周天子的臣节。

战国时期，经过三家分晋和田氏代齐，赵、魏、韩、齐的君主都不再是当年周天子分封之人，既然君臣之缘疏远，诸侯们便不再甘当臣子。更何况，随着诸侯国数量锐减、战争规模扩大，天下重归一统的可能性在加大，一些实力强劲的诸侯国大有并吞寰宇的势头。

周王室蜗居在洛阳附近，地盘狭小，财力薄弱，位于四战之地，无险可守，与小国无异，对其他诸侯国而言已不再具有吸引力、感召力和利用价值。

于是，那些在改革中壮大、在战争中接受洗礼的强大诸侯国君主纷纷称王，甚至通过会盟相互承认对方的王位。公元前334年，魏惠王和齐威王在徐州会盟，相互尊称对方为王，史称“徐州相王”。

这是周朝历史上的一件大事。

此前，魏惠王和齐威王还曾有朝见周天子的行动。此后，周天子的独尊共主地位就被否定了。周天子的政治地位（名号）也沦落到跟诸侯一样了。至此，春秋以来“挟天子以令诸侯”的霸主政治结束，客观上也宣告周朝分封制的彻底结束。

公元前256年，东周灭亡。吞并周朝最后地盘的诸侯国，正是春秋初期因协助平王东迁有功而得到分封的秦国。它的封地，恰是当年周王室的龙兴之地。

周王朝，成也分封，败也分封。

二、汉承秦制的进与退

四川省博物馆藏有一块文字残缺的《九域守令图》石碑。尽管碑文残缺（缺字用［ ］标示），但依靠常识还是可以拼接起来的：

> 至于［战］国，天下分而为七，［秦］并四海，变易古制，始为［郡］县。更［汉］、［晋］分裂，至［隋］灭陈，天下方合为一。

在中国历史上，秦始皇留下了“加强中央集权”的印记，其直接证据就是“废封建，立郡县”。

在秦统一中国之前的五百多年里，分裂、纷争、战乱、夺权，分封制的副作用被无限放大。因此，废除世卿世禄和设立郡县，成为战国初期变法成功的标配选项。前者改变了游戏规则，社会等级不再完全靠“拼爹”，给普通人提供了机会，可以靠军功上位。后者结束了地方治理体系的世袭制，国君任免地方主官成为郡县制的核心要义。

这些变法，结束了周朝特色宗法制度下的贵族世卿世禄待遇，让阶层流动起来，让社会活跃起来，让整个国家生龙活虎。天下熙熙皆为利来，“利”要靠种地和战功来获取，于是军队战斗力和后勤保障能力大增。这就是秦国能在战国七雄中脱颖而出的重要原因。说白了，就是调整顶层设计，最大限度发挥最大多数人的主观能动性。

秦国赢了，这一模式向统一后的全国推广。秦始皇有二十多个儿子，却无一人封王封侯，分茅裂土；全国分为三十六郡，郡守皆由朝廷任免，实行任期制和考核制，此即中国古代官僚政治的滥觞，是区别于商周贵族政治的新事物。

如果说秦始皇是秦王朝硕果仅存的与旧时代仍有血缘联系，且享受世卿世禄待遇的贵族，那么到西汉初年，连这样的贵族也难以出现在朝堂之上了。汉高祖刘邦本是泗水亭长（相当于村主任），跟他一起打天下的大臣，出身多为布衣百姓、亡命之徒。由君到臣，多无贵族血缘和贵族气质，更加平民化、接地气。因此，赵翼在《廿二史札记》里说：“天之变局，至是始定。”

然而，刘邦却没有完全继承秦制，特别是郡县制，甚至还在一定范围内恢复了分封制。这是为什么？

秦末大乱，六国旧贵族卷土重来，纷纷称王。秦朝被推翻后，项羽主持分封十八诸侯，事实上否定了秦的统一，将历史倒退回战国时代。倒退总归是倒退，彻底恢复分封制带来的不是天下太平，而是新一轮战乱。在这场长达五年的楚汉战争中，刘邦最终胜出。

刘邦的胜利，离不开他对各路诸侯的笼络。在楚汉相争的关键时刻，刘邦必须给韩信、彭越、英布等功臣封王，才能换取他们出兵相助，否则单靠刘邦自己的人马，断难打赢垓下之战。如此一来，异姓王分茅裂土的格局就带到了西汉初年。因此，在一定程度上恢复分封制，有刘邦难以克服的历史原因。

功臣封王，手握兵权和地盘，加之长期军事斗争中积累的政治威望，自然会对新皇帝的中央集权构成实质威胁。因此，刘邦登基后，花了十年时间先后削平了七个异姓王，只剩长沙王吴芮，由于忠于朝廷而幸免于难。尽管留下了“兔死狗烹”的恶名，但也算是给新政权降低了风险系数。

据《史记·吕太后本纪》载，后世史家在总结秦亡教训时，格外提到了一条：秦始皇的儿子们非但没有得到分封，反而悉数死在秦二世的屠刀下，让秦王朝在全国性动乱面前进退失据。殷鉴不远，刘邦自然引以为戒。更何况，他起事之初的伙伴大多是亲戚朋友。因此，他分封了一批同姓王，并在临终前发出了“非刘氏而王，天下共击之”的白马盟誓。

表面看来，恢复分封对中国历史是一种倒退，是对世卿世禄体制的恢复。不过，刘邦并没有把秦朝的郡县制一棍子打死。在分封和郡县之间，他选择了折中。

西汉初年的地方治理版图中，既有朝廷任免主官的郡县，也有同姓王基本上说了算的王国。全国共分五十四个郡，其中十五个由中央直辖，其余三十九个则是王国领地。王国复制了中央政权机构，除太傅和丞相（相国）由中央任免外，其他官员都由诸侯王自行任免。刘邦甚至赋予王国一部分军队，以及财权，使之处于半独立地位。

当然，除了同姓王之外，根据“非有功不得侯”的原则，刘家的远房亲属，以及功臣宿将，封侯者众多，他们也各有封地，只是地盘很小，军力和财力对中央不构成威胁。

对于这套混合治理体系，刘邦有着美好的理想：“矫秦县之失策，封建王侯，并跨州连邑，有逾古典”；集分封与郡县的各自优势，帮助汉王朝长治久安。他相信自己尚且年幼的子侄辈，未来一定能屏藩朝廷；他相信朝廷委派的相国和太傅，一定会把这些王爷们管教好。

然而，这些同姓王都是“有土之爵”，拥有“自置吏”和“得赋敛”两大特权。在巨大的政治、经济利益面前，血缘亲情随着代际传承越发疏远。待这些同姓王长大后，诸侯国出于独立发展的需求，自然会与中央朝廷专制集权发生矛盾，而且愈演愈烈。

比如吴王刘濞，就靠山吃山。据《史记·吴王濞列传》载，刘濞利用封地内产铜的先天条件，“招致天下亡命者盗铸钱，煮海水为盐，以故无赋，国用富饶”。当具备了独立自主的经济体系和实力后，下一步必然政治野心膨胀，走向跟朝廷分庭抗礼的地步。

事实上，在吕后去世，诸吕作乱的当口，率先举兵讨伐诸吕的，就是齐王刘襄。而最终登上皇位，恢复刘家统治的，则是代王刘恒。从某种意义上看，随着年龄的增长和实力的增强，同姓王染指中央政权的能力在上升。这一点，坐上皇帝宝座的汉文帝刘恒不可能无感，他甚至感到了后背的丝丝凉意。

一场中央与地方的权力之争在所难免。

三、贾谊与治安策

汉文帝六年（前174年），意料之中的事还是发生了。

作为刘邦的小儿子，淮南王刘长仗着与汉文帝刘恒血缘最近，骄横跋扈、目无法纪。不仅滥杀大臣，还在封国内僭越摆谱，出行清道警戒，发布命令称“制”，一切模仿皇帝的声威。汉家朝廷的政令，在淮南国似乎毫无权威，没人执行。更有甚者，他还打算联络闽越、匈奴，准备起事，过把真皇帝瘾。结果谋泄被囚，于遣往蜀郡途中绝食而死。

弟弟荒唐而亡，作为哥哥的汉文帝在伤感之余，又被另一件事惊到了：济北王刘兴居，也就是齐王刘肥的儿子，自己的亲侄子，竟然趁自己率军到太原抗击匈奴之机，图谋起兵进攻荥阳，威胁长安。连续两起王国叛乱，虽然迅速平息，但王国问题业已凸显，矛盾日趋激化。可是，那些同姓王毕竟是刘家骨肉，如何在权力与亲情、稳定与血缘之间寻求平衡，汉文帝想起来就迷茫，办起来更棘手。

就在这时，一份从梁国（今河南商丘附近）送来的奏疏摆到了他的面前。其中“众建诸侯而少其力”的建议，让他眼前一亮。这份奏疏名叫《治安策》，作者贾谊是这个时代不可多得的大才子。

贾谊踏入仕途很早，十几岁就辅佐家乡父母官河南郡郡守吴公，使得社会安定，经济恢复。由于政绩卓著，好评如潮，吴公擢升为廷尉，贾谊随之脱颖而出，成为朝廷聘请的最年轻的博士（类似特聘顾问），时年二十一岁。此后，皇帝每每出题，贾谊总能见解精辟，对答如流，仅过一年就破格拔擢为太中大夫，进入了最高决策层。

贾谊才高八斗，出谋划策，其《论积贮疏》脍炙人口，大有跻身公卿之势。然而，旷世奇才和火箭提拔挡不住既得利益者的嫉妒，周勃、灌婴等老臣纷纷上书，指责贾谊"年少初学，专欲擅权，纷乱诸事"。久而久之，三人成虎。贾谊失宠了，被外放为长沙王太傅，谪居长沙。

尽管时隔三年又回到长安，与汉文帝坐而论道，"不问苍生问鬼神"，但依旧没能位列公卿，只是换了个地方——到梁国去当太傅。跟以前相比，离长安近了点，辅佐的王爷又是皇帝宠爱的幼子，也算是一种别样的重用吧。

虽在梁国封地，但贾谊一直闲不住。他体察民情，居安思危，北望长城内外，匈奴铁骑，磨刀霍霍；南瞰郡国表里，诸王僭越，制度疏阔。《治安策》就是在这样的背景下，围绕备边、建制、限藩这三方面展开论述。

在贾谊看来，王国的存在是西汉王朝的首要隐患。诸王是否叛乱，与亲疏无关，与"形势"相关。一旦其势强于朝廷，就有可能反叛，甚至出现"疏者必危，亲者必乱"的情形。为此，他有针对性地提出了两项建议：

——定礼制。针对诸侯王僭越礼制，滥用皇帝声威，导致朝廷政令不通的问题，强调必须严格区分等级，使诸侯王严格按人臣之礼办事，从而维护天子最高权威。

——定地制。鉴于“大都强者先反”的历史教训，主张在原有诸侯王的封地上分封更多的诸侯，从而分散削弱他们的力量，这样诸侯王的封地一代代分割下去，越分越少，直到“地尽而止”。这就是“众建诸侯而少其力”。

《治安策》为西汉解决王国问题独辟蹊径，称得上是汉代高层治国理政的经典策论。汉文帝采纳了这一建议，把齐国一分为七、把淮南国一分为三，迈出了削藩的第一步。相对而言，这一步迈得很温和，同姓王的子孙各得其所，国家粗安。

四、削藩与推恩

景帝前元三年（前154年），这是汉景帝刘启即位的第三年。

自以为大权在握的刘启，决心摆脱父皇的影子，做大事，谋新局。

王国问题是关键。

据《汉书·荆燕吴传》载，作为曾经的老师、如今的御史大夫，大臣晁错提出了“削藩策”。核心思想就是“今削之亦反，不削亦反。削之，其反亟，祸小；不削之，其反迟，祸大”。晁错眼中的假想敌，就是吴王刘濞。

在晁错看来，四十多年来，刘濞在封国境内私自铸钱、煮盐贩卖、招纳逃犯、训练军队，反相毕露。朝廷必须先发制人，将其一棍子打死。

事实上，汉景帝刘启本人对刘濞也有戒心。不仅对他的“闷声发财”深感恐惧，更因早年恩怨而耿耿于怀。

还在当太子的时候，刘启曾跟刘濞世子刘贤喝酒下棋。在刘启面前，刘贤是臣，又在首都刘启的地盘上，本该谨言慎行，处处忍让，可他性格轻佻彪悍，凡事较真。弈棋期间，棋路相争，刘贤态度蛮横，不肯退让，惹恼了太子爷。于是，刘启盛怒之下，拿起棋盘摔在刘贤头上。结果，下手太重，不慎将刘贤打死。

这件事，刘贤确实倒霉。两个年轻气盛的贵族青年，下手没轻重，酿成了悲剧。刘启显然没有主观故意，充其量算过失杀人。可是，他毕竟是皇太子，谁也不敢惩罚他。汉文帝也只是派人把刘贤的遗体运回吴国下葬，好言安抚刘濞而已。

可以想象，中年丧子的刘濞多么悲痛，对这位位居庙堂之高却没轻没重的侄子是多么痛恨。刘启对此心知肚明，芥蒂日深。

晁错的“削藩策”剑指吴国。收到朝廷诏书，眼看自己的豫章郡（今江西南昌）和会稽郡（今浙江绍兴）将被迫拱手相让，刘濞终于放弃幻想，动员全国男丁，凡是比六十二岁的他年龄小，比他十四岁的小儿子年龄大的，统统全副武装。叛乱就这样爆发了。

“削藩策”非但没能削藩，反而逼藩造反。那么，晁错执行“削藩”的动议是否有些操之过急？

从传世文献的记载来看，我们找不到吴楚等国存心造反的直接证据，顶多有些蛛丝马迹。

比如吴国靠铸钱煮盐发财后，把老百姓该交的一部分地方税给抵了，客观上收买了人心；比如专门收容因犯罪逃到吴国的亡命之徒。再比如楚王在太后丧期乱搞男女关系，胶西王卖官鬻爵。这些虽然是违纪违法行为，或有瓜田李下之嫌，但与后来大臣邓公说的“为反数十年矣”的话相比，并不构成直接的逻辑关系。

站在历史的高度，提前预判吴王刘濞迟早会造反，晁错提出“削藩策”无可厚非。然而，他理想有余，权谋不足，在操作上缺乏大智慧。在没有拿到令人信服的证据，并做好镇压叛乱的军事准备之前，就动手削藩，显然严重低估了对手，给吴王刘濞以“清君侧”的口实。

其实，正确的做法应当是按照“治大国如烹小鲜”的理念，小火慢炖，而非大火快炒，反复折腾。具体到削藩事业上，也要一点点慢慢来，而非一口吃成个胖子。就像贾谊《治安策》里建议的那样。遗憾的是，晁错并非道家思想的信奉者，不懂这个道理，对《治安策》的主张也不感兴趣。

晁错“削藩”，战略正确，预判提前，但战术错误，最后害了自己。缺乏政治经验的汉景帝，禁不住一众大臣的游说，天真地以为，只要杀掉晁错，就可以消除吴王刘濞的造反借口。于是，在师生之谊和朝廷短期利益面前，他选择了后者。晁错在完全没有心理准备的情况下，“衣朝衣，斩东市”。

杀晁错非但没有平息叛乱，反而让刘濞看清了汉景帝政治幼稚的真实面孔。于是，刘濞自称东帝，率领叛军长驱直入，包围梁国都城。直至此时，汉景帝才如梦方醒，调兵遣将，镇压叛乱。

最初，朝廷对形势判断失误，造成七国皆反的被动局面。然而，刘濞没有借机率军直取长安，或控制作为交通要冲和储粮中心的洛阳，而是顿兵梁国坚城之下，迁延时日，错失战机。汉军主帅周亚夫得以从容调兵，各个击破，最终击溃叛军，平定叛乱。

为了“削藩”，晁错付出了生命代价，西汉王朝也损兵折将、生灵涂炭。不过，经此磨砺，汉景帝对王国问题的认识更加深化。他先是借机名正言顺地将涉事七国撤掉，所属郡县收归中央，又大量裁减王国的官员数量，收回王国的官员任免权，以及煮盐、铸炼铜铁的经济特权，实现了釜底抽薪。

当汉景帝将皇权的接力棒传给汉武帝时，中央直属郡增加到四十四个，诸侯国管理的郡只剩二十六个，诸侯王只保留“食租税”的特权，再也无力对抗中央了。

可是，诸侯王国只要还在，对于西汉最高统治者来说，依旧是肘腋之患，如芒在背。

既然“心急吃不了热豆腐”，那就要想点“长效机制”的实招。汉武帝征辟的“草根”能人里，有个叫主父偃的谋士出了个主意——“推恩令”。其思想精髓就是当初贾谊“众建诸侯而少其力”的主张。

按照《汉书·中山靖王刘胜传》的说法，“推恩令”就是“令诸侯以私恩自裂地，分其子弟，而汉为定制封号，辄别属汉郡。汉有厚恩，而诸侯地稍自分析弱小云”。

打着皇帝施恩予诸侯王所有子嗣的名义，将诸侯王国分成若干侯国，老王爷的子弟人人有份，都当列侯。如此一来，王子们没必要为争夺王位大打出手，以前地盘广袤的王国也越分越小，传袭几代，直至后嗣断绝，分无可分为止。

“推恩令”实施不久，就将“齐分为七，赵分为六，梁分为五，淮南分为三，及天子支庶为王，王子支庶为侯，百有余焉”。这样做，诸侯王的子孙只看眼前自身利益，大多满意，矛盾冲突降到最低。而随着诸侯国越分越小，客观上实现了朝廷的中央集权更加强势的目的。

更重要的是，推恩令所分的侯国，不再受原先的诸侯王国管辖，而是“别属汉郡”。其结果自然是王国面积日益缩水，朝廷直辖的地盘越来越大。汉初，中央只控制十五个郡，到汉武帝末期已增至八十个郡。昔日王国“连城数十，地方千里”的盛况一去不返。

汉武帝还通过“献金助祭”等方式，以进贡黄金分量不足、成色不好等理由，废掉列侯一百零六人。借口淮南王刘安和衡山王刘赐交结宾客、暗造兵器，有谋反迹象，将其逮捕，逼其自杀，将其国撤除，改为郡县，并罗织罪名，牵连杀戮列侯、官员和宾客数万人。

至于靠近京城的河东、河内、河南三郡，则由朝廷发布明文规定，禁止同姓诸侯王王室成员担任军政主官。汉武帝为拱卫皇权、削夺王国势力，可谓不遗余力，多管齐下。

显然，汉武帝张弛有度的软硬兼施，比晁错直来直去的“削藩”，更具政治智慧，效果也更好。贾谊的政治理想，在汉武帝时代终成现实。

其后，王国依然存在，但跟朝廷直管的郡已无本质区别。“国”将不“国”，只剩下了名号而已。王国跟郡的区别，除了有无“食租税”的君王之外，只剩下一条，那就是郡的军政长官是郡守，而王国的军政长官是国相。如此而已。

汉武帝以后，仍有个别皇帝对子孙过度信任，分封诸侯王，给予兵权，但无一例外地祸起萧墙，酿成悲剧。比如西晋八王之乱、明朝靖难之役。历史证明，对于巩固中央集权而言，郡县制较之分封制更可靠。今天省市县的地方行政体系，本质上仍是郡县制的延续。

“推恩令”也有受害者。比如刘备，自称西汉中山靖王刘胜的后代，就算他不是冒牌的，由于刘胜子嗣众多，“推恩”好多代，到刘备这儿早就一无所有了。桃园结义之前，他只是个卖草鞋的小贩……

五、侨置与土断：南北对峙的怪胎

冬日的扬子江，风萧萧兮寒意浓。一道圣旨，令江畔这座都城里本该贺岁迎新的喜气荡然无存。

“滨州侵地案，令靖王萧景琰主审，三司协助。查明立判，不得徇私，钦此。”

官员骑墙、誉王沉默、耕农封口……诸多怪现象令这桩牵涉多名权贵的大案扑朔迷离。然而，靖王沉稳应对，迈过险阻，快速结案：庆国公及其亲朋主犯落马，家产悉数被抄没。

电视剧《琅琊榜》里的这段情节，环环相扣，拨人心弦，虽是架空历史，但毕竟嫁接到南北朝这个风云诡谲的大时代。滨州侵地案，也就成为这个时代南朝经济困局的真实写照。

这一经济困局的肇因之一，就与侨置和土断有关。

建兴五年（317年）仲春，琅琊王司马睿在建康（今江苏南京）称王，建立东晋王朝。此时，他或许很庆幸自己成功逃离了陷入战乱的中原，提前布局江南，不仅捡了一条命，还奇迹般地当了皇帝，延续了晋朝的国祚。

事实上，十年前他初来江南，人地两生，只是靠着琅琊王氏家族的代表人物王导、王敦等人辅佐，才落地生根。王氏家族在南方的影响力也迅速扩大，布列显要，掌控枢机，专任征伐，大权在握。于是，才会出现司马睿登基之时，一定要拉着王导同升御床，一起接受百官朝贺的奇特现象。

司马睿的经历，只是当时“衣冠南渡”的缩影。在这场中国历史上首次人口大迁徙中，皇室成员尚且要靠“共天下”，才能稳定在南方的统治，对于那些源源不断到南方躲避战祸的中原汉族臣民，想在江南过上安稳踏实的生活，又是何其艰辛。

“衣冠南渡”并非政府主导，而是民众自发，说白了，就是逃难。他们一般分成三类：第一类是接受官府登记户籍的；第二类是流落到大户人家的宅院里的，寄人篱下，受人奴役，由于官府无从知晓和统计，成了名副其实的“黑户”；第三类是既不登记户籍，也不依附豪强，而是漂泊不定，随遇而安的，被称为“浮浪人”。

不管有没有户籍，相对于南方土著，他们都算“侨民”。所以，朝廷将其称为“侨户”“侨人”。

到达南方的侨人，有的聚居，有的散居。东晋官府借地重置了许多侨人的原籍州、郡、县，仍用旧名。官府将其称为侨州、侨郡、侨县，简称“侨置”州县。比如朝廷在都城建康附近的京口（今江苏镇江）就侨置了徐州。

为了跟苏北的徐州有所区别，京口的徐州就被称为“南徐州”。于是，长江两岸就出现了许多加上“南”字的北方地名，如南豫州、南青州、南兖州等。

跟侨置州县相对应，南方原有的州、郡、县，则被称为“土州”“土郡”“土县”。

流落他乡，入乡随俗即可，何必单设侨置州县呢？

东晋当局有三点考虑：

一是招徕难民。充实劳动力，加快南方经济开发。为此，朝廷豁免了侨置州县的租税和徭役，让这些难民渡过难关。

二是加强管理。把四处散居的侨人渐次集中起来，按照同乡关系各找各家。

三是安置干部。逃到南方的侨人不乏北方望族，单独设立侨置州县，既能给这些大户人家提供跟其身份相称的官缺，还能将侨人单独管理，形成特区，免受当地土著欺负。

然而，事情的真相真的如此吗？

其实，皇帝司马睿、王导等东晋士族高官几乎全是侨人，他们跃居最高决策层，当然会出台措施优待侨人。表面看来是照顾弱势群体，其实就是照顾自己，实现“合情合理”的以权谋私。可是，侨置州县从设立伊始，朝廷似乎就没省过心。

由于侨置州县的存在，东晋王朝的民政部门冒出了两种类型的户口本：当地土著纳入正式户口，户籍资料由防止虫蛀的特殊药物处理过，呈现黄色，故称“黄籍”。侨人纳入临时户口，户籍资料用的只是白纸，没有任何处理，故称“白籍”。跟今天不同的是，当时的临时户口，仅从免税这条来说，福利待遇就远好于正式户口。

一个王朝，两类户口，这样的制度设计造成的后果，当然是侨人占了便宜。但如果站在国家层面，就未必是什么好事了。

侨人免税，不但国家财政少了一块税源，收入大幅减少，而且侨置州县过多，造成衙门叠床架屋，官僚队伍臃肿，人浮于事，开支浩大，财政负担加重。侨人居所分散和多变，导致侨置郡县的数量和地理方位也经常改变，使得行政区划混乱。

经过几十年休养生息，侨人业已度过困难阶段，生活水平已与本地人无异。然而，同朝为民，税负不同的现实，使侨人更加富足，为此，当地土著很不甘心。于是，更多的土著选择了逃避或投机。有些土著弄到一份临时户口，混入侨人行列，从而实现逃税。假侨人越来越多，实际纳税人越来越少，国家靠什么维持正常运转?

东晋的皇帝多数昏聩，但决策层不乏有识之士。他们意识到了“一朝两制”光环下的种种黑幕，虽然只是肘腋之患，但“千里之堤溃于蚁穴”，不可不防。于是，一个新的改革方案应运而生，那就是“土断”。

“土断”的核心主张，就是将全国户籍一律整理为“黄籍”，取消临时户口。居民不分侨旧，一律编入所居郡县的正式户口。官府针对侨人的优待政策一律取消，无论是谁，都要向朝廷纳税服徭役。

对既得利益群体的北方士族而言，这一改革方案的实施无异于断其臂膀。他们当然会千方百计予以抵制。因此，东晋到南朝推行了十次“土断”改革，大多效果不彰。只有桓温和刘裕主持的两次有些成效。相比之下，刘裕主持的“义熙土断”，效果似乎更显著。

据《宋书·武帝本纪二》载，义熙九年（413年），权臣刘裕给晋安帝上了一道表章，回顾了几十年前权臣桓温主持的土断改革，曾改变了“民无定本，伤治为深”的局面，一度实现了“财阜国丰”。

尽管人亡政息，改革夭折，导致“杂居流寓，闾伍弗修，王化所以未纯，民瘼所以犹在”，但刘裕决心身负重任，重启“土断”，实现“宁民绥治”。

刘裕的改革思路，是不管侨人是否乐意，直接裁撤侨置州县，最大限度精兵简政。新政规定，全国绝大多数州县全部依界“土断”。多数侨置郡县被合并或取消，归入相邻的本地郡县。随之而来的，是冗余机构消失，部分官员下岗。大多数侨人的临时户口被注销，取而代之的，是不想要又不得不接受的正式户口。

官府还严厉清查士族富户藏匿人口的现象，遇到公然对抗者，刘裕的招数就是杀一儆百，绝不手软。会稽余姚的士族大户虞亮，藏匿亡命之徒千余人，拒绝纳入国家正式户口，查实后被处死。于是豪强肃然，远近知禁。

刘裕赢了，他主持的“义熙土断”打击了东晋士族集团势力，财政做到了增收节支，派遣徭役的难度减小，百姓的税负变得均匀，民间怨气有所缓和。

刘裕是个有理想信念的政治家，他抱定“率之以仁义，鼓之以威武，超大江而跨黄河，抚九州而复旧土”的志向，期待建功立业，恢复中原，并为此多次用兵，将东晋的旗帜第一次插上了洛阳和长安的城头。

在这些军事行动的背后，“土断”改革带来的源源不断的后勤供应，起到了至关重要的作用。而这一切，也成了刘裕代晋称帝，建立刘宋王朝的基础。

然而，在对待居住在晋陵（今江苏镇江、常州一带）的南徐、南兖、南青等三个侨州的住户，他没有一碗水端平，而是网开一面，暂不实行“土断”改革。理由很简单，他赖以打天下的北府兵，家眷就住在这片区域。既然是自己人，自然还得优惠。不过，如此特事特办，不仅使改革没能彻底，而且为改革的未来埋下了隐患。

刘裕死后，刘氏子孙陷入了空前的骨肉残杀，“前见子杀父，后见弟杀兄”。长期内战和昏君乱政，将东晋到刘宋积累多年的物质财富损耗大半。萧道成取代刘宋建立齐朝后，依然面临财政困难的局面。于是，萧道成父子决定开展大规模的户籍检查制度，叫作“检籍”。这么做，为的是进一步减少户口隐匿，增加朝廷直接控制的劳动力，夯实税基。

看起来，“检籍”跟“土断”没什么差别，但实际上，“土断”只是消除国民身份差异，“检籍”类似于“土断”的升级版，凡是查到虚报、伪报或篡改自家户籍的家庭，一律从户籍登记上剔除，即“却籍”。凡“却籍”的，全家充军流放边地。

如此严厉的“检籍”政策，给人的感觉就是“土断”玩过了头，形同竭泽而渔。在南朝内斗不止的政治环境里，这样的扯皮只会加剧社会矛盾，酿成民变。

南朝齐永明三年（485年），中产家庭出身，自幼习武，有政治追求的浙东望族唐寓之，打着“抗检籍，反萧齐”的旗号揭竿起义。他利用“祖孙三代皆以看风水、择墓地为业”积攒的家底，以及“乐于济贫救困，为乡里所爱戴”积累的人缘，迅速将起义军扩充到3万多人。然而，由于装备落伍，面对强大的官军镇压，起义军全线溃败。

唐寓之虽然阵亡，但他领导的起义是有积极意义的。朝廷深受震动，叫停了“却籍”政策。政局动荡消停了，但摆在南朝统治者面前的问题依然没能解决：

“土断”只是户籍制度改革，无法阻挡士族地主大肆兼并土地的步伐；“却籍”只是对内惩戒措施，无法扭转南朝在对外战争中节节败退，疆域日益萎缩的困局。《琅琊榜》里塑造的“梁帝”，其历史原型梁武帝萧衍，晚年不仅纵容皇子争权夺利、贪污腐败，而且贪图蝇头小利，引狼入室，导致侯景之乱，不仅葬送了自己的身家性命，而且荼毒江浙，摧毁了南朝政权抗衡北朝的最后一点资本。

劫后余生的六朝古都建康，只剩下“朱雀桥边野草花，乌衣巷口夕阳斜”。而曾经借助侨人特权长期占据高位的北方南迁士族，则在南朝的一场场内讧与厮杀中精疲力竭，在一次次“土断”改革的冲击下，走向历史的终点。

第二章

梦魇：脱不开的皇权漩涡

经历了春秋战国的几百年纷争，以及楚汉相争、绿林赤眉、黄巾起义的涤荡，秦汉魏晋时代的君王，对皇权有一种莫名的渴求感。一方面，他们大刀阔斧地给各地诸侯王和郡县上紧箍咒，让地方实力派不再有实力对抗中央；另一方面，他们也把集权的矛头对准了京城朝堂之上的大臣，乃至朝夕相处的身边人。

为了权力，皇帝、大臣，乃至皇帝身边的亲属、近臣，可以不择手段，可以你死我活，可以在所有人认为不适合的时机粉墨登场，可以你方唱罢我登场，各领风骚一两年。一切皆为权力。他们已经卷进了皇权的漩涡。

权力，让所有为它而欢呼的人陷入了梦魇。而让皇帝最感恐惧的梦魇，反倒不是人，而是思想，是信仰，是一种叫“巫蛊”的东西。

一、神秘的巫蛊

关于“巫蛊”，宋代学者洪迈在《容斋续笔》中说：“汉世巫蛊之祸，虽起于江充，然事会之来，盖有不可晓者。”看起来，“巫蛊”来头不小。

电影《狄仁杰之神都龙王》中，敌对势力通过在茶饮中放置“蛊”，导致皇帝和高官集体犯病，试图趁机发动政变，颠覆唐王朝。

这一与武则天时代“食品安全”有关的情节，令人印象深刻。其中提到的“蛊”，其实就是一种人工培养的毒虫。而“巫蛊之术”，则是用这些毒虫的毒素去害人。

具体做法，是将蜘蛛、蝎子、蟾蜍、毒蛇、蜈蚣等毒虫放到一个容器里，密闭十天，开封后存活者为最毒，将其饲养成“蛊”，再把蛊的粪便投放到水井或粮食里。人吃进肚里就会长虫子，逐步腐蚀消化器官，导致身体虚弱溃烂而死。

由于缺乏医学知识，古人谈蛊色变，加之封建迷信盛行，很容易将放蛊跟巫术联系起来。坊间流传甚广的一种巫术是用桐木制作木偶人，上面刻上被诅咒者的名字和生辰八字，用魔法对其诅咒，或用箭射、用针扎、用刀戳。而后将其埋在被诅咒者的住处附近。巫蛊之术的魔法，据说可以将被诅咒者的灵魂控制或摄走。

历史上，使用巫蛊之术进行诅咒的案例并不罕见。比如汉武帝时期，皇后陈阿娇（成语“金屋藏娇”的原型）曾因失宠而对情敌卫子夫施以巫蛊之术，东窗事发后被汉武帝废掉，为此牵连伏诛者数以百计。

或许，连皇帝都对巫蛊之术的神秘莫测深感恐惧，甚至深恶痛绝。于是，汉唐两代的律法对其明令禁止。《汉律》规定，饲养蛊虫成形并致人死亡者，本人处死，其家人流放三千里。《唐律》规定更严，养蛊未成形者流放，成形者杀头。尤其是宫廷人员，绝对禁止学习和使用巫蛊之术。可是，依然有人以身试法，甚至酿成悲剧。

汉武帝一生最值得夸耀的政绩，便是北击匈奴大获全胜。为了阻挡汉军北上，匈奴使用巫术“诅军”，将患传染病的牲畜放到汉军途经地域的水源附近，或故意将携带传染性病毒的牲畜甩给汉军。

随着汉军班师回朝，这些病毒也就带回内地，迅速传染，竟然导致西汉中后期疫病横行。汉武帝晚年多次染疫，汉昭帝二十一岁去世，霍去病二十四岁去世，可能也都是死于疫病。

面对举国大疫的严峻形势，汉武帝当然不可能从生物战和医学角度考虑，而是坚信这跟巫蛊之术有关。因此，天汉二年（前99年），他传旨“止禁巫祠道中者”，全面搜捕巫蛊。

这场大搜捕颇有斩获。太始元年（前96年），合骑侯公孙敖的妻子使用巫蛊之术事发，导致灭门之祸。

五年后，也就是征和二年（前91年），丞相公孙贺的儿子公孙敬声遭人举报，说他使用巫蛊之术诅咒皇帝。按说，公孙贺身为丞相，权倾一时，且跟皇帝是“一担挑”（其妻是皇后卫子夫的姐姐），没人敢招惹他，可偏偏生了个坑爹的儿子。公孙敬声仗着父亲的声威和自己身居的公卿大位（官至太仆），骄奢违法，擅自挪用北军经费一千九百万钱，案发后被捕。看样子，这是死罪。

儿子被捕，老子肯定着急。公孙贺跑去向皇帝兼连襟求情，希望立功赎罪，换得儿子减刑乃至获释。他向皇帝提出，自己愿意去追捕一直通缉但尚未抓获的阳陵大侠朱安世，以换回儿子的命。

有救儿子的动力，公孙贺办案很卖力。不久，朱安世落网。当他获悉其中原委后，仰天大笑道：丞相将要祸及灭祖了。朱安世在狱中上书，举报公孙敬声与阳石公主通奸，并派人在长安到甘泉宫的驰道上埋设木偶人，安排巫师诅咒皇帝，行巫蛊之术。

朱安世作为江洋大盗，有能耐逍遥法外多年，就有能耐搞出物证，让举报的事坐实。于是，公孙贺非但没能救出儿子，还把自己赔进去了。结果，公孙贺父子死于狱中，全家灭门。

值得注意的是，公孙敖跟卫青交情深厚，曾在塞外共同打击匈奴，是战友；公孙贺是皇后卫子夫的姐夫，当然也是卫青的姐夫；阳石公主是汉武帝和卫子夫所生的女儿。这样一来，公孙家族的巫蛊案，就把卫子夫家族牵连进去了。

几个月后，卫子夫的亲生女儿诸邑公主、阳石公主，以及卫青的儿子卫伉（长平侯）也都被处死。更糟糕的是，经此变故，时在甘泉宫避暑养病的汉武帝，对留守长安宫的皇后卫子夫，以及卫子夫所生的太子刘据不再信任，反倒把纠治公孙家族巫蛊案的责任，委托给了新任丞相刘屈氂和御史章赣。

刘屈氂贵为丞相，自然不会事必躬亲。于是，他把案件查办的具体工作委托给了一个名叫江充的宠臣。后来的事实证明，正是这个江充，成了整个案件最大的“搅屎棍”。

江充其人，早年只是邯郸市井无赖，由于貌美年轻的妹妹嫁给了赵王的太子刘丹，才得以攀上赵王的高枝，出入赵王府成了座上宾。几年后，只因跟刘丹发生矛盾，便进京告状，举报刘丹的种种不法行为。

恰好，此时汉武帝正在设法削弱同姓诸侯王的权力，对王爷们的家属管束很严。江充的举报正中汉武帝下怀。刘丹获罪处死，而江充则相当于纳了投名状，获得了汉武帝的信任，从而进入了最高决策者的视野。

江充曾以谒者身份出使匈奴，随机应变，表现卓越。他曾担任“直指绣衣使者”，“督三辅盗贼，禁察逾侈”，主管京城治安。

有皇帝撑腰，他便放手碰硬，收拾了不少王公贵族。比如汉武帝姑姑馆陶公主的车队，违规在御用驰道上奔驰，江充下令将车辆没收充公；太子家使违规在御用驰道上驾车奔驰，他断然拒绝太子的亲自说情，执意要把这位家使绳之以法。

如此一来，江充在汉武帝心目中，就留下了“奉法不阿”的忠臣印象，职位也一再提升。

虽有皇帝撑腰，官运亨通，但江充还是深感自己得罪的人太多，特别是因惩办太子家使一事得罪了太子。眼下汉武帝岁数大了，身体多病，一旦太子接班，自己难逃被报复的命运。于是，他想先发制人，找机会干掉太子和皇后卫子夫。公孙家族的巫蛊案提供了契机。

在刘屈氂的支持下，江充向汉武帝奏陈，说皇帝患病的原因，在于“巫蛊”，并自告奋勇去抓“巫蛊”。他还指使巫师檀何忽悠说，“皇宫中大有蛊气”，不赶紧袪除，皇帝的病就好不了。汉武帝欣然相信，让江充组建专案组，甚至允许他进宫调查。

获得授权后，江充的矛头直指卫子夫和太子刘据。他任用了一批来自匈奴和西域的巫师。这些人多半来自敌国，本就有扰乱汉朝的图谋，如今跟江充不谋而合，沆瀣一气，通过查巫蛊，罗织罪名，严刑拷打，一些人受刑不过，被迫诬告，从而纠治范围越来越广，株连几万人，把长安城搞得鸡犬不宁。江充还带人进宫，挖地三尺，搞得后妃太子连觉都没地方睡。

如此折腾，当然还是有“战果”的。江充在太子宫里挖出了扎过针的桐木人偶和写有咒语的帛书，并准备据此上报汉武帝。事实上，这本是他指使巫师事先埋进去的。然而，刘据有冤无处申，迅速陷入困境。在跟幕僚商议后，他决心与其坐以待毙，不如赶紧动手，以免重蹈秦末太子扶苏的悲剧。

随后，太子派人捕杀了江充等人，向侍卫分发武器，全城搜查并处死了上林苑的巫蛊术士，并向百官宣布江充谋反。当然，他所做的一切，都向卫子夫做了汇报。

可是，刘据百密一疏，让江充专案组的成员宦官苏文侥幸逃脱。他跑到甘泉宫，向汉武帝控诉太子起兵谋反。据《资治通鉴》载，汉武帝起初不信，认为“太子必惧，又忿（江）充等，故有此变”。他派使者去召太子入见。这时，使者不敢去，便编了瞎话糊弄汉武帝，说“太子反已成，欲斩臣，臣逃归”。

俗话说，疏不间亲。何况甘泉到长安的距离并不遥远。可事到如今，汉武帝被“三人成虎”给忽悠了，父子两人的距离越来越远。汉武帝一生致力于加强皇权，晚年却感到了大权旁落的恐惧。他震怒了，他要把任何威胁皇权的苗头压下去。于是，刘屈氂奉旨率军平叛。长安城内，双方激战五天，死者数万。最终，太子寡不敌众，兵败逃离长安。皇后卫子夫走投无路，自杀身亡。

政变平息了，但汉武帝的心绪久久不能平静。皇帝盛怒，大臣们自然不敢吭声。只有壶关三老令狐茂上书说了一些公道话：

> 臣闻父者犹天，母者犹地，子犹万物也。故天平地安，阴阳和调，物乃茂成；父慈母爱，室家之中子乃孝顺。阴阳不和，则万物夭伤；父子不和，则室家丧亡。故父不父

则子不子，君不君则臣不臣，虽有粟，吾岂得而食诸！昔者虞舜，孝之至也，而不中于瞽叟；孝已被谤，伯奇放流，骨肉至亲，父子相疑。何者？积毁之所生也。由是观之，子无不孝，而父有不察，今皇太子为汉嫡嗣，承万世之业，体祖宗之重，亲则皇帝之宗子也。江充，布衣之人，闾阎之隶臣耳，陛下显而用之，衔至尊之命以迫蹴皇太子，造饰奸诈，群邪错谬，是以亲戚之路隔塞而不通。太子进则不得上见，退则困于乱臣，独冤结而亡告，不忍忿忿之心，起而杀充，恐惧逋逃，子盗父兵以救难自免耳，臣窃以为无邪心。《诗》曰："营营青蝇，止于樊；恺悌君子，无信谗言；谗言罔极，交乱四国。"往者江充谗杀赵太子，天下莫不闻，其罪固宜。陛下不省察，深过太子，发盛怒，举大兵而求之，三公自将，智者不敢言，辩士不敢说，臣窃痛之。臣闻子胥尽忠而忘其号，比干尽仁而遗其身，忠臣竭诚不顾鈇钺之诛以陈其愚，志在匡君安社稷也。《诗》云："取彼谮人，投畀豺虎。"唯陛下宽心慰意，少察所亲，毋患太子之非，亟罢甲兵，无令太子久亡。臣不胜惓惓，出一旦之命，待罪建章阙下。(《汉书·武五子传》)

大致意思是说，太子发动政变，只是由于进不能面见皇上，退则被乱臣陷害，独自蒙冤，无处申诉，只能起兵杀死江充，又怕皇上降罪，只好逃亡。太子这么做，只是为了自保。当此危难关头，大家都噤若寒蝉，但作为皇帝和父亲，应当平心静气，放宽胸怀，不要对太子的错误耿耿于怀，应当立即结束对太子的征讨，不要让他长期逃亡在外。

良药苦口，忠言逆耳，汉武帝看完，也深受触动。不过，他并未下达赦令。太子刘据逃到湖县（今河南灵宝），躲在一户穷人家里勉强度日。可终究逃不过“群众的眼睛”。在官府的围捕过程中，太子拒捕自杀，收留他的户主也死于非命。

一年后，汉武帝冷静下来，对巫蛊之祸有反思，有察觉，却没有勇气推翻自己此前的所作所为。当事人可以继续彷徨，旁观者却看出了其中的门道。据《汉书·武帝纪》载，负责守护高祖刘邦庙的郎官田千秋上书为太子鸣冤：“子弄父兵，罪当笞；天子之子过误杀人，当何罪哉！臣尝梦见一白头翁教臣言。”

田千秋为汉武帝找了个台阶，汉武帝本已有所悔悟，当然就坡下驴，将刘据起兵定性为“子弄父兵”。紧接着，江充、刘屈氂被灭族，宦官苏文被处死。在太子丧生的湖县，汉武帝派人修建了思子宫和归来望思台，寄托自己的哀思。

巫蛊之祸对晚年的汉武帝刺激很大，触发他反思为政几十年的经验教训，并颁布《轮台罪己诏》，改变战争政策，推行禁苛暴、止擅赋、力本农、修马政等休养生息的新政，遏制了汉武帝晚期的社会危机，为汉昭帝、宣帝时期的“中兴”创造了条件。

汉武帝去世后，年仅八岁的幼子汉昭帝即位。十几年后，汉昭帝去世，太子刘据之孙刘询被人从民间找到，并立为新皇帝，就是汉宣帝。由于刘据的三子一女均死于巫蛊之祸，刘询便成了刘据一系的独苗。该谁的，终究会还给谁。只是时间迟些，过程麻烦些，受苦多些。

刘询为自己的爷爷确定了“戾”的谥号。按照《说文解字》的解读，“戾，曲也，从犬出户下。戾者，身曲戾也”。因此，“戾”有蒙冤受屈的意思。后人也就将刘据称为“戾太子”。

戾太子的悲剧，表面看来是巫蛊之祸引发，夹杂了许多偶然因素，但拨开历史的表象，我们不难发现，这恰恰反映了皇权斗争的残酷性。与其他类型的权力相比，皇权具有独占性、排他性、终身性和世袭性。为了皇权，人的自然本性会被扭曲。皇权面前，亲情、友情也会一钱不值。

在君权无限、皇权至上的理念成为社会共识的同时，那些身处宝座之下的人对皇位的觊觎也就成为必然。“前见子杀父，后见弟杀兄”的血腥场景仍旧一再上演。

二、解密外戚和宦官

东汉永元四年（92年），地震、大旱、蝗灾肆虐中原大地。按照董仲舒“天人感应”的说法，一场政坛风雨即将到来。

还是在四年前，三十三岁的汉章帝突然病逝，只留下十岁的太子刘肇接班。年岁太小，刘肇显然不懂治国，只能把大权交给养他成人的窦太后。

朝堂是男人的天下，女人当权自然多有不便。于是，窦太后将哥哥窦宪提拔为侍中，弟弟窦笃提拔为虎贲中郎将，弟弟窦景、窦瑰提拔为中常侍。这些人的特点，一是亲属，二是听话。一时间，窦氏家族手握行政中枢和宫廷禁卫，权倾朝野。母后和舅舅大权在握，这就是外戚专权。

同是外戚，与西汉末年王莽的“仁义”外表相比，窦宪就显得贪婪跋扈得多。还是汉章帝在位期间，他就仗势欺人，低价强买沁水公主的庄园。这事让章帝勃然大怒，如果不是妹妹窦皇后毁服[①]求情，这事恐怕就不只是将庄园归还公主那么简单了。不过，此后的窦宪，仕途也就冻结了，直至妹妹升级做了太后，他才好似迎来了“黎明的曙光”。

在窦太后和窦宪的联手主持下，短短几年间，朝廷先后推出了两项新政：

一是宣布解除郡国盐铁禁令。这给豪强地主提供了煮盐冶铁大发横财的机会，使窦家迅速得到了大批高官的拥护。但由于偷工减料、降低标准，反而浪费资源、污染环境，也造成了国家税收锐减。

二是出兵攻打北匈奴。此时，北匈奴遭遇天灾，陷入混乱，窦太后力排众议，以窦宪为车骑将军，率军联合南匈奴讨伐北匈奴。汉军一路势如破竹，大获全胜。窦宪出塞三千多里，登燕然山刻石勒功。

窦宪打了胜仗，官至大将军、武阳侯，位列三公之上，仅次于太尉。窦笃升任卫尉，窦景和窦瑰升任侍中。窦氏兄弟骄横一时，不可一世，“朝廷震慑，望风随旨，无敢违者”。

窦氏家族大权在握，便开始胡作非为。诸如政治上搞一言堂，独断专行，“以一人之计，弃万人之命”；工作作风上搞团团伙伙，上下勾结，威胁恐吓，打击报复，对持不同政见者予以刺杀；经济作风上穷奢极欲，修建豪华住宅，耗费大量人力物力，加重百姓负担；生活作风上为所欲为，窦景甚至纵容奴仆白天拦路抢劫，侮辱妇女，没人敢管。

---

① 毁服，是一种以降低服饰等级自责的谢罪形式。

就这样，四年过去了。汉和帝在成长，耳闻目睹了这一切。他多么渴望斩除窦氏，夺回政权，但自己还年轻，手中没兵没枪，靠什么夺权？相比之下，窦宪等人则一直把他视为傀儡，甚至觉得他是多余的，准备趁小皇帝长大成熟之前，将其干掉，篡汉自立。

汉和帝并非没有盟友。窦氏家族的刚愎自用，引起了很多大臣的不满。他们多次上书劝谏呼吁，期待皇帝坚强，“改政匡失，以塞天意”，其塑造的舆论环境对汉和帝反而有利。然而，秀才造反，三年不成。靠这些读书人出身的大臣去冲锋陷阵，肯定不行。放眼满朝，到处都是窦家的亲信和眼线，自己想跟大臣们通气，都很难做到保密。想来想去，只能在宫里物色自己的身边人了。

他想到了宦官。

经过长期观察，中常侍、钩盾令[①]郑众进入视野。一方面，郑众在他身边服侍多年，忠诚可靠；另一方面，郑众办事谨慎机敏，有心计，有主意。因此，两人偷偷交流意见，达成了除窦的共识。

汉和帝的除窦措施很讲策略。他先是传旨把远在凉州镇守的窦宪调回首都辅政，以避免造成地方混乱和军事火并。而后参照西汉历史上皇帝剪除外戚的历史经验，秘密联合曾遭窦太后陷害而丢掉皇储大位的清河王刘庆。抓捕行动前夜，汉和帝亲临北宫，派员分头行动，过程干净利落，没有引发大规模恐慌和混乱。最后，窦氏兄弟被逼自杀。

一夜之间，窦家倒台了，外戚专权在汉和帝时代结束了。

捕杀窦氏，郑众首功。事后升任大长秋，成为宦官队伍的首领。汉和帝用他顺手，便经常找他讨论军国大事。于是，宦官力

① 钩盾令，相当于皇家园囿的管理员。

量开始较多渗入东汉朝廷的最高决策之中。庆幸的是，郑众为人谦逊，对于皇帝的封赏，他推辞的多，接受的少，更令汉和帝器重和欣赏。

郑众虽然谦和，但他的上位毕竟给东汉王朝开启了宦官弄权的先例。汉和帝之后，围绕皇权的归属问题，类似郑众剪除窦宪之类的外戚宦官之争，如走马灯般一再上演。

为什么东汉会出现外戚宦官交替掌权的情况？

“父传子”的皇位传承制度，虽然实现了“家天下”的目标，也体现了“传万世”的诉求，但储君选择余地小，一旦皇帝早逝，继承人年幼的可能性就比较大。幼帝冲龄登基，当然不具备治国理政能力，往往自然依附于母亲的护佑。因此，太后临朝、垂帘听政，就成了幼帝登基的第一个衍生品。

可是，由于先帝死得早，这些太后年纪轻轻就走上政坛，不仅政治经验欠缺，而且精神萎靡空虚，只凭尊贵的身份地位，无法驾驭朝政。她们只能依靠娘家人，特别是父亲和兄弟来帮忙。这样一来，外戚掌权便成了幼帝登基的第二个衍生品。

当皇帝年长后，希望改变被架空的态势，由于外戚权倾朝野，皇帝长于深宫，他们能依靠的力量，只有身边朝夕相伴的宦官。而当皇帝利用宦官除掉外戚势力后，宦官又因长期在皇帝身边侍奉，日久生情，受到信任，而具有了“奉天承旨”的天然优势。一旦皇帝怠政，便会轻易地委政于宦官。于是，宦官专权就成了幼帝登基的第三个衍生品。

无论是外戚，还是宦官，都是皇权的组成部分，或是附庸。然而，他们掌权，毕竟侵占了皇帝的自留地。而皇帝大权的旁落，在一定程度上跟皇帝本人的执政能力和执政定力有很大关系。

东汉从开国皇帝刘秀起，寿命呈逐代递减状态。大多数皇帝寿命不满三十六岁，更有不少皇帝是冲龄登基，客观上就为外戚宦官交替专权提供了土壤。然而，历朝历代都有幼帝登基的情况，外戚和宦官力量也都不小，为什么只有东汉王朝出现了比较严重的外戚专权？

有个东汉特有的因素是不可忽视的。

与刘邦“杀鸡取卵”“兔死狗烹”的做法不同，刘秀对功臣是比较厚待的。他给功臣们赐了大量钱财和土地，放任他们在地方上置田庄、蓄人口，经过几代人积累，聚集了比较强大的经济实力。

皇族与这些功臣多有联姻，比如汉明帝的马皇后是功臣马援的女儿，汉章帝的窦皇后是功臣窦融的曾孙女，汉和帝的邓皇后是功臣邓禹的孙女，汉顺帝的梁皇后是功臣梁统的后代。这种以门当户对为基本共识的裙带关系错综复杂，形成了以马、窦、邓、梁四大家族为代表的功臣名门。他们集功臣与外戚于一身，实力强劲。

宦官出身低微，目不识丁，身心不健全，性情多缺陷，有些存在反社会和仇视正常人的心态，加之没有后代，造成传统道德观念淡薄，一旦掌权，如若心术不正，就好似暴发户，追求财富的欲望更强烈，兼并土地、卖官鬻爵更是家常便饭，最终跻身豪强地主行列。

幼帝冲龄登基，为外戚宦官交替专权提供了土壤，这似乎已成了东汉王朝的痼疾和死循环。秦汉时代加强君主专制的努力，此刻遇到了一个前所未有的漏洞。

三、“三公”与中朝

建元六年（前135年），窦太后去世。

对汉武帝来说，这是一件让他悲喜交加的大事件。祖母去世，不仅是少了位至亲，更是少了位治国理政的主心骨，但这位青年天子也由此少了羁绊，可以施展拳脚搞改革了。

不过，祖母尸骨未寒之际，他还是沉浸在悲痛的气氛里。对于丞相许昌和御史大夫庄青翟操办的丧事规格，他认为不周到、不细致，便将二人罢官，改任田蚡为丞相，大司农韩安国为御史大夫。

田蚡是王太后的胞弟，也就是汉武帝的舅舅。有这样的身份，加之原先与窦太后在政治理念和站位上皆有分歧，他一上位，就很受汉武帝宠信。如此一来，便有很多官员趋炎附势，向他靠拢，希望走他的路子，得到提拔。田蚡也不含糊，入朝奏事常常一坐就大半天，利用汉武帝言听计从的机会，推荐了一大批官员，有的甚至从闲居一下子提拔到二千石。

汉武帝虽然年轻，但也不是政治白痴，总觉得田蚡过于霸道，让自己很不舒服。当田蚡滔滔不绝地推荐官员时，他便突然打断，嘟囔道：“你要任命的官员推荐完没有？朕也想任命几个官呢。”当田蚡奏请把考工官署的地盘划给自己扩建住宅时，汉武帝更是生气：“你为什么不把武器库也拿走呢？”

抱怨归抱怨，田蚡虽然挨了批评，会收敛一时，但丞相权力过大的问题，一直萦绕在汉武帝心中。沙丘之变[①]的历史教训，相信他还记忆犹新。

当年，秦始皇以丞相、太尉、御史大夫，分别作为国家最高行政、军事和监察系统的最高长官。特别是丞相，作为百官之长，“掌丞天子，助理万机”，权力很大。一方面使皇帝从繁杂的日常事务中解脱出来，可以垂拱而治，把主要精力放在大事决断上；另一方面也增加了三公弄权的可能性，对皇帝集权是个潜在的威胁。

这样的困局，不能留给子孙后代，他必须想办法解决。

前面讲到，汉武帝对田蚡表示，自己也要任命几个官。这些官员，出身低微，却有一技之长，将他们引入宫中，用为近臣，给他们侍中、给事中等头衔，使他们有资格出入宫禁，参与处理朝政。这样一来，就形成了一批与以丞相为首的外朝大臣分庭抗礼的队伍。由于他们立足宫中，离皇帝更近，故而称为“中朝”。

在汉武帝看来，对他来说，用这些人有三大好处：一是中朝官地位较低，不容易窃取大权；二是中朝官是皇帝近臣，可以较好贯彻皇帝旨意，不受外朝大臣牵制；三是中朝官多由皇帝亲信担任，既可以随意更换，维系皇帝权威，又不影响外朝高官队伍的稳定性。说白了，中朝只是皇帝权威的延伸，是皇帝的左右手。

一个典型的例子是，汉武帝临终前，托孤重臣分别是大将军霍光、车骑将军金日磾、左将军上官桀、御史大夫桑弘羊。丞相田千

---

① 秦始皇最后一次出巡途中，在沙丘病逝。由于死讯为最高机密，只有随行的丞相李斯、宦官赵高、幼子胡亥等少数人知道。他们秘不发丧，上下其手，篡改遗诏，迫使远在边境戍守的秦始皇长子扶苏和将军蒙恬自杀，拥立幼子胡亥登基，点燃了秦朝二世而亡的导火索。

秋没能入围接受遗诏的行列。显然，汉武帝已将丞相置于核心决策圈以外，中朝和外朝之别业已形成。

事实上，“中朝”的出现，只是汉王朝为削弱相权迈出的第一步。汉成帝时期，以丞相事务繁忙，难以一人承担为由，将御史大夫改称大司空，并以大司马取代太尉，加上丞相，合称“三公”。如此一来，相权一分为三，成为中国古代官僚政治史上“群相制”的先声。到汉哀帝时，丞相改称“大司徒”。至少在称呼上，丞相已经降格为与大司空、大司马平级。

东汉光武帝刘秀上台后，继续推出了一系列限制相权的举措。朝廷虽然仍设司徒（丞相）、太尉（由大司马改称过来）、司空（御史大夫），享有崇高地位和尊荣，级别达到万石，但仅是“坐而论道”，没有实际职权。他把具体审批和办事的权力，都交给了尚书台。

尚书台的正副长官是尚书令和尚书仆射，下设三公曹、吏部曹、民曹、客曹、二千石曹、中都曹，分别负责监察、人事、赋税、民族事务、刑罚和首都治安。这些“曹”的主官，级别不高，但朝廷大小事务无所不掌，形成了“官小权大”的局面。相比之下，小官比大官更听话，更容易被皇帝控制。

小官办大事、大官不办事的状态，确实帮助刘秀加强了君主专制。“中朝”的权力至此实现了空前膨胀。不过，让刘秀没想到的是，设置尚书台本是“矫枉”，结果却是“过正”。

然而，作为皇权的延伸，当皇帝年幼无法视事时，尚书台的控制权便落入代皇帝行权的外戚和宦官手中。只要他们加上“平尚书事”“录尚书事”的头衔，就能指挥尚书台，从而控制军国大权。

这比先前只有位列“三公”才能执掌军国大权要容易得多。相比之下，尚书台的官员职位卑微，对于外戚、宦官的行政干预几乎无能为力。

正如列宁所说，真理只要向前一步，哪怕是一小步，就会成为谬误。更何况，集权本就无所谓“真理”与否，一旦做过了头，反倒会留下顶层设计的漏洞，被外戚和宦官反复钻空。

官僚政治体系掺入了越来越多近臣政治的成分，其直接影响之一，便是官员选拔机制的异化。突出的体现，就是九品中正制变味为“上品无寒门，下品无士族”的阶层固化。对于平民出身的刘秀而言，这或许也是他始料未及的吧。

四、谶纬与秦汉政治

秦始皇梦寐以求的理想，就是找到长生不老之术。燕地一位名叫卢生的方士，投其所好，告诉秦始皇说，海上有一座蓬莱仙山，山上住着拥有长生不老之药的神仙。于是，大喜过望的秦始皇马上下令，由卢生负责出海寻找仙山。

哪有什么仙山仙药啊！卢生对此心知肚明。拿着“公款”吃喝旅游一圈后，复命时只能继续向秦始皇编瞎话：仙山仙药没找到，却找到了一本“仙书”名叫《录图书》，书上写了一句谶语：“亡秦者胡也。”

实在搞不懂这样的“仙书”是怎么编出来的。不管怎样，“胡”成了背锅侠。秦始皇想当然地以为，这里的“胡”就是北方的胡人，主要是匈奴。于是，他下令将军蒙恬率军北击匈奴，夺取河南地（今内蒙古河套地区），修建长城，防御胡人南下。

可是，秦始皇眼拙了。他万万没想到，自己谋传万世的帝国，砸在了儿子胡亥手里，二世而亡。如果说谶言应验的话，那么所谓“亡秦者胡也”的“胡”，不是胡人，而是胡亥。

这恐怕就算是成语“一语成谶”的真实案例了吧。

一言蔽之，“谶”，验也，就是预卜吉凶的隐语。后来逐渐发展成庙宇道观里求签。秦汉时代，除了“谶”，还有相对于经学而言的“纬”，是对儒家经义进行解释的书。“谶”和“纬”加起来，合称“谶纬”之学。简单理解，这种学问就是对未来的政治预言。

“谶纬”之说，是以古代河图洛书的神话、阴阳五行学说，以及董仲舒“天人感应”说作为理论依据，并将自然界的偶发现象进行神秘化，将其附会到社会现象上进行解读，形成了相对完整的宗教神学体系。其中自然有很多迷信内容，但也包含了一些古代自然科学知识和资料。

由于跟董仲舒改造过的儒学有着天然联系，加之具有预测吉凶的神秘感，谶纬之学因而得到了统治阶层的青睐。特别是一些政治预言，通过“谶纬”方式提出后，按照统治者希望的意图加以解读引导，可以论证其统治的正统性和合理性。当一些“谶纬”的预言得到应验后，就更加重了它的神秘性。

在谶纬之学的塑造下，君权神授、皇权神化的色彩更加浓郁，这会让君主们有皇权更加安全、牢靠的体感。

据《汉书·五行志中之下》载，汉昭帝时，泰山下有块石头突然自立而起。几乎与此同时，上林苑里一棵倒伏在地的枯柳树复活了，“有虫食其叶，成文字，曰：‘公孙病已立’”。对此，董仲舒的再传弟子眭孟认为，石和柳都是阴类，属于下民之象；泰山和上林苑分别是帝王封禅和打猎的地方，属于高尚之所。由此，他预判“当有故废之家公孙氏从民间受命为天子者”。

眭孟这样的言论，在汉昭帝还健在、大将军霍光掌权的政治氛围里，显然不合时宜，因而被扣上了妖言惑众的帽子，丢了性命。不过，汉宣帝即位后，眭孟很快就被平反，其子也被征召为郎。原来，汉宣帝刘询原名刘病已，是已故戾太子刘据的孙子。巫蛊之祸后，刘据全家遭殃，刘询年幼，流落民间。当他登上皇位后，自然要为自己寻找证明其上台合法性的依据。于是，眭孟的这句谶言就成了汉宣帝的“救命稻草”，广受追捧。

尽管谶纬在西汉已有流行，但相对来说，还是东汉王朝对谶纬之学最为信奉。这主要是因为开国皇帝刘秀以“符瑞图谶”起兵，登基后就“宣布图谶于天下”。用人施政、重大决策都要求助“谶纬”决定，今天看来好似儿戏，但在当时是社会主流思潮。

不管“谶纬”之学多么神奇，它还是属于唯心主义的迷信思想。王充等思想家通过撰写《论衡》等著作，宣传唯物主义，来驳斥“谶纬”。然而，真正推动统治者终结谶纬的，恐怕还是谶纬自身的问题。

东汉末年，天下大乱，跨州连郡的军阀不少，改朝换代随时可能上演。一些别有用心者就借助谶纬之学，散布所谓政治预言，为他们上位进行舆论铺垫。正是由于谶纬之学在舆论煽动方面的功力，最高决策层必须加以限制。经过魏晋时期的自然衰落，到隋炀帝时进行了大规模禁绝，谶纬之书大量销毁，随之失传。

尽管谶纬之学植根于董仲舒改造过的儒学，但毕竟充斥着神学迷信色彩，跟儒学的经典学说显得不在同一频道。因此，随着以儒学为代表的汉学（经学）发展深化，谶纬之学也就形同糟粕，从经学中剥离出来了。此后在荒诞的道路上渐行渐远，直至形式消失，内容犹存。

五、死于军阀

东汉中平五年（188年），以卖官鬻爵闻名的昏君汉灵帝，在接班人问题上一直犹豫不决。汉灵帝有二子：何皇后生长子刘辩，王美人生次子刘协。刘协智商情商相对高些，加上王美人更得宠，故而汉灵帝有废长立幼的念想。为了刘协上位，他在人生的最后阶段开始了新的政治布局。

他最担心的人，是大将军何进。这个屠户出身的家伙，因同父异母的妹妹入宫当上了皇后，而实现身份地位逆袭，平步青云，位极人臣。他借助镇压黄巾起义的机会，手握京城兵权。作为刘辩的舅舅，何进是不会支持废长立幼的。

汉灵帝无力改变何进大权独揽的形势，只能玩帝王术，把外戚的天然对立面——宦官搬出来。他设置西园八校尉分散何进的兵权，任用小黄门蹇硕为上军校尉，掌握一部分兵权。蹇硕资历较浅，害怕何进，便联合其他宦官共同游说汉灵帝，请他传旨派何进西征韩遂等割据势力。何进当然识破了这一“调虎离山”之计，便千方百计拖延出兵日期。

中平六年（189年）五月，带着没有完成的布局，汉灵帝驾崩了。蹇硕急眼了，打算先发制人，趁何进入宫奏事时将其杀掉。他没想到，自己身边出了内鬼，何进得到情报，称病不朝。

有何进坐镇，文武百官和宦官们自然不敢再提“废长立幼”的事。于是，长子刘辩登基，何皇后晋级为太后，何进和袁隗以录尚书事身份成为辅政大臣。显然，在跟宦官集团的斗争中，何进凭借兵权和皇位传承惯例，占据先机。

蹇硕有意杀何进，但他万没想到，手下人会把自己诛灭何氏家族的计划全盘外泄。于是，何进找到了捕杀蹇硕的口实，将其诛杀，并收编其兵权。

这一大动作，固然消灭了直接对手，却也打草惊蛇了。以张让等十常侍为代表的宦官集团，立刻警觉起来。他们在皇帝、太后身边工作，具有上下其手、内外勾结的职务便利。同时，他们制造何进擅杀宦官，意欲“专权以弱皇上”的舆论。这样一来，双方的力量对比天平发生了微妙变化。

此时此刻，皇帝是傀儡，何太后的态度很关键。然而，何太后长于深宫之中，缺乏政治经验，既担心兄长专权，又担心宫里大乱，优柔寡断，拿不定主意。何进则慑于宫中环境险恶，长期称病不朝，也不参加汉灵帝的葬礼。兄妹两人就没了正面沟通的机会。

尽管何进调集董卓、王匡、桥瑁、丁原等各地将领齐集京城附近，但他又听信弟弟的游说，想到自己一路走来，能有荣华富贵，全靠妹妹。如今妹妹不仅不发话，而且形同宦官集团的人质，这可如何是好？

其实，何进曾有机会赢得这场角逐，可惜他没抓住。京城外的军事压力使何太后终于做出了罢免全体小黄门，让他们离开京城，回到各自封地去的决定。十常侍很清楚，就这样离开京城，恐怕命都难保了。他们决定铤而走险，集体去向何进请罪。

面对磕头如捣蒜、眼泪如雨下的宦官们，何进突然心软了。身兼司隶校尉（首都地区最高长官）的谋士袁绍，强烈建议借机斩草除根，杀掉他们。何进竟婉拒了。宦官们全身而退，袁绍却急得上火。他很清楚，眼下的形势是你死我活，来不得半点怜悯。既然何进不靠谱，他只能自行其是，致信各州郡，假传何进命令，逮捕宦官亲属。

没有不透风的墙，宦官们很快就听到消息。恰好张让的儿媳妇是何太后的妹妹，这样的关系让何太后禁不住哭诉，心一软，把本已罢官的小黄门们又召回宫里。

事态急转直下，令何进始料未及。或许他突然开窍了，准备进宫面见何太后，拿到诛杀宦官集团的尚方宝剑。张让、段珪等宦官，一面派人诈称太后有诏，宣大将军入宫，一面在宫内埋伏刀斧手。何进不知有诈，径自进宫，结果被扣上谋反罪名，身首异处。

袁绍听闻何进丧命，意识到外戚宦官之争已撕破脸，便不再投鼠忌器，而是带兵进宫，将宦官杀光。宫里陷入混乱，张让、段珪趁乱挟持刘辩、刘协出逃，恰在途中遇到了董卓。

时任并州牧的董卓，眼下率军奉何进密令，正在赶赴京城的路上，准备诛杀宦官集团。张让、段珪等人走投无路，投水自尽。而董卓大军偶遇刘辩和刘协，就背上了救驾的功劳。面对董卓及其麾下的大军，身为皇帝的刘辩惊慌失措，语无伦次，而只有九岁的陈留王刘协吐字清晰，条理有序，得到了董卓的青睐。

进京后，董卓靠军队迅速控制局势，不仅废掉刘辩，拥立刘协为汉献帝，而且逼死何太后，剿灭何氏家族。至此，东汉历史上最后一轮外戚宦官交替弄权的轮回，画上了句号。为他们画上休止符的袁绍和董卓，都成了东汉末年割据一方的军阀。而结束东汉王朝的曹操曹丕父子，则是军阀割据的胜利者之一。

东汉，死于军阀，一个时代随之终结，而另一个时代的大幕正在开启。

第三章

血火：在硝烟中共生

秦时明月汉时关，万里长征人未还。

但使龙城飞将在，不教胡马度阴山。

唐代诗人王昌龄的这首《出塞》，悲壮而不凄凉，慷慨而不浅露，堪称唐人七言绝句的压卷之作。

他以写景入手，讲战事在秦汉时代连绵频仍，从未停歇。战争给人们带来的灾难，不仅仅是战火的摧残和破坏，更有将士出征在外，经年未归，生死不明，给后方亲人留下的思念之痛，也给诗人自己带来了思乡之苦。

在摆出问题的同时，他也在试图解决问题。诗人把希望寄托在名将身上，期待像飞将军李广那样的统帅，能够用智慧和力量取得战争的胜利，以战争来遏制战争，以胜利来阻止战乱，还老百姓和平安宁的环境。

诗人的理想很丰满，但现实很骨感。自从人类社会有了阶级差别，有了利益纠葛，有了集团分野，战争就从未停止过。即便如夏商周时代，国之大事，依旧“在祀与戎”。

秦统一六国，结束了春秋战国长达五百多年的纷乱，但内战外战并未消弭。战争给人们带来了沉重负担和巨大灾难，正如张养浩的《山坡羊·潼关怀古》里所说，“兴，百姓苦；亡，百姓苦”。

在这些战争中，中原汉族政权和北方草原民族的对决一直在持续。这不仅是两类政权争夺地盘的战争，更是两类经济模式、生产和生活方式的较量。

中原王朝的长城，堪称防御草原铁骑的铜墙铁壁，然而，挡得了一时，挡不住永远。

草原民族虽一度进入中原，有“五胡乱华”和建立北朝的创举，却在华夏文化的大熔炉里，主动或被动地参与到民族大融合之中。

同样是鲜卑族建立的北朝政权，汉化的北周战胜了鲜卑化的北齐，为隋朝大统一打下了基础。

战争意味着血与火，但在硝烟中，来自五湖四海的对手们走到了一起，走向了共生。或许，这就是文明的力量。

一、长城内外

西周末年，战争频仍，国力透支，颓势一发不可收拾。

关中地震，旱灾连年，百姓饥寒交迫，社会动荡不宁。周幽王不知爱惜民力，休养生息，反而贪恋女色，重用佞臣，盘剥百姓，引得民怨沸腾。他宠爱的妃子褒姒天生丽质，唯独过于冷艳，从来不笑。

为了博得美人一笑，有佞臣献计，拿烽火台说事。

西周的首都镐京在西边，这也是它的起家之地。然而，就在首都周边，草原民族时常出没，最大的对手就是犬戎。西周王朝跟犬戎斗了很多年，虽然屡屡获胜，但总是不能根除。犬戎依旧时常派兵抢掠。

无奈之下，周王室只好在镐京附近修建了数十座烽火台。只要发现敌情，哨兵就会点燃烽火，以示警报，邻近烽火台见状也会点火。这样，镐京就会加强战备，诸侯也会派兵救驾。显然，点烽火是国之大事，不可儿戏。

然而，周幽王居然采纳了这个馊主意。

烽火台上，狼烟四起。各路诸侯纷纷率兵勤王。然而，骊山脚下等待他们的，却不是气势汹汹的敌军，而只是周幽王和嫔妃们饮酒作乐的场景，以及周幽王轻描淡写的好言抚慰。大家都很泄气。

千军万马招之即来，挥之即去，此情此景，却让褒姒觉得真好玩。她不由地莞尔一笑。周幽王见状大喜，不仅重赏献计之人，而且此后多次点烽火戏弄诸侯，博得美人欢心。

终有一天，犬戎真的打了过来。周幽王闻讯，赶紧下令点烽火报警。然而，这次诸侯们索性就当是“狼来了”的儿戏，没有一兵一卒前来救驾。最终，镐京城破，周幽王被杀，褒姒被掳走，周人经营多年的都城被洗劫一空。西周王朝宣告灭亡。

公元前770年，周幽王的儿子周平王即位后，目睹镐京残破，难以收拾，只好迁都洛邑。周朝国祚虽然得以延续，但周王室的控制力大幅下降。诸侯坐大，纷争不断，中国历史进入了春秋战国时代。

根据清华大学整理的战国竹简（称“清华简”）记述，在西周灭亡前后，没有“烽火戏诸侯”的记载。部分学者据此认为，烽火戏诸侯并非西周灭亡的原因，甚至这个故事可能是编造的。

不管是真是假，故事本身反映的三个重要信息，很值得我们关注：

其一，北方草原民族对中原王朝的威胁，不独汉唐，早在周代即已比较严重。

其二，修建烽火台绝非秦始皇或战国时期秦、赵、燕的首创，早在西周时期，就在“四角面百步，筑土四方，上有屋，屋上有柱，出高丈余”的高台上，有烽有鼓，用声光传递简单而重要的军情信息。这是西周时期重要的通信手段。

其三，军情紧急，烽火传递信息的效率较高，才使得各路诸侯能够迅速响应，积极勤王。

平王东迁后，镐京周边出现了权力真空，一些草原民族得以进入。犬戎抢掠洗劫后退去，而义渠留了下来。义渠是羌戎民族的分支，由于早年与周朝交好，得以迁入陇东地区，获得沃土之利，逐渐定居下来，跟周人杂居，学会了农耕技术，建立了城堡村落，又保留刚强勇猛的彪悍之风，全民皆兵，具有一定实力。显然，它跟犬戎、鬼方等草原民族有很大不同。

另外一支进入镐京周边的力量，是秦国。由于辅佐平王东迁有功，秦国终于有了这么一块封地。跟义渠不同的是，秦国进入关中地区，是有周王室授权和认可的。有崤山和函谷关的天然屏障，秦国长期致力于向西发展，经营后院，跟戎狄等民族进行了多年较量。义渠的迅速扩张，成为秦国称霸西戎的主要对手。双方互有拉锯，较量近四百年。义渠虽地盘缩减，但仍对秦国构成威胁。

公元前306年，秦昭王少年登基，母亲宣太后摄政。她调整策略，转而将义渠王请到甘泉宫，长期同居，予以厚待，甚至还有了两个私生子。毕竟，义渠曾对秦国臣服过，这样一来，义渠彻底被拉拢下水，迷失方向，放松了对秦国的警惕。

三十四年后，也就是公元前272年，宣太后突然杀掉义渠王，并发兵攻灭其国。至此，秦实现了对域内主要对手的全面兼并，为平灭六国扫清了后顾之忧。而义渠人则很快融入中原，成为华夏民族的一部分。

就在秦国忙于打理后院和出击六国的同时，远在秦长城以北的大漠草原，血与火的搏杀也在持续。

匈奴，是北方草原知名度最高的少数民族。据说，它与华夏族曾同根同源，只是在夏朝灭亡后，由于不愿意接受商朝统治，从而向北逃走，在吞并其他部族后成了匈奴族。经过几个世纪的经营，这个游牧民族越发强悍。

为了弥补草原上的物资短缺，南下中原掳掠人口、财物便是常有的事。这也是为什么秦、赵、燕等三个与草原接壤的诸侯国各自修建长城的重要原因。

为了一劳永逸地解决北部边患，秦始皇三十二年（前215年），将军蒙恬率领三十万秦军主动出击，攻占河南地，“却匈奴七百余里，胡人不敢南下而牧马”，暂时解除了秦朝首都咸阳的北部隐患。紧接着，蒙恬大军屯兵上郡，构筑城塞，将秦、赵、燕三国的旧长城连接起来，构筑了北方边陲漫长的防御线，这就是万里长城的1.0版。

匈奴打不过蒙恬，短期内没敢南下，但也没闲着，其矛头随即掉转向东。

东边的东胡，实力比匈奴强。趁着匈奴单于换人，冒顿单于立足未稳之际，遣使来访，索要冒顿的前任头曼单于的千里马。

冒顿没有马上表态，而是向群臣征求意见。大家一致认为，千里马是匈奴宝马，怎能轻易与人？可是，冒顿的回应出人意料：“怎能为了一匹千里马，伤害跟邻国的感情呢？”于是，就把千里马送给了东胡。

得了便宜的东胡，以为匈奴软弱可欺，没过多久，又派来使者，索要匈奴的阏氏，也就是夫人。这事冒顿同样没有立即表态，而是问计左右。大臣们义愤填膺，主张拒绝东胡无理要求，发兵击之。可是，冒顿再次表现出软身段，说出了“怎能为一个女人而伤害跟邻国的感情”这样的话。于是，自己喜爱的阏氏就被送到了东胡。

两度得逞的东胡，愈发骄横，不久又派人向匈奴索要双方交界区域的一块空地，大约千里。在跟群臣商议此事时，有人认为这些都是空地，给不给东胡都行。可是，冒顿一反常态，板起面孔说道：“土地是国家的根本，怎能轻易给别人?”那些提出割让空地的大臣，为自己的轻率表态付出了血的代价。

经过几番退让，冒顿猛然强硬起来，这跟春秋时期晋文公“退避三舍”的典故似乎如出一辙。当他决定发兵袭击东胡时，至少获得了两方面优势，足以弥补兵力不足的劣势：一是匈奴人饱受东胡欺侮，都憋了一口气，此时报仇情绪强烈，士气旺盛，根本无须动员；二是东胡以为匈奴软弱可欺，过度轻视，疏于防范。

匈奴骑兵一路冲杀，东胡毫无准备，一溃千里，东胡王也丢了性命。匈奴不仅一举并吞东胡，而且确立了在大漠草原的霸主地位。紧接着，它西击月氏，南并楼烦，趁秦末中原大乱再度占领河南地，拥兵三十多万，成为中原王朝的劲敌和梦魇。

就在冒顿四处扩张之际，中原地区的楚汉战争，以刘邦的获胜告终。作为游牧民族，匈奴对中原丰沛的物资和人口垂涎三尺，为维系其生存和统治，唯有抢掠。汉匈战争一触即发。

二、白登之围

汉高祖七年(前200年)冬，刘邦亲率三十二万大军，出击匈奴。陈平、娄敬、樊哙、夏侯婴、周勃等文武官员随行。张良、韩信、萧何等“汉兴三杰”不在随行队伍中。

楚汉战争刚结束，中原喘气未定，刘邦为何急于跟漠北强敌大打出手呢?

击败项羽后，刘邦在称帝后，封了七个异姓王。这些王爷有兵有地盘，俨然地方实力派。事实上，对刘邦而言，这么干也是不得已而为之。毕竟，没有他们的及时会师，垓下之战惨败的很可能就不是项羽，而是刘邦。因此，这一时期的汉王朝，只是刘邦和异姓王们共治天下的过渡形态。显然，刘邦不会容忍此种局面长期维持下去。

柿子先捡软的捏。刘邦看中了最弱的异姓王之一——韩王信。

韩国是战国七雄里最弱的一个，经过楚汉战争，由于站队正确，得以在认同刘邦“共主”地位的基础上复国，封地颍川一带，都城阳翟(今河南禹州)，跟战国时代保持一致。

不过，韩国地处中原，既是四战之地，易攻难守，又是四方枢纽，兵家必争，距离西汉首都长安不远，有一定威胁。因此，刘邦决定先让韩王信离自己远点，把都城搬到晋阳(今山西太原)，把地盘挪到太原郡。理由是，把防御匈奴的任务交给韩王信，让他不能闲着。

换地盘这事，韩王信或许不乐意，但也没说什么。为了完成任务，他认为晋阳离前线太远，建议靠前指挥，把都城放在离匈奴再近的马邑（今山西朔州）。刘邦想也没想就同意了。

韩王信到马邑后，随即部署对匈防御作战。然而，交手多次，胜少败多，甚至遭遇冒顿单于亲率骑兵的围攻，眼看朝廷援军远水不解近渴，自己又打不过，只能派人跟匈奴单独媾和。没想到，这一举动竟遭刘邦猜忌，扣上了通敌的帽子。或许，刘邦早就看他不顺眼了。

接到了刘邦的问责书信，韩王信深感恐惧。既然业已不受信任，不如举旗倒戈，免得落得兔死狗烹的下场。于是，韩王信调转枪口，联合匈奴挥师南下，直取太原郡。

西汉王朝遭遇了立国以来最严峻的挑战。刘邦无法继续无动于衷了。他担心韩王信一旦割据一方，跟长安分庭抗礼，那些政治野心犹存的异姓王们，比如韩信、英布、彭越等人，会群起效尤，纷纷自立旗帜。刘邦辛辛苦苦打下的江山，有可能陷入四分五裂的境地。

他必须及时制止这一切。

黄土高原，晋中前线，汉军先声夺人，韩王信损失惨重，只身逃奔匈奴。而冒顿单于派出的援军，也被汉军击溃。节节胜利，让刘邦和汉军将士发生了错觉，认为匈奴号称强悍，其实不过如此。刘邦哪里晓得，冒顿单于并不好惹。

冒顿的前任是头曼单于。头曼虽然立他为太子，但一直打算废长立幼，以取悦小儿子的母亲，也就是头曼最宠爱的阏氏。于是，头曼先把冒顿派到月氏做人质，而后派兵进攻月氏。其意图非常明显，就是要将冒顿置于险境，借刀杀人，给小儿子腾地方。

月氏王果然激怒，准备拿冒顿祭旗，但冒顿先发制人，偷了月氏的马，骑着逃回匈奴。

冒顿奇迹般的生还，令头曼大为震惊。废长立幼的念头暂时搁置了，头曼反倒对这个太子刮目相看，给了他一万骑兵。

头曼拿冒顿当枪使，冒顿却把这一万骑兵训练成了私家军队。他制造了一种响箭，指示部下说："凡我响箭所射的目标，大家都要跟着一起射；如谁不射，就地斩首。"为了让大家听话，冒顿使出了苦肉计，先后用响箭射击自己的爱马、爱妻，不敢跟着射的部下都被他杀了。于是，等到他外出打猎，用响箭射击单于座驾之时，部下都跟着射。

此时，冒顿心里踏实了：这些部下真正做到了对他无条件服从。

接下来，冒顿就要出手了。利用跟随父亲外出打猎的机会，冒顿突然用响箭射击头曼的头部，部下也跟着射。头曼单于当场栽倒，不治身亡。随后，冒顿返回单于牙帐，斩杀头曼的阏氏和小儿子。踩着对手的尸体，舔舐完对手的鲜血，他终于登上了单于宝座。

就是这样一位颇有心机的单于，在汉军面前故意隐藏精兵良马，只暴露老弱病残和瘦小的牲畜。刘邦被蒙蔽了，他不顾谋士娄敬的劝诫，执意率众骑兵先行，抵达平城（今山西大同），直接钻进了匈奴埋伏在白登山地区的包围圈。

举目所及，匈奴骑兵西面全是白马，东面全是青马，北面全是黑马，南面全是红马。场面壮观，又令人胆寒。隆冬时节，汉军将士冻伤者甚多，战斗力严重衰退。他们拼了七天七夜，虽然挡住了匈奴大军的冲击，但依旧没能突围。

眼看粮食即将耗尽，饥寒交迫的汉军有可能在几天后全线崩溃。一向高傲的刘邦，不得不低下昂贵的头颅，转而寻求解围良方。此时，陈平给他出了个主意：贿赂冒顿最宠爱的阏氏，让她去吹枕边风，放汉军一马。

如果按照《周礼》的规定，这样的打法就是下三烂，会招人耻笑的。然而，大难临头，也顾不得那么多礼数了，保命要紧！于是，刘邦派人趁大雾下山，以金银财宝贿赂阏氏。

有钱能使鬼推磨，阏氏果然上套，跟冒顿吹了一阵枕边风，说刘邦被围七天，军中没有混乱，说明有神灵在帮助他。既如此，何必违背天命，将他们斩尽杀绝呢？汉军援军将至，眼看皇帝被围，肯定玩命跟我们打。就算打得过，夺了他们的城池，也很难守得住；如果打不过，地盘丢光，都不知道该怎么收场。因此，还不如顺应天命，放他们一条生路。

阏氏的枕边风，冒顿听进去了，但没有马上照办。很快，他发现韩王信的残余力量没有按照约好的时间赶到预定地点，自己很可能被韩王信耍了，甚至韩王信已经在跟刘邦秘密接触。匈奴跑来插一杠子，显然是当了冤大头。于是，冒顿采纳了阏氏的建议，打开包围圈的一角，让汉军撤退。

天公作美，那天大雾，刘邦和汉军骑兵主力终于走出包围圈，算是脱险了。

白登之围，给刘邦上了生动一课。此后的大小战役，他再也不敢贸然进兵，冲在前面。那位劝他不要冒进的娄敬，也得到了刘邦的信任和重用。

白登之围，刘邦尝到了匈奴的厉害，也尝到了破财免灾的甜头。既然匈奴叩关南下的主要目的是抢劫，那就直接送礼，把他们喂饱，让边关少一些滋扰，多一些休养生息。于是，西汉王朝开始执行和亲政策。

按照娄敬的建议，刘邦曾打算把长公主（鲁元公主）嫁到匈奴去。公主的亲生母亲吕后就不干了，日夜哭啼。拗不过悍妻的压力，刘邦只好找个宗室女冒名顶替，嫁给冒顿，并派娄敬作为使者，陪同前往。

其后，和亲成了汉匈官方关系的标配，只要单于想要，嫁过去的公主一个又一个。西汉每年还要给匈奴送去大批棉絮、丝绸、粮食和酒等物资，双方约为兄弟，以长城为界。

这些山寨公主在塞外的命运如何，历史文献缺乏详细记载。相信她们的身份一旦暴露，恐怕日子会很艰难，甚至丢了性命。她们以身体和人生命运为代价，为汉王朝内地休养生息争取时间。不过，送出塞外的金银物资，并不能完全堵住匈奴骑兵的欲壑。北部边关依然会时常遭到劫掠。

和亲政策，对西汉王朝是耻辱的。冒顿得了便宜还卖乖，甚至在刘邦去世后，写信向吕后求婚。这分明是对吕后及其治下的汉王朝的调戏。无奈国力疲弱，吕后只能忍辱负重，卑躬屈膝地回信说，自己人老珠黄，不敢再嫁，丝毫不敢正面驳斥冒顿的无理诉求。

一晃六十年过去了。年轻的汉武帝想有所作为，不愿继续屈辱下去了。经过长期积累，西汉王朝的家底变得殷实起来。于是，汉武帝左右开弓，开始了他对匈奴动武的大战略。

汉武帝的如意算盘，是以“马邑之谋”为起点的。

本打算效仿冒顿“白登之围”的打法，诱敌深入，在马邑一举全歼单于军队主力。然而，谋泄事败，单于没上当。

紧接着，汉军主力接连出拳，从收复河南地开始，连续扫荡河西走廊，乃至发兵北进。承中原地区积累的马匹、钱粮资源，卫青、霍去病率领的汉军骑兵，经常上演千里奔袭，直取敌军巢穴的好戏。

元狩四年（前119年），汉军击溃单于军队主力，将其驱赶到漠北。自此，“漠南无王庭”。尽管匈奴跟汉朝的战争仍在持续，互有胜负，但匈奴再也无力威胁中原。

到汉宣帝、汉元帝时代，匈奴陷入分裂。南匈奴的呼韩邪单于主动改变策略，向西汉王朝示好称臣，在汉朝支持下，不仅完成了匈奴统一，而且再度和亲，留下了“昭君出塞”的千古佳话。西汉的北部边疆也出现了几十年和平景象。

东汉时代，匈奴再度分裂。与汉朝为敌的北匈奴，在汉军的连续打击下，走向衰落。适逢天灾，牛羊损失惨重，不得不向西迁徙。困扰汉朝多年的匈奴边患得以解决。

汉武帝的副攻方向，是派遣张骞出使西域。初衷是联络与匈奴有世仇的大月氏国，共同夹击匈奴。尽管大月氏远徙阿姆河流域，不愿参战，但张骞有了意外收获，那就是打通了汉朝与西域各国的联系渠道。

东汉时代，班固再次出使西域，恢复了因王莽之乱而中断的与西域各国的联系。从此，西域各国不仅成为汉朝包抄和夹击匈奴的盟友，还接受汉朝设立的西域都护府管辖。西域也由此纳入了中国中原王朝的版图。

经由西域，一条沟通东西方贸易和文化交流的纽带逐渐形成。这就是泽被后世的陆路丝绸之路。或许这样的场景，经历过白登之围的刘邦和冒顿，即便脑洞大开，也想象不到。

三、“五胡乱华”

西晋永嘉五年（311年）四月，都城洛阳。

城外狼烟四起，城内惶惶不安。作为当朝权臣，东海王司马越先是戎装入朝，提兵出征，继而传檄四方，要求勤王。可是，“所征皆不至”。各地军头早已自顾不暇，谁也没有功夫操心皇帝和权臣的死活。内忧外患交织，司马越情绪大坏，心理崩溃，一命呜呼。

尽管秘不发丧，消息还是被羯族首领石勒侦知。紧接着，由他率领的一队骑兵劲旅，迅即追上了群龙无首的送葬大军。苦县宁平城（今河南郸城）附近，一场杀戮开始了。

大队匈奴和羯族骑兵像打猎一样，将这几十万西晋军民团团围住。箭矢如雨，一天下来，死难者超过十万人，包括几十位宗室贵族、高级官员。几个月后，匈奴骑兵冲入洛阳，纵兵抢掠，晋怀帝当了阶下囚，西晋王朝即将走向毁灭。

从三分归一，到王朝崩溃，只用了三十六年时间。西晋的司马氏政权为什么垮得这么快？

我们从不忽视内在原因。晋武帝司马炎享乐奢靡，带动了官场腐败、敛财成风；西晋大封同姓王并委以军权和地盘，使国家政权架构的顶层设计重蹈汉初郡国并行制覆辙，从而为“八王之乱”埋下祸根；西晋皇位传承的失败，使“傻皇帝+浑皇后组合”成功上位，成为政局动荡的重要诱因。[①]

我们更要重视外部原因。毛泽东同志在《抗日战争胜利后的时局和我们的方针》(1945年8月13日)中讲过，“凡是反动的东西，你不打，他就不倒。这也和扫地一样，扫帚不到，灰尘照例不会自己跑掉”。他强调了外因的重要性。西晋倒台的外因，就是北方少数民族内迁引发的战乱和动荡。

东汉时期，北匈奴遭到了汉朝和西域各国联军的夹击，加之雪灾冲击，不得不告别草原，向西迁徙，通过跨族群通婚繁衍，逐渐演变成为罗马帝国望而生畏的蛮族的一部分。

投靠东汉王朝的南匈奴，被安置在长城内外，作为朝廷抵御北匈奴的一道屏障。北匈奴离开草原后，他们也没能回去。随着鲜卑人成为大漠草原新的主人，南匈奴的生存空间受到挤压，被挤兑到了山西离石的左国城(今山西吕梁市离石区)。

东汉末年，中原烽烟四起，南匈奴不愿充当镇压黄巾起义的炮灰，纷纷揭竿而起，四处攻掠，趁火打劫。曹操统一北方后，见其人口众多，潜在实力强大，便采取“分而治之”的办法，将其一分为五。彼时曹魏势强，南匈奴各部都俯首称臣，充当顺民。

不过，随着西晋王朝陷入八王之乱的内战状态，无暇他顾，一些有割据一方甚至并吞天下抱负的匈奴部帅，便动了不臣之心。刘

---

① 晋惠帝司马衷，在历史上以弱智闻名，留下了“何不食肉糜”的段子。皇后贾南风虽是功臣之后，但权欲旺盛，挑拨是非，独揽大权多年，成为八王之乱的导因之一。

渊就是其中的代表。

刘渊属于南匈奴的屠各种，因刘邦曾采取和亲政策，嫁公主给匈奴，故而屠各种的贵族都是冒姓刘氏，自以为汉家旁系后裔。晋惠帝永安元年（304年），在蠢蠢欲动的五部部众推戴下，刘渊在左国城自称“大单于”，建国号为汉，正式拉起了与西晋分庭抗礼的架势。

这就是“十六国”的第一个政权。

印象中，十六国是个混乱的时代。政权如走马灯般更迭，令人目不暇接；民族之间的仇杀不断，似乎看不到和解的希望。

如果做做功课，认真细分，十六国时期似乎也没那么混乱，大致可分三个阶段，每个阶段都有主角政权。

我们先说第一阶段，前赵和后赵。这是匈奴和羯族唱主角的时期。

刘渊对汉国的最大贡献，就是将南匈奴各部拢在一起，在左国城建立了政权，并拉起了跟西晋对抗的大旗。可是，他没有看到攻灭西晋的那一刻，就因病去世。继任者刘聪先后俘虏了晋怀帝司马炽和晋愍帝司马邺，亲手埋葬了西晋政权。

然而，汉国也好景不长。刘聪自以为大事已成，天下无敌，迅速腐化堕落。终日美酒在口，美女入怀，早早掏空了身体，灭晋两年后，即撒手人寰。

灭晋并没有让汉国的日子好起来，反倒是每况愈下了。

本来，刘聪的实际控制区就只有山西南部和关中、洛阳一带，“东不逾太行，南不越嵩洛，西不逾陇坻，北不出汾晋”，华北大部还处在半独立状态。汉国首都平阳闹饥荒，一次饿死几万人。长年战乱，人心不稳，怎么都不像是胜利者的模样。

更糟糕的是，汉国本就是南匈奴各派力量的结合体。刘渊、刘聪作为共主，威望较高，尚能服众。他们死后，继位的太子刘粲虽然“少而俊杰，才兼文武”，但很快就暴露了刻薄寡恩、荒淫无道的本来面目。岳父靳准借机拨弄是非，一面以清君侧的名义，诱使刘粲屠杀了大批刘氏子弟，一面安插靳氏子弟，控制朝政。待到大权在握，他便发动兵变，干掉了这位女婿皇帝，自己做起了汉国的一把手。

这一异动，让更多对皇位宝座想入非非的人顿时眼红。大司马刘曜和大将军石勒，先后打出光复汉室的旗号，攻入平阳，消灭了靳准势力。

刘曜和石勒，一个是刘渊的养子，一个是刘渊的猛将，互相不服。于是，刘曜把首都迁到长安，石勒把首都迁到襄国，在北中国互相打了十几年。最终以石勒的胜利而告终。需要说明的是，刘曜干脆抛弃了“汉”的衣钵，改国号为赵。石勒灭掉刘曜政权后，也没改国号。历史学家为了区分两者，分别称之为“前赵”和“后赵”。

别看都是“赵”，差异却很大。

前赵是匈奴人的政权，后赵则是羯人的政权。虽然都是少数民族，但刘曜对汉族百姓似乎还略微客气些。石勒就不同了，屠城事件时有发生。石勒的养子石虎当了皇帝后，更是滥用民力，大兴土木，骨肉相残，荒淫凶残，几乎把中国古代暴君残害老百姓的招数使了个遍。

石虎的暴虐统治持续了十多年，终于以暴病而亡收场。接下来的场景，几乎是刘粲时代的翻版。石虎的子嗣们，如走马灯般上上下下，你方唱罢我登场。寥寥几百天，皇上已经换了几任。宫闱内的血腥已经蔓延到了中原大地。以前因羯人的强势而屈服的鲜卑人、氐人、羌人，纷纷推出自己的贵族，集结人马，走上了反抗后赵之路。

后赵命悬一线，急需一位强者力挽狂澜。

这样的人物横空出世，他，就是石闵。

石闵原姓冉，历史上也称“冉闵”。其父冉良是石虎的义子，在军中病逝后，石闵就被石虎当作亲孙子一样抚养，逐渐成长为后赵的勇将。

冉良曾是乞活军的成员。这支从乞丐起家，带有兵民混合组织性质的汉族军队，曾在西晋末年跟匈奴军队长期交手，对羯人经常性的制造屠城血案记忆犹新。当石虎的子弟们祸起萧墙，杀得气息奄奄之际，石闵便成了众望所归的残局收拾者。在大家的拥戴下，石闵登上了皇位，随即更改国号为“魏”。

公元350年，是个很特殊的年代。

北中国同时出现了多个政权。石闵建立的魏国，代表了北方政权的“正朔”，然而，相对于氐人建立的前秦、鲜卑人建立的前燕，石闵拥有的只是号召力，而实际控制的地盘并不大。按说形势危险，更要小心谨慎，先稳住周边，团结一切可以团结的力量，安定内部，腾出手来，再对付强敌。然而，他做了四件错事，把自己拖入了绝境。

——跟盟友反目。上台才几个月，石闵就下令诛杀太宰李农，以及尚书令王谟、侍中王衍、中常侍严震等人，原因不明。

李农与石闵同为后赵重臣，政治地位一度相当，甚至在取代后赵的进程中，一度成为盟友。如今，虽然君臣之分已定，但彼此心存疑虑，甚至不服气。如此冲突不断的结果，很可能是李农串通王谟、王衍、严震等人，打算发动政变，推翻石闵。只不过，政变失败，李农掉了脑袋。殊不知，李农有乞活军的背景，他的遇害，使乞活军中相当一批人倍感失望。

在族群斗争异常尖锐的十六国前期，汉人血统的石闵，一旦失去以汉人为主体的乞活军势力的力挺，其处境可想而知。

——跟东晋不合。按说，石闵刚刚上台，政权并不稳固，最好的选择就是拉大旗找靠山。东晋与魏同是汉族政权，按说有结盟的可能。石闵也曾遣使前往建康，邀请东晋朝廷出兵北伐。可是，东晋朝廷居然置之不理。这是怎么回事？

虽然偏安一隅，但东晋毕竟以华夏正朔自居，从来没对石闵平等相待。因此，石闵称帝这件事，东晋君臣心里肯定不爽。更糟糕的是，石闵遣使捎信的口气，有点居高临下般的傲慢："诸胡逆乱中原，已数十年，今我诛之。若能共讨者，可遣军来也。"这样的口吻，怎会让好面子的东晋君臣听着好受？

当然，东晋君臣自祖逖之后，大多没有恢复中原的雄心抱负。眼睁睁看着这样趁乱收复失地的机会慢慢溜走。

——跟羯人翻脸。石闵在历史上留下的最有名的印记，就是"杀胡令"。

石闵取代后赵，夺得皇位。其推翻的是羯人的政权，建立的是以乞活军为依靠力量的汉人政权。羯人考虑到曾有长期屠戮汉人的历史，生怕族群报复，便大批逃亡。为了防范羯人造反，安抚汉人人心，石闵一面宣布六夷胡人有敢持兵器者一律斩首，一面要求

“与官同心者留，不同者各任所之”。于是，汉人大量入城，羯族等胡人大量出城逃难。

这样的号令，只是石闵要的小伎俩，以此结束民族杂居，实现族群隔离，然后分而治之。见目的基本达到，他便以加官晋爵为诱饵，鼓励汉人斩杀胡人。“一日之中，斩首数万”。有些人为了抢功，甚至连高鼻梁、深眼窝、浓胡须的汉人也当作胡人，一并杀了。

石闵颁布杀胡令，或许是看到了十六国混乱的源头之一，即草原民族内迁。他的做法，是用暴力手段，对中原胡人种族灭绝，迫使“青、雍、幽、荆州徙户及诸氐、羌、胡、蛮数百余万，各还本土”。然而，在官僚体制下，政策落到基层，往往就会走样。这样的民族仇杀带来的，并非血统纯洁，而是更大的破坏。到头来，吃亏的还是魏国政权。

——跟强敌鏖战。石闵并非高枕无忧。氐人、羌人、鲜卑人和羯人各自建立政权，割据一方，对新生的魏国虎视眈眈。魏国从立国伊始，就陷入了跟这些政权的混战之中。起初，石闵智勇双全，屡克强敌。无奈寡不敌众，经济凋敝、人口锐减、地盘缩小，民心不附，军粮都凑不齐，难以支撑跟多个强敌的长期拉锯战。

在称帝两年后，石闵在一场决战中轻敌战败，输给了前燕，死在了慕容氏的刀剑之下。

石闵死了，他治下的二十多万汉人，陷入群胡的包围之中，走投无路，只能投奔东晋。无奈东晋接应不力，这支队伍在突围的过程中，被胡人将士屠戮殆尽。

西晋灭亡后，经过二三十年的战乱，后赵本有机会统一北方，建立类似曹魏、北魏之类的政权。然而，暴虐和急于求成葬送了一切。石闵及其魏国覆灭后，中原地区被分成了前秦和前燕两个大国，以及边陲的几个小型政权。经由他们的引导，匈奴、鲜卑、羯、氐、羌等“五胡”人民大量迁入中原，形成了与汉人杂居的局面。

这就是著名的“五胡乱华”。从另一层面看，中国古代史上规模空前的民族融合，也由此拉开了帷幕。

四、风声鹤唳，草木皆兵

风声鹤唳，草木皆兵，是东晋十六国时期知名度最高的成语。其典故就来自十六国的第二阶段：前秦时期。具体说，就是淝水之战。

淝水之战的过程，许多读者都知道。这里需要解释三个问题：

前秦为何能迅速走向巅峰？为何会输给东晋？只是输了淝水之战，为何就迅速崩溃了？

第一个问题：前秦为什么能迅速走向巅峰？

中国历史上的开国皇帝，之所以能成就霸业，并非靠自己单打独斗。事实上，他们的武艺并不高强，智谋也非过人。他们的长处，在于用人，把合适的人放在合适的岗位上，去发挥合适的效用，形成团队效力，共同推进事业。正如韩信所说，刘邦“不能将兵，而善将将”。显然，“将将”是领导干部应当具备的核心竞争力。

前秦皇帝苻坚也有这方面的眼光。他最大的成就，就是重用汉人王猛。

王猛是山东人，在那个胡人屠戮的混乱时代里，他出身卑微，一贫如洗，吃饭都成问题。为了谋生，不得不靠贩卖簸箕为生。虽然身在泥途，王猛却没有被生活的烦恼压倒。兵荒马乱，没有打乱他刻苦研读的节奏。久而久之，他变得严谨庄重、沉稳刚毅、胸有大志、英俊魁伟。当然，他也继承了西晋谈玄名士的传统，我行我素，放荡不羁。

其实，王猛颇有政治眼光。石虎暴虐之时，他躲进华山，拒不出仕，为的就是静候风云之变，谋定而后动。

历史机遇曾经垂青过他。魏国灭亡后，东晋权臣桓温曾率军北伐，击败前秦，驻军灞上（今西安市东）。关中汉人父老，有四十年没见到晋朝官军，自然是热泪盈眶，纷纷倾囊相助，夹道犒劳。王猛闻讯，也前往桓温大营求见，希望谋个职位。

尽管身着麻布短衣，边讲天下大事，边捉身上的虱子，显得不太文雅，但王猛的谈吐一针见血。他尖锐地指出，桓温大军距离长安仅一步之遥，却并不急于拿下，关中豪杰们猜不透他的心思，这才是大家都不来军前效力的主要原因。

显然，王猛看出了桓温的小算盘：拿下长安，地盘归朝廷，自己只得虚名。攻打长安，消耗的是他自己的精力和兵力，到头来损兵折将，即便拿下长安，也会失去跟朝廷叫板的本钱。与其为他人作嫁衣裳，不如留敌自重。

面对王猛的分析，桓温不得不折服，称赞这位隐士的才干，在江东无出其右。然而，王猛却看不上桓温的优柔寡断，婉拒了他提供的高官厚禄。

王猛潜心读书的华山，位于关中地区。桓温粮尽退兵后，前秦转危为安。这个以氐人贵族为基础组建的少数民族政权，在经历了权斗内乱后，迎来了一位有抱负的君主——苻坚。

在十六国的君王中，苻坚之流是极其罕见的。他仰慕汉族文化，幼年即拜汉人学者为师，潜心研究儒家经典。他博闻强识，文武全能，胸有大志，广纳贤才，特别是明白“明政无大小，以得人为本”的道理。既然桓温请不动王猛，那么他主动派人去请。见到王猛，谈及国家大事，句句投机，乃至废寝忘食，促膝长谈，好似刘备遇到了诸葛亮。于是，王猛成为苻坚身边的头号谋士，苻坚对他言听计从。

王猛有过地方主官履历。始平县（今陕西咸阳西北）是长安西北门户，地位重要，但当地豪强横行，盗匪充斥，百姓叫苦。苻坚派王猛担任县令，加强当地治理。王猛到任，施政风格犹如其名。下车伊始，明法严刑，禁暴锄奸，雷厉风行，对当地贪酷官吏予以坚决镇压。一时间，吏治整肃，社会治安大有好转。

当转岗到朝廷后，王猛继续施展刚猛新政，在苻坚支持下，坚决整肃氐人不法贵族，严明赏罚，加强官员考核，维护苻坚的集权统治。王猛还崇尚提高办事效率，改进官僚队伍作风。河北人麻思请假回乡给母亲送葬，王猛让他马上收拾行李出发，沿途州县会迅速得到通知，予以关照。麻思刚从长安走到潼关，就发现沿途官府均已接到通知，照章查验他的路照（行路护照），安排食宿。行政效率提高程度可见一斑。

同时，在王猛的擘画下，前秦大力兴办教育，一方面扩大了儒家文化对氐人的影响力，另一方面也使官员队伍的梯队建设逐步正规化；废除胡汉分治之法，确立“黎元应抚，夷狄应和”的民族政策，实现了多民族杂居和融合的良好局面；兴修水利，奖励农桑，发展生产。

到王猛临终前，前秦实现了朝纲整肃、吏治清明的政治局面，以及“四夷宾服，凑集关中，四方种人，皆奇貌异色”的民族和睦状态，国家气象更新，社会太平，家给人足，“自长安至于诸州，皆夹路树槐柳，二十里一亭，四十里一驿，旅行者取给于途，工商贸贩于道”。当时百姓有歌谣说：“长安大街，杨槐葱茏；下驰华车，上栖鸾凤；英才云集，诲我百姓。”那些年，算是十六国时期北方的黄金时代。

当然，光做到这些还是不够的。王猛不仅是谋士，还是军事统帅。他为前秦规划了实现国家统一的路线图，那就是先易后难，先内后外。前秦首先收降匈奴、乌桓、鲜卑等部分部落，并平定内部叛乱。接下来击败桓温第二次北伐，同时跟前燕开战，将其吞灭，实现了对北中国的基本统一。到王猛临终前后，前秦在中国版图内的主要对手，只剩下东晋一家。

眼看天下一统在即，但王猛头脑清醒，很有自知之明。临终前，他一再强调，守成要战战兢兢、如临深渊，善作善成、善始善终。他反复提醒，东晋虽偏处江南，但为华夏正统，虽然国力弱小，但上下安和。因此，前秦万不可图灭东晋，而是要把注意力放在内部，防范鲜卑、羌族等贵族酋长，这些人名义上投降前秦，实际上心怀鬼胎，应尽早设法除掉。

当我们以王猛的人生经历为主轴，勾勒了前秦兴起的历史进程后，不难发现，前秦之所以迅速由弱变强，至少得益于三方面原因：一是领头人远见卓识，二是善于用人，三是采取符合实际的民族、经济和军事政策。三条缺一不可。

苻坚是个从谏如流的好皇帝。可是，王猛死后，再也没人能匡扶他的雄心壮志。王猛的提醒成了耳旁风。王猛的预言后来一一应验，历史用事实教育后人，也在用事实肯定王猛的政治智慧。

第二个问题：前秦为什么会输给东晋？

苻坚一直有个“大秦梦”，就是能像嬴政那样，统一全国。王猛去世后，他实现这个愿望的心情就更迫切了。况且，距离这个梦想的实现，只剩一步之遥，那就是消灭东晋。尽管东晋凭借长江天险，偏安一隅，但长期的戎马生涯让苻坚坚信，只要自己兵力够多，具备压倒性优势，就能“投鞭断流”，跨越长江不是问题。

从账面上看，苻坚有资本抒发他的万丈豪情。淝水之战前夕，他动员了九十万军队，几乎倾全国之力。相比之下，东晋部署在前线的兵力只有八万。前秦已经控制长江上游的四川，大有重演秦国灭楚、西晋灭吴的架势。

不过，战争的胜负，是必然性和偶然性共同作用的结果。我们当然不能忽视兵员、装备、士气、地形、气候、统帅意志力等主客观因素，但淝水之战的两个军事要素，也应引起重视。

——双方投入作战的兵力到底有多少？

前秦的账面军力是九十万人，包括步兵六十多万，骑兵二十七万。然而，由于是从全国各个角落搜罗拼凑，战线拉得太长。前锋抵达淝水一线时，甩在最后的部队刚出长安。如此布局，根本不像作战，倒像是旅游。

苻融率领的前锋部队三十万人，据守西至郧城、东至洛涧，长约五百里的战线上。苻坚更是听信错误情报，认为晋军缺兵少粮，速战即可获胜，便将大军停驻在项城，亲率八千轻骑抵达前线督战。

这样来看，其中真正投入战斗的前秦部队并不多，可能只有十多万人。

东晋派出的一线部队共有八万多人，以谢玄、谢石麾下的北府兵为主体，这些兵力全部投入到淝水一线。另外，桓冲麾下的部队在荆州布防，监视长江上游的前秦军。因此，双方作战一线的兵力对比，在数量上差距不大。

——双方的兵力组成和战斗力究竟如何？

前秦的军队囊括了各个民族。除了氐人，大多数民族的将士不看好此次出征，像鲜卑族、羌族和汉族的将领，更是在密谋制造混乱以渔翁得利。因此，前秦军貌似强大，实则内部编制混乱，战斗力参差不齐。事实证明，正是在前秦军河滨后撤的关键时刻，东晋降将朱序在军中大喊“秦军败了”，加剧了前秦军的混乱，使战略撤退变成了全线溃退。

东晋军队的主力是北府兵，这支部队由从北方逃难到京口的子弟组成，对北方胡人的屠杀心有余悸，充满仇恨。由于出身相似、经历相仿，内部较为团结，经过长期专门训练，战斗力比较强。北府兵将领刘牢之率五千骑兵突袭洛涧，就斩杀了前秦将领梁成及其麾下一万五千多人，其战力可见一斑。

可以说，苻坚迷信武力，忽视了其“金玉其外，败絮其中”的实际情况。在国内民族矛盾暂时掩盖，但没能真正解决的情况下，在东晋虽然昏君在位，但内部尚未混乱，贤臣仍在辅政的当口，不惜倾全国之力，急于求成地发动统一战争，最终导致失败。

南朝科学家祖冲之曾研制了一款计时的欹器，形如底下无孔的漏斗，上大下小，挂在一个横轴上。它有“虚则欹，中则正，满则覆”的特点。也就是不装水的时候，它是倾斜的；如果装上不多的水，它就会自动直立起来；把水装满，它又会倾斜如初。显然，祖冲之充分利用了重心原理。他把这款欹器送给了竟陵王萧子良，旨在提醒他：骄傲自满必倾覆。

很遗憾，苻坚没见过这款欹器。当他悟到“骄傲自满必倾覆”的道理时，已经太迟了。

第三个问题：前秦只是输了淝水之战，为什么就迅速崩溃了？

苻坚一定没听说过“农夫与蛇”的故事。没错，它来自古希腊的《伊索寓言》，苻坚当然没机会看到。可他在职业生涯中却一再犯农夫的错，最终作茧自缚。

按说，苻坚打了一辈子胜仗，淝水之战虽然损失很大，但毕竟只是一次败仗而已。曹操输了赤壁之战，虽然统一梦碎，但也不至于政权崩溃，反倒是专心经营北方，形成了三国鼎立的局面。可是，苻坚不是曹操，他的生活环境更加复杂险恶。

两晋南北朝时期是中国历史上民族大融合的重要时期，但十六国时期的民族关系，更多的表现为战争和杀戮。

作为暂时的胜利者，苻坚吸取了石虎和石闵的教训，没有对战败的鲜卑慕容氏、羌人姚氏斩尽杀绝，而是加官晋爵，对投降前秦的鲜卑、羌人部族，则是整部落整家族地搬迁到首都长安附近，而将氐人贵族成建制地搬迁到全国各地。这么做固然有助于推动各民族大杂居，但氐人对首都的控制力也就弱化了。

慕容氏和姚氏从来就没有真心归附，只是看前秦太强大，为了保命，不得不委身。他们在等待前秦混乱的机会，揭竿而起，重建自己的政权。这个机会，就是淝水之战。因此，当苻坚主张攻打东晋时，慕容垂是少数支持者之一。前秦一输，不仅威望大减，对北方的政治控制力也随之下降。这些怀有异心的酋长，利用战争动员的机会，将自己的旧部召集起来，就地反叛。

前秦迅速四分五裂的事实，说明北方民族融合的程度尚不成熟。在两晋南北朝的民族大融合历史进程中，前秦充当了牺牲品。这是一种遗憾，也是历史的必然。

前秦垮掉后，北中国天下大乱，先后冒出后燕、北燕、南燕、后秦、夏等一大堆政权。这种天下大乱的局面，可以视为十六国时期的第三阶段。它们最终被鲜卑人建立的北魏和汉人刘裕率领的东晋军队分别收拾了。

东晋元熙二年（420年），刘裕取代东晋，改国号为宋，开启了宋齐梁陈的南朝历史序幕。北魏太延五年（439年），北魏统一北方，成为北朝的第一个朝代。十六国至此终结，中国历史进入了南北朝时期。

五、北朝的汉化与胡化

据《资治通鉴·齐纪四》记载，北魏孝文帝太和十七年（493年），北魏孝文帝拓跋宏力排众议，决定将首都从平城（今山西大同）迁到洛阳。按照历史文献的记载，迁都的理由归咎于气候："平城地寒，六月雨雪，风沙常起。"拓跋宏后来跟任城王拓跋澄讲到了两方面因素。其一，平城"乃用武之地，非可文治"。其二，"移风易俗，其道诚难"，"北人习常恋故"。其实，这次迁都是多种因素共同作用的结果。

跟洛阳相比，平城有四方面劣势：一是地理位置偏北，不利于控驭中原；二是靠近柔然，边患压力很大；三是守旧势力麇集，改革阻力强大；四是文化底蕴薄弱，不利推广文治，实现长治久安。归结到一点，就是拓跋宏想将迁都洛阳作为推行汉化改革的标志性事件，将北魏王朝从制度、时尚、风气等各方面来个彻底汉化。

汉化，在鲜卑拓跋部历史上，曾是个可能招致杀身之祸的禁忌词。

三国时期，拓跋部酋长力微把自己的儿子沙漠汗派到洛阳，给曹魏当人质，以换取与曹魏的和睦共处。直到西晋建立，沙漠汗才算是使命完成，返回大漠。沙漠汗在洛阳居住太久，言谈举止、服饰打扮，早已是汉人风范。酒席间，天上有飞鸟经过，沙漠汗拉弓发弹，将其击落。

鲜卑贵族从未见过如此装束，也从未见过如此猎器，以为沙漠汗得了晋人的奇术，大为震惊。他们担心这样的孩子一旦继任酋长，势必要全盘汉化，改变祖宗的旧俗，届时没准自己的既得利益就保不住了。

这不是一场正式的新旧较量，但沙漠汗成了牺牲品。在贵族们的一致建议下，力微痛下杀手，将自己的这个儿子干掉了。

既然汉化改革的风险这么大，拓跋宏为什么还非要追求“汉化”呢?

这与北魏治国理政的定位偏转有很大关系。

北魏是鲜卑族建立的王朝。鲜卑族在十六国后期大体分为三部分：

一是东部鲜卑，包括慕容氏、段氏、宇文氏等部落，他们接触汉文化较早，甚至早年曾是汉族王朝的附庸，因而对汉文化比较熟悉和适应。

二是代北鲜卑，拓跋氏就是其中之一，早期受匈奴统治，匈奴崩溃后重新凝聚，对汉文化不熟悉，看到汉族王朝强大富庶，比较羡慕。

三是西部鲜卑，诸如秃发、乞伏等部，他们长期接触汉族王朝在河西走廊的地方政权，对汉文化有一定的畏惧感。

这三部分人都曾建立过各自的政权，在十六国时期叱咤一时。不过，历史走到北魏这里发生了大变化，那就是北魏完成了对中国北方的统一。这是一种大统一，是囊括蒙古草原在内的统一。从这一刻起，鲜卑就从一个分散凌乱的泛称，变成了有实体意义的民族。

不管怎样包装，跟南朝宋相比，北魏都只是个草原王朝。可是，它占领了黄河以北的大片区域，也就把自己带到了一个十字路口：究竟是继续当草原王朝，坐视中原乱糟糟，还是改头换面，效仿汉晋制度，当个汉族式的王朝？

草原王朝羁縻中原，亘古未有；中原王朝羁縻草原，古已有之，模板尚在，照抄即可。因此，游牧政权进入中原后，很容易接受汉化；而汉族政权无论地盘拓展到哪儿，却都不大容易胡化。可是，北魏一开始没这么干。由于建都平城，北魏的统治重心是在长城沿线内外，对于中原地区基本上以军事控制为主，没什么有效治理，甚至在北魏太武帝时期，黄淮地区就是宋魏拉锯的主战场。这就是草原王朝羁縻中原的玩法。

从历史的角度看，这样的玩法没法长久。

从现实的需求看，这样的玩法也很难维持。一方面，新的草原帝国——柔然异军突起，控制了蒙古高原，取代了北魏在草原的地位；另一方面，南朝的军事征伐，汉化胡人的兵变此起彼伏，再加上河南河北的汉人士族地主纷纷建立坞堡，俨然一个个独立王国，使北魏在关中、河北、河南的统治风雨飘摇。南北两个方向的挤压，让北魏连生存下去都够呛。

面对来自两个方向的压力，北魏如果同时抵挡，力不从心，搞不好会亡国，石闵的冉魏就是前车之鉴。如果只能全力管好一个方向，那重心到底偏向哪里？是一心对付柔然，好好做个草原王朝，还是放弃草原，专心经营中原？

从北魏太武帝开始，这个问题就一直在北魏决策层辗转反复。太武帝拓跋焘曾对汉人谋士崔浩言听计从，却又以其撰写国史，内容多有“毁谤”北魏先人的话语，而将其灭门。这样的悲剧，其实就反映了北魏统治者对汉族文明的理解，尚处在懵懂和恐惧的状态。

拓跋焘死后不久，冯太后开始临朝主政。换了两个皇帝，清洗了一批大臣，树立了她的权威。由于冯太后早年曾是北燕皇族，对汉文化非常熟悉，才引导北魏做出了艰难抉择——放弃草原，经营中原。

可是，北魏鲜卑贵族的汉化程度太低，对汉文化缺乏了解，甚至恐惧。这样的状态，怎能把中原经营好？又怎能管得好中原汉人士族这些“地头蛇”？

冯太后的解决方案是，既然强龙难压地头蛇，那就让自己主动变成“地头蛇”。

迁都洛阳后，孝文帝部署了一批新政，除了移风易俗之外，最显眼的一条，就是鲜卑贵族集体改汉姓。这不仅仅是个改姓的简单问题，在改姓后，跟汉人士族的门第相对应，北魏决策层也建立了汉化鲜卑人的门第等级制度。于是，鲜卑贵族摇身一变，成了汉人高门，甚至相互通婚；鲜卑百姓摇身一变，成了汉人百姓。

这个巨大的变化，对先前的鲜卑贵族来说，大体可以接受，甚至不少人因为有机会跟清河崔氏、范阳卢氏等汉人高门士族通婚而倍感荣耀。然而，对鲜卑百姓来说就未必了。

曾几何时，北魏是个军事政权，鲜卑百姓可以靠军功晋升，并且享有汉人百姓没有的特权。汉化改革后，鲜卑百姓的特权没了，靠军功晋升的通道也被士族门阀制度堵死了，弄得跟汉人百姓没什么区别，他们会乐意吗？

当北魏放弃草原王朝的定位后，对柔然也就转攻为守，在长城沿线设立了六个军镇，派驻大量军队布防。这些当兵的，有的是鲜卑人，有的是汉人，他们冲着军功晋升这条道，把脑袋揣在腰带上，跟柔然浴血多年。不少汉人甚至放弃原有生活方式，风俗上日趋“胡化”，就是为了有朝一日能风风光光地跻身统治阶级。

孝文帝汉化改革政策一落地，这些人的特权梦全部破灭。

边镇的生存环境本就恶劣，将官打骂士兵、克扣军饷的事层出不穷。如今连晋升前途都断了，这些人如果想活出“人样”，唯有造反一途。于是，在孝文帝去世二十多年后，北魏发生了六镇起义，席卷中原，几乎摧毁了这个王朝的政治基础。

冯太后和孝文帝的汉化改革，一脉相承，其中还是有很多积极要素。比如建立俸禄制，改变了北魏官僚队伍长期没有法定俸禄，靠掠夺民间财富的做法，对于建立廉洁稳定的官员队伍，起到了积极作用；比如建立均田制，实现了国家赋税收入和徭役派征额的持续增长，为北魏稳定在中原的统治以及增强对抗南朝的综合实力打下了坚实基础。值得一提的是，这两项制度一直延续到隋唐时期，特别是均田制，成为实现隋唐经济发展的基础性制度。

也许洛阳的气候确实比平城要温润舒适，汉化后的鲜卑贵族，不仅学会了汉话，连汉人追求享乐的“聪明才智”也学了过来。同样有奢侈糜烂，同样有国内动乱，同样有贪婪的女人，同样有跋扈的军阀，历史似乎穿越回了西晋后期，出现了惊人的相似场景。①

这样的局面，或许是冯太后和北魏孝文帝没有想到也不愿看到的，当然更不是汉化改革的初衷。

六镇起义以失败告终，但它拉开了北魏高层多米诺骨牌倾倒的序幕。靠平定六镇起义起家的军阀尔朱荣，率军冲进洛阳，血洗宫廷，将皇帝元钊、胡太后和文武百官扔进了黄河，史称“河阴之变”。尔朱荣被杀后，部将高欢承袭其位，扶持傀儡皇帝与盘踞关中的军阀宇文泰形成东西对峙。洛阳在经历政治浩劫后，成了双方争夺的焦点。于是，高欢将都城搬到邺（今河北临漳），宇文泰则坐镇长安，各自拥立了一位北魏皇族子弟为帝。

至此，北魏宣告分裂。

东魏和西魏，表面上继承了北魏的衣钵，但皇帝只是傀儡，操盘者分别是高欢和宇文泰。他们甘当“曹操”，深居幕后。他们的

① 北魏的贵族奢靡、六镇起义、专权贪婪的胡太后和靠镇压六镇起义起家的尔朱荣等要素，与西晋后期贵族斗富、八王之乱、擅权的皇后贾南风和走马灯般轮流执政的司马氏诸王爷等要素，看起来一一对应，非常相似。

儿子则一律效仿曹丕，先后将傀儡皇帝踢开，更改国号，分别建立了齐国和周国，历史上称为北齐和北周。尽管东西对立的格局未变，但两个政权从一开始就走上了不同的道路。

高欢是汉人，原籍河北，但世居边陲。那里不受北魏孝文帝汉化改革影响，保留了鲜卑族的生活习俗。高欢长期受身边鲜卑军人影响，生活方式早已鲜卑化。高欢祖父获罪发配，在北魏六镇之一的怀朔镇当兵，职业世代沿袭，到他这儿，也只能当兵。宇文泰则是鲜卑宇文部后裔，同样世居边陲。

如果没有六镇起义，高欢可能就要穷一辈子了。这场大起义成全了他和宇文泰。他们先是投身起义，接着又当了叛徒，投靠了尔朱荣。

尔朱荣作为平定六镇起义的头号功臣，权倾朝野，与洛阳方面的矛盾日趋公开化。鉴于河阴之变的历史教训，北魏孝庄帝决定先发制人，在宫廷政变中诛杀了尔朱荣，由此引发了北魏末年的全面动乱。

共主已死，高欢和宇文泰便分道扬镳。高欢先是击败尔朱氏集团残余力量，坐镇晋阳，控制六镇军队，遥控洛阳朝廷。北魏孝武帝无奈之下，只得编练禁军，并依靠进驻关中的贺拔岳等力量牵制高欢。然而，高欢抢先下手，击败新编禁军，孝武帝在洛阳已无法立足，只得投奔关中的贺拔岳集团。

贺拔岳是尔朱荣先前的部将，后来独立发展，经营关中，宇文泰就是贺拔岳麾下的将领。在贺拔岳被谋杀，三军无主，陷入混乱之际，是宇文泰主动出面，接管指挥权，稳定军心。因此，贺拔岳之后，宇文泰成了关陇集团的实际掌舵人。

至此，高欢和宇文泰的命运发生了根本性转变。

高欢控制的东魏，以及后来的北齐，继承了北魏的大部分政治遗产，控制了北魏经济基础最雄厚的关东地区。这里胡汉杂居，谁都不是善茬。高欢本人作为鲜卑化的汉人，身份和处境比较尴尬，他只能两边讨好，维系胡汉平衡的民族政策，一方面实行汉族王朝的政治和经济制度，另一方面保留大量鲜卑族文化和习俗。

他深知胡汉矛盾难以调和，因而采取了见什么人说什么话的策略。他对鲜卑人讲："汉人是汝奴，夫为汝耕，妇为汝织，输汝粟帛，令汝温饱，汝何为凌之？"他又对汉人说："鲜卑是汝作客，得汝一斛粟、一匹绢，为汝击贼，令汝安宁，汝何为疾之？"

对于固执的汉族大臣，高欢做"政治"工作的手段就是演戏。汉族大臣杜弼曾劝他出征西魏前，先消灭内贼。高欢问他"内贼"是谁，杜弼说："诸勋贵掠夺万民者皆是。"高欢没有立刻回应，而是让营中士兵全副武装，张弓搭箭，举刀按矛，夹道而立，而后要杜弼从行列中走上个来回。作为书生，杜弼见此阵势，自然是吓得浑身哆嗦。

见自己导演的戏火候已到，高欢便对杜弼讲："这些人还没有真动刀剑，就能把你吓成这样。诸位鲜卑贵族将领，在战场上冲锋陷阵，九死一生，也许有贪污抢掠的情况，但跟他们的战功相比，又算得了什么呢。"此言一出，杜弼再无辩驳之词，只能顿首谢罪。就这样，高欢既堵住了言官的嘴，又收买了鲜卑将士的心。

但东魏社会的致命伤，岂是高欢的这种"巧言令色"能够治愈的？

六镇起义失败后，跟随尔朱荣、高欢南下的脚步，长期戍守六镇的鲜卑将士迁入内地生活。由于他们在边境地区世代当兵，政治上日益边缘化，长期受到欺压。他们把自己的遭遇归咎于汉化改革，从而迁怒于中原汉族士大夫。因此，当他们进入中原地区后，便继续固守鲜卑旧俗，“共轻中华朝士”，蔑视中原文化。

可是，高欢出身六镇，是要指望这些人打天下的。在长期内战中，他们有拥立之功，也有大量军功，于是恃功骄横，对汉族百姓既“聚敛无厌，淫虐不已”，又经常冒出“一钱汉，随之死”“狗汉大不可耐，唯须杀却”的言论。拒绝汉化的观念根深蒂固。

对于鲜卑贵族的不法行为，高欢也曾设法纠正。贵族尉景贪得无厌，压榨百姓。高欢警告他不要再贪了，尉景竟毫无惧色，居然跟主子顶牛:“我跟你比到底是谁贪得多？我不过是从普通人身上搜刮钱财，你是直接从天子身上取啊！”高欢确实在挟天子号令天下，故面对尉景的反唇相讥，也无可奈何。他在鲜卑贵族中的威信，大概也就这个水平了。

事实上，高欢从来没打算认真反腐打贪，他深知自己掌权的基础，就是这些六镇出身的贵族。在他看来，东魏和西魏还在交战，这种非常时期，不怕民心乱，就怕军心乱。因此，对于贵族们的不法行为，也就只能睁一只眼闭一只眼了。

殊不知，自古以来得民心者得天下，朱元璋搞铁腕反腐、重拳治贪，李世民搞夷夏平等、天下一家，都是争取民心的典型举措。迷信武力岂能千秋万代？从东魏到北齐，六镇贵族在最高层的纵容下，继续大搞特权，为非作歹，横行无忌，跟汉人士大夫的矛盾日益加深，甚至陷入长期政争和攻杀。连皇帝也参与其间，局势日益失控。

高欢的儿子高洋称帝，建立北齐后，曾问杜弼："治国当用什么人？"杜弼的回答是："鲜卑人只会骑马坐车，治国当用汉人。"高洋听完很不高兴，不久后就把杜弼杀了。高洋在位期间，大肆屠杀汉化的鲜卑贵族；高纬当了皇帝后，又大肆屠杀汉族官员。这样一来，朝中的高官职位几乎都被鲜卑贵族垄断，说鲜卑话和弹琵琶成了社会风尚。

高欢想不到的是，他的偏袒和不作为，被子孙后代发展到了极致。北齐的统治基础不但没有扩大，反而越来越小，其实力也就在这样的内耗下一点点垮掉了。

相比之下，宇文泰控制的西魏，偏居关中一隅，狭小贫瘠，农业落后。这里鲜卑人众多，因此他可以实施全盘鲜卑化政策。事实上，从西魏到北周，确实保留了一些相对落后的做法，诸如掠夺大量奴隶，也实施了一些诸如赐汉人功臣鲜卑族姓氏等鲜卑化的措施。

不过在制度建设上，宇文泰采纳了汉人谋士苏绰建议，发布"六条诏书"，强调"先治心，敦教化，尽地利，擢贤良，恤狱讼，均赋役"。要求各级官员恪守儒家道德，宣扬教化，以争取民心。这是汉族王朝的典型做法。西魏和北周没有士族门阀的传统和包袱，这使得其统治者有信心不看出身，唯才是举，拔擢贤能，吸纳各方人才，保证吏治清明。如此，西魏的统治基础便扩大了。

北齐和北周以黄河为界，经常交手。先前，每年冬天，北周士兵要在黄河上凿冰，以免北齐士兵轻易过河。后来，凿冰的主角换成了北齐士兵，用这种办法防范北周军队过河。就这样，实现了强弱互换。其原因是多方面的：

北齐坐拥广土众民，君臣内斗，荒淫无耻；北周地狭人稀，反而兢兢业业，不敢大意，君臣团结，终于逆袭。侯景之乱极大削弱了南朝梁对长江上游的控制力。西魏趁机袭取四川和江陵，占据上游优势，在疆域上超越了东魏。同时，北周武帝宇文邕推行放免奴婢和杂户、平毁寺庙、强迫僧侣还俗的政策，解放了生产力。制定《刑书要制》，对豪门和贪官抢掠财物、隐瞒人口和土地的行为进行了严厉约束，这些都与北齐的偏袒政策形成反差。

隋朝接过的，是北周的好基础和好果实。看得出，从北周到隋朝，其域内的贵族和民众，无论胡汉，大体团结和睦。或许，在血与火的考验中，经历了汉化和胡化的分分合合，两晋南北朝的民族大融合进程，才算初见成效。

第二专题

私有与官营：传统经济的肇基

《诗经·小雅·大田》有云："有渰萋萋，兴雨祁祁，雨我公田，遂及我私。"

司马迁在《史记·货殖列传序》中曾有名言："天下熙熙，皆为利来；天下攘攘，皆为利往。"

无论是黔首百姓，还是商贾富豪，抑或是皇帝百官，对经济利益的追求从未止步。《诗经》里"雨我公田，遂及我私"的语句，虽然不忘给"公田"求雨，而更多的是期待泽被"私田"的那点小心思。其宏大的叙事背景，正是井田制走向瓦解，土地私有制应运而生的写照。

官府的经济政策，是收，是放，是官营垄断资源，还是民间自行樵采，取决于经济形势的变化，以及公共利益的需求。最合适的选择，莫过于因地制宜，与时俱进，张弛有度，适时调整。轮台罪己诏，成为经济政策重大调整的典范。

"公"与"私"之间的矛盾和互动，既是传统社会经济的起步形态，又为中国农耕文明的发展打下了坚实的生产关系基础。

第四章

分地：从井田到私田

据《汉书·王莽传》载，始建国元年（9年），王莽颁布了他取代西汉王朝后的一项重要法令：

> 古者，设庐井八家，一夫一妇田百亩，什一而税，则国给民富而颂声作。此唐虞之道，三代所遵行也……今更名天下田曰“王田”……其男口不盈八，而田过一井者，分余田予九族邻里乡党。故无田，今当受田者，如制度。

这道诏令包括了三方面内容：

第一，废除土地私有制，改行土地国有制，私人不得买卖。

第二，按家庭人口规模授田，一家男丁八口，可授田一井（九百亩），一家男丁不够八口，而土地超过一井者，须将多出部分分给邻里，原来没地的，可按上述制度授田。

第三，王田制的理论依据，就是《诗经》中“溥天之下，莫非王土”的道理，故而全国土地改称“王田”。

王莽之所以这么做，是有感于西汉后期愈演愈烈的土地兼并问题。在他看来，只要土地能买卖，就一定会出现土地占有的多寡不均。由于土地是国家经济命脉，是农民赖以生存的衣食基础，无地少地的农民太多，会危及社会稳定，危及经济发展。既然一切兼并的源头都来自土地买卖，那么干脆停止买卖，回归土地国有，问题不就解决了？

土地兼并是中国传统经济领域的顽疾。王莽开出的药方，就是回归过去。而王田制的模板，就是商周时代实行的“井田制”。

什么是井田制？恢复井田制能解决土地兼并问题吗？

一、井田制的蜕变逻辑

“井田”一词，最早见于《穀梁传·宣公十五年》：“古者三百步为里，名曰井田。”从字面上讲，道路和渠道纵横交错，将土地分隔成若干个方块，形似“井”字。事实上，当井田从地块划分形态升格为土地制度时，其代表的就是土地所有权的属性了。

按照《周礼》和周王室的基本制度，“溥天之下，莫非王土”，全国实行土地国有制。井田无论怎么分隔，也都归周天子所有。当然，周天子就算有天大的本事，全国那么多田地，他也不可能都管得过来。因此，他会以类似分封制那样，把土地分给一个个领主。这些可能是诸侯，也可能是卿大夫。再由他们逐级向下分配，直至每一户庶民。不管井田如何分配，领主和耕种者都只拥有使用权，可以继承，不能买卖。

一块井田通常周长四里，面积在九百亩左右。按照“计口授田”的原理，以西周时代的经济水平，一个农户也就能耕种一百亩左右。因此，一块井田通常要安排八个农户来耕种。

井田中间的那块是公田，要八个农户共同耕种，收成全部交给上一级领主。在确保公田收成之余，八个农户再分别耕种周边八块地，也就是本级领主的私田，收成交给本级领主。至于农户一家人，形同奴隶，如同牛马，能吃点东西饿不死，就算不错了。

无论是周天子，还是诸侯、卿大夫，都会把井田分成三类。靠近河流、土地肥沃、背山向阳的地留给自己，称为“公田”；城市近郊和远郊贫瘠的田地，分别分配给“国人”和“野人”，也就是城市居民和乡野居民耕种。前者是普通平民，虽然不用交租税，但要承担兵役，社会地位并不稳定；后者深受诸侯卿大夫鄙视，只有种地服役的义务，没有什么权利。看来，长期以来中国社会的城乡二元化问题，早在西周时期就通过井田制有所体现了。

井田制不仅是一项土地制度，还是人口控制制度。一井为方圆一里，容纳八户劳动力；一万井就是方圆百里，可以容纳八万户劳动力。而井田制倡导的是集体劳动，特别是公田，必须八户劳动力齐上阵。因此，只要掌握了耕地面积，就可以大体掌握人口数量。

商周时期，井田制一直保持稳定，这既与分封制、宗法制比较牢固分不开，也与生产力水平较低有关。到了春秋战国时期，铁器和牛耕进入农业生产领域。

1950—1951年，河南辉县发掘了五座战国魏墓，其中1号墓出土铁器六十五件，光农具就有五十八件，包括镬、锄、铲、镰、犁铧等一整套铁器，这有利于精耕细作。牛耕还成了一种时尚，就连人们起名字也要跟它沾边。比如孔子的学生冉耕，字伯牛，“耕”“牛”二字，他一个也没放过。

人们借助铁器、耕牛这样更好用的生产工具，开辟山林，兴修水利，耕地面积和作物产量大幅增长。《吕氏春秋·上农》有记载，一个农夫耕种肥沃的田地可以养活九口人，耕种一般的田地也可以养活五口人。

显然，靠个体劳动完全可以吃饱饭，井田制倡导的集体劳动就显得有些过时了。于是，以一家一户为单位、个体经营为特点的小农经济及其阶层应运而生。

制度的破坏，常常源于制度执行者的私心。早在西周中叶，有些领主为了多捞收成，在农民耕种井田之余，还强迫他们耕种井田以外的田地。这些地没有经过沟渠划分，显得不够方正，收成完全瞒报，根本不纳税。正所谓“马无夜草不肥”。这些类似“夜草”的田地，就成了领主的新“私田”。

从私田扩张的那一刻起，领主们就处心积虑地增加它们的产量。为此，就必须想方设法调动耕种者的积极性。以前强迫式的搞法，肯定行不通，领主们就得想一些招徕人心的招数。比如齐国的田氏，向民众收税时用小斗，放贷时用大斗；晋国的韩氏、赵氏、魏氏则扩大田亩而不增加税收。如此小恩小惠，就是为了收买人心。久而久之，奴隶“归之如流水”。战国初期田氏代齐、三家分晋这类事情，都源于此。

显然，领主用实际行动告诉种地的奴隶，耕种私田是有盼头的，起码能捞点实惠；耕种公田是没有前途的，到头来啥也得不到。随着诸侯对卿大夫控制力的弱化，人们耕种公田的自觉性也跟着下降了。于是，“民不肯尽力于公田”，公田变成了“维莠桀桀”“维莠骄骄”的野地。

无论是领主本人，还是干活的奴隶，都去种私田，特别是井田以外的私田去了。这样一来，公田荒芜，上一级的领主便拿不到收成，井田制就没了继续维系下去的意义。

诸侯是要靠公田吃饭和维持诸侯国正常运转的。如今，公田荒了，拿什么争霸和自卫？诸侯慌了。

既然领主们通过小恩小惠改了规矩，诸侯们也只能顺应潮流，更改规矩。从鲁国开始，各诸侯国的税制改革接踵而至。《左传》记载，“宣公十五年秋七月，初税亩”。公元前594年的这次改革，将以前的无偿收取公田收成，改成“公田之法，十足其一；今又履其余亩，复十取一”。将“什一税”的范围扩大到全部井田，不管公田、私田，一律按亩收10%的税，剩下的收成由领主和耕种者自行支配。

这是一项重大改革。诸侯国对田地课税，保障了诸侯的财政收入，更意味着承认了纳税田地的私有权。相对于管仲改革中的“相地衰征”[①]，“初税亩”更接近现代税收的做法，从而被视为中国征收农业税的起点。

这是一项合理化改革。它将所有领主的所有公田、私田都纳入收税范畴，削弱了领主的话语权，增强了诸侯国的财力，为建立中央集权式的政治统治模式打下了产权基础。它在承认土地私有的前提下，实现了规则层面的平等征税，符合经济规律，有助于激发劳动者积极性，具有一定的科学性。同时，这种新的分配形式，也切实让劳动者感受到“多劳多得”的好处，有助于提高生产效率。

这是一项没有完成的改革。“初税亩”改的是税制，承认了私

---

① 相地衰征，是齐桓公时期管仲推行的税制改革。其做法是按亩征税，但前提是土地国有，农户只是租用国家的土地。因此，这一改革是与“均田分力”结合使用的。

田的私有权，但对于井田制的前途和定位，并没有做出明确说明。此后，鲁国的经济政策乏善可陈。这也是它虽然拥有《周礼》传承的先天之利，却没能成为强国的重要原因。

二、废井田开阡陌：商鞅变法的贡献

鲁国“初税亩”改革，迈出了瓦解井田制，建立小农经济的第一步。然而，真正完成这项改革的，却是战国时期的商鞅。

司马迁在《史记·商君列传》里说，商鞅“为田，开阡陌封疆，而赋税平”。刘向在《战国策·秦策》中说，商鞅“决裂阡陌，教民耕战”。

可以说，在商鞅的改革设计里，“阡陌”是必须扫除的障碍。

所谓“阡陌”，是划分井田而用的沟渠道路。“阡”是纵向的，“陌”是横向的。所谓“封疆”，就是领主领受井田的边界。由于“阡陌”和“封疆”，都是以周天子名义划定的，因而就带有了土地国有的烙印。商鞅“开阡陌封疆”，就意味着不光要铲除这些边界，还要从法律上废除井田制度，结束土地国有制。

“决裂阡陌”之后，商鞅以“奖励耕战”的形式，鼓励百姓开荒，允许土地自由买卖，有多少土地，就交多少赋税，以此来实现税负均衡化。以这种方式将所有田地都纳入官府征税的视野，实际上做了一次土地普查。

问题在于，关中地区丘陵众多，耕地较少，不利于大量开垦，因此“耕战”的“战”就显得很重要。通过“战”来扩张地盘，掠夺更多耕地，以“耕”来为“战”提供后勤保障。“耕”和“战”都可以记功升职，这样一来，“耕战”的实质就演化为通过私人利益，驱动士兵掠夺土地。

在司马迁和刘向的眼中，商鞅“废井田开阡陌”的做法具有划时代的意义，但班固不这么看。在他的《汉书·食货志》里这样说道：

> 及秦孝公用商君，坏井田，开阡陌，急耕战之赏，虽非古道，犹以务本之故，倾邻国而雄诸侯。然王制遂灭，僭差亡度。庶人之富者累巨万，而贫者食糟糠；有国强者兼州域，而弱者丧社稷。

班固对商鞅的评价偏负面，主要是源自允许土地买卖造成的兼并问题。

在商鞅之前，魏国的李悝曾推行变法，在土地问题上做出了“尽地力之教”的调整。具体做法是，土地所有权仍归国有，即君主所有，但土地包给耕种者，每人包一百亩，耕种者拿出收成的10%作为地租，交给国家（君主）。

这种承包关系，是国家“授”田和农民“受”田的关系，有效期限定在农民一生，不能传给子孙。如果这个农民去世或者失去劳动能力，国家有权把这块土地拿回来，再“授”给其他人。

“尽地力之教”，制度上没什么问题，但到了操作层面，国家“授”很容易，真要“收”回来，恐怕就没那么容易了。毕竟，中国农民都有土地情结，种了大半辈子，倾注了大量心血，说收走就收走，显然不情愿。

孟子讲过，“有恒产者有恒心”。一个农民在“受田”之后，对自己经营的土地只有使用权，没有所有权，甚至连使用权都不完整，不能自由流转，使用年限又不确定，耕种起来心里就不踏实，也没办法倾全力，甚至全要素投入。

或许，这就是李悝“尽地力之教”的改革的局限性，虽然比井田制更能刺激劳动积极性，但对劳动者来说，还是有顾忌。李悝变法人亡政息，没能坚持下去，这局限性或许也是原因之一。

商鞅在李悝变法的基础上进了一步，用董仲舒的话说，就是“改帝王之制，除井田，民得买卖”，直接将“开阡陌”和准许土地买卖连在一起。当农民所耕种的土地，变成他的私有财产，可以传之子孙，而不是随时有可能被收回，再“授”给别人之时，他的积极性立刻就不同了。无论是投入，还是买卖，都可以随意处置，土地的收益跟农民的切身利益真正捆绑在一起，农民的心里就踏实了，实现了所谓“静生民之业”。这样一来，消极怠工就会减少，种地收入就会稳定，甚至增长，从而确保国家税收平稳，不会大起大落。

相对于李悝的“尽地力之教”，商鞅的做法在当时条件下，确实对解放和发展生产力有进步意义，但班固更重视问题的另一面。

实现土地私有后，土地买卖便成了合法行为。中国幅员辽阔，各地气候、民风、土壤肥力、农民勤劳程度等情况有所差别，特别是传统农业靠天吃饭的属性非常突出，一旦歉收，农民就可能食不果腹。逼不得已，就得卖地求生。长此以往，就会出现班固所说“庶人之富者累巨万，而贫者食糟糠”，以及董仲舒所说“富者田连阡陌，贫者亡立锥之地”的景象。

土地兼并和贫富分化，是土地私有制的伴生物。在传统社会，老百姓从奴隶到农民，剥削轻了点，收入多了点，但社会地位依旧不高，生活状态如同牛马。农民和地主的斗争，也就由此启幕，相伴两千年。

如何抑制土地兼并，缓和农民与地主的矛盾，减轻农民的斗争情绪，使之将更多精力投放到耕种纳税，而非揭竿挑事，成了历代统治者都必须面对的大问题。

三、使黔首自实田：中国传统土地制度的滥觞

秦始皇三十一年（前216年），秦朝官府向全国下达了“使黔首自实田”的法令。

如果说商鞅的“废井田开阡陌”，在中国土地制度改革和农业发展历史上具有划时代的意义，那么这项“使黔首自实田”政策，则是对商鞅变法的重要补充。

为什么要颁布这项新政？先要解释什么是“黔首”。

秦始皇二十六年（前221年），秦始皇统一六国。大功告成之后，他端出了一系列事先筹谋再三的宏伟蓝图，有新制度，有新称谓，有新规划，有新思路。其中有一道命令，是“更名民曰黔首”。

按照《说文解字》的说法，“黔，黎也。从黑今声。秦谓民为黔首，谓黑色也”。

上古时代，黄帝和炎帝结盟打赢了南方九黎部落首领蚩尤。战败被俘的九黎人成了奴隶，称为“黎民”，与“百姓”相区别。

到了秦代，秦始皇按照五行学说，自以为得“水德”，因而衣

物旗帜的主流色调尚黑，平民百姓也用黑巾裹头。“黔”的构字是“从黑今声”，“黑”指的是黑色头巾，“今”指的是当面的。加在一起就是“佩戴黑色头巾出门见人”，也就是将黑色头巾作为出门的行头。“黔首”一词由此得名。

由于“黔”和“黎”同义，“黔首”和“黎民”就渐渐画上了等号。秦始皇在泰山、碣石的刻石上，便以“黎”“庶”称谓百姓。

其实，早在战国时代，“黔首”一词已在广泛使用，指代庶民。因此，当秦始皇宣布“更名民曰黔首”时，只是将以往各国不同的称呼整齐划一。不过，它的意义不可小觑。这意味着社会阶层的重新调整，无论是六国旧贵族，还是新兴的地主、不再为奴的农民，都获得了国家认可、地位相当的法律身份——黔首。至此，贵族消亡，新兴地主站稳了脚跟。

什么叫“使黔首自实田”？

这一重要法令不见于《史记》，但在裴骃的《史记集解》里是可以找到的。后人不仅多有引用，而且加了很多注解。

宋元之际的史学家马端临在《文献通考·田赋考》中，不仅收录了这条命令，而且加了按语：“是年，始令黔首自实田以定赋。”落脚点放在了“定赋”上。

清代史学家王之枢在《历代纪事年表》中这样表述：“自实，令民自具顷亩实数也。”落脚点放在了登记田产实际数额上。

将马端临和王之枢的表述放在一起看，“使黔首自实田”的用意就清晰了：既要确定赋税，又要登记田产。这两项工作都很繁复，为了简化程序，提高效率，官府让有田地的百姓自行申报占有土地的状况。于是，这样的提法就传了下来，逐渐成为学界主流观点。

郭沫若在《中国史稿》里说，这条法令就是“命令有田的黔首向政府呈报占有土地的数额”；范文澜在《中国通史简编》里说，“在这条法令下，地主和有田农民自动呈报所有土地实数，按定制缴纳赋税，取得土地所有权”；杨宽在《战国史》里说，这项法令“命令全国有田的人自报占有田地的实际数额，以便征收赋税，同时也就在全国范围内从法律上肯定了封建土地所有制”。

怀疑主义，从来都是学术争鸣的重要表现形式。有些学者对于老一辈历史学家的主流观点，也提出了不同看法。争议的焦点，就是对“自实田”的理解。

主流观点认为，“自实田”就是自己向官府申报实际占有的土地数额。然而，非主流观点似乎也都能自圆其说。

翦伯赞在《秦汉史》一书中提出，所谓“自实田”，就是“自由占有土地之谓”。

任再衡在《“使黔首自实田”解》一文中说，“自实田”是“让百姓开荒，扩充土地”，“任其所耕，不限多少”。

袁林在《战国类型国家授田制的崩溃——“使黔首自实田”新解》一文中说，“自实”并没有自由呈报、自由占有的意思，而是自行充实的意思。因此，“使黔首自实田”的本义，是命令黔首按照国家规定的数额，自己设法占有足额土地。这就意味着，国家只给额度，不再实际授田。老百姓要想获取土地，要么去垦荒，要么去买卖。前者是发扬秦国奖励耕战的传统，后者则为以土地自由买卖为基本标志的土地私有制开了绿灯。

由“自实田”的含义引申，学界又对这一政策的历史意义进行了重新评估。

主流观点认为，老百姓向官府自行申报土地数额，将其纳入户籍资料，官府据此征税，也就从国家层面承认了土地私有合法化，并形成制度。

林剑鸣在《秦汉史》中讲道，中国古代官府曾将“田”与“莱田”区分开来，前者是耕作地，后者是因地力耗尽而需要休耕的土地。在保持地力和推动轮作这方面，官府是有强制规定的。秦始皇三十二年（前215年），秦始皇在碣石刻石上记载道：“男乐其畴，女修其业，事各有序；惠被诸产，久并来田，莫不安所。”

其中的“产”是农业生产，“来田”即莱田。“久并来田”，就是官府不再干预私有土地的使用情况。作为土地的所有者，你想轮作就轮作，你想全种就全种，反正按期纳税就行。

由于减少了对土地状况的微观干预，“黔首”都很欢迎，不仅“男乐其畴，女修其业”，而且“事各有序”“莫不安所”。因此，林剑鸣认为，秦始皇“使黔首自实田”，是用政权力量在全国范围内调整政策，扫清障碍，建立健全土地私有制度。

不管怎样，“使黔首自实田”明确了秦代土地制度的四项要素：

其一，承认土地私有合法，允许买卖，将其视为基本土地制度；

其二，掌握土地占有情况；

其三，按期收税，确保财政收入平稳增长；

其四，鼓励垦荒，扩大耕地。

至此，商鞅推行的土地新政，在历经一个多世纪后，从秦国走向了关东六国，并得到了中央政权的确认和保护。

这是一项新生制度，也是一项能促进经济增长活力的制度，但在运行一段时间后，其副作用就开始不断放大，乃至伴随封建社会始终，一直是挥之不去的毒瘤。

这个副作用，就是土地兼并。

四、土地兼并：传统王朝的无解循环

关于“土地兼并”的现象，历代史家都有关注。

《汉书·王莽传》：“秦为无道……兼并起，贪鄙生，强者规田以千数，弱者曾无立锥之居。”

杜佑《通典·食货一》：“自秦孝公用商鞅计，乃隳（毁）经界，立阡陌。虽获一时之利，而兼并逾僭兴矣。”

至于土地兼并的表现形式，传统的说法是，土地私有便利了土地买卖，土地买卖导致“土地兼并”。这个逻辑在理论上是讲得通的，但接下来的两条推论，就引发了越来越多的争议：

一是宋元明清时代的土地兼并，比秦汉时代集中度更高。二是一个朝代晚期的土地兼并，比早期集中度更高。

事实究竟是怎样的？

秦汉时代的土地兼并，只有史学家和文学家的定性记载，缺乏定量记录。诸如董仲舒在《限民名田疏》中所说的“富者田连阡陌，贫者亡立锥之地”，就是典型的文艺笔法。到底是哪些大地主？究竟占了多少田？无从查证。

即便是两宋时期，出自文人笔下的描述，也带有夸张成分。南宋官员刘克庄在奏札中曾讲，“至于吞噬千家之膏腴，连亘数路之阡陌，岁入号百万斛，则自开辟以来，未之有也”。陆游在《入蜀记》中披露，南宋权相秦桧仅在永丰圩就获得赐田九百六十顷。

到了清代，言官虽然给出了数据，但准确度令人质疑。康熙二十八年（1689年），副都御史许三礼弹劾刑部尚书徐乾学“买慕天颜无锡县田一万顷”。

世界上怕就怕认真二字。有学者对这种史料还是很较真地进行了考证。根据吴廷璆在《郑天挺纪念论文集》中的统计数据，清代占有土地一千顷的官僚地主一共就四人，分别是和珅、百龄、陈朝玉、陈元龙。许三礼在弹劾奏章里说“万顷”，有可能是为了政治上扳倒对手，不惜信口雌黄，随意夸大。

清代的土地经营呈碎片化状态，大规模农场不多。

即便是秦汉时期，大地主的规模扩张和世代传承也会受到限制。最主要的限制因素，就是“分家”。像政治上的“推恩令”一样，经济上的“平分家产”使得土地经营规模细碎化。富人往往追求多子多福，姬妾成群，每个儿子分到的财产就不会太多，保不齐再冒出几个败家子。这就是“富不过三代”的由来。

虽然可能没有文献描绘的那么严重，但秦汉时期土地兼并的问题依然存在，而且愈演愈烈，以至西汉中后期多次冒出“限田”之议。可是，官方倡导的“限田”，竟一次次虎头蛇尾，折戟沉沙。如果仅仅是平民身份的地主大搞兼并，何至于官府一次次自我打脸呢？

秦汉时代的土地兼并，主要源头还是高级官员。王朝初建，功臣新贵，功成名就，往往追求良田美宅，享受生活；皇帝为了集权，往往纵容这些武夫悍将放下屠刀，买田置地，挥霍取乐。识相的功臣大多抛弃政治理想，转而为子孙立家业。比如秦军名将王翦就公开向秦王嬴政索要田宅，东汉刘秀就大肆封赏了三四百个功臣，给予足量耕地，建起一个又一个豪强地主庄园。

每个功臣、高官，都在朝廷内外颇具影响，想有所建树，光耀门楣，泽被后世。政治上的空间堵死了，那就在经济领域找补。对于这样的兼并，皇帝自然乐见其成。毕竟，弄地对皇权的现实威胁总比弄枪弄权小得多，皇帝也最安心。因此，皇帝对于"限田"之说并不热心，也下不了狠心。而那些拥有大片土地的功臣高官，毕竟政治影响还在，为了保卫私人财产，也会拼命设法阻挡，让"限田"一次次不了了之。

土地兼并走到了西汉末年，似乎真就无解了。

如果说"限田"是头疼医头过于现实，那么当这条路行不通后，王莽把眼光转回历史，从《周礼》找改革依据，抛出了"王田制"，企图通过取缔私有制，实施土地国有化来根治土地兼并问题。

王莽找到了病灶，却开错了药方。这一做法，既是开历史的倒车，又将名下有地的人全得罪光，仅仅维持了三年就宣告失败。

一收就死，一放就乱。秦汉以后，乃至明清，土地问题始终无解。

传统观点会将农民起义和土地兼并结合起来，但中国历史上的农民起义，主要诱因还是灾荒。在汉高祖元年（公元前206年）到明崇祯十七年（1644年）的一千八百五十年间，重灾年份多达一千二百四十二年。以秦汉时期为例，东汉末年的黄巾起义，直接诱因就是瘟疫。

东汉后期，全国性大瘟疫频繁暴发，疫情凶猛，命如纸薄，十室九空。张仲景在《伤寒杂病论》中记载，他的家族原有两百多口人，到汉献帝建安年间，不过十年光景，死掉三分之二。而在死者中，十分之七是死于伤寒。他在哀叹“感往昔之沦丧，伤横夭之莫救”的同时，决心弃官从医，治病救人，终于在传染病防治领域成就斐然，为后人留下了《伤寒杂病论》这一医学名著。

在那个物资供应不充足，穷人为数不少的时代，懂得求医问药的人终究寥寥，更多的病号痴迷于神仙术，一旦有人能帮他治病，他的精神信仰随之倾倒。这样的倾向在历朝历代都会被一些别有用心的人利用，从而成为秘密宗教的温床。

黄巾起义的首领张角，早期自称“大贤良师”，借助治病，传播他创立的太平道，十多年间在全国各地发展了几十万信徒。一个江湖郎中，用秘密宗教和封建迷信包装起来，以治病为幌子，就能振臂一呼，聚众数百万，跟官府对抗，甚至险些颠覆东汉王朝，只能说明当时的公众对瘟疫的恐惧是多么强烈。

至于唐末王仙芝、黄巢起义，明末高迎祥、李自成、张献忠起义，也是自然灾害导致粮食歉收，吃不饱饭的饥民选择了造反，跟土地兼并没有特别直接的联系。

不过，土地兼并进程中，最倒霉的莫过于平民沦为佃户，一辈子租种别人的土地，生活缺乏安全感，无法改变命运。佃户向地主缴纳的租金并不便宜。《汉书·食货志》记载：“或耕豪民之田，见税什五。”显然，佃户的日子并不好过。丰年尚难度日，一旦遇到天灾和歉收，只会加重他们的苦难。这些人就像泼上油的木柴，一旦有火星，就会呈燎原之势。

因此，从防微杜渐的角度，有战略眼光的统治者还是会适度控制土地兼并的节奏，让所有人都能吃上饭。可以说，中国历史上称得上“盛世”的时期，其民生领域的主要特征，就是土地兼并还不至于让百姓长期和普遍饿肚子，大部分人能吃上饭，仅此而已。

土地兼并，在传统社会的制度框架下看来已经无解。可是，偏有一位皇帝，还想尝试新思路，做点新努力，先从一项名曰“度田”的基础性工作做起。他就是东汉光武帝刘秀。

五、度田事件：永远查不清的财产

东汉建武十六年（40年），承平已久的大江南北突遭骚乱。《后汉书·光武帝纪》载：

> 郡国大姓及兵长、群盗处处并起，攻劫在所，害杀长吏。郡县追讨，到则解散，去复屯结。青、徐、幽、冀四州尤甚。

叛乱者并非匪徒，而是豪门望族，有的还在朝为官，田连阡陌。他们曾经是既有体制的受益者，也是东汉政权的支持者。之所以走上跟朝廷分庭抗礼之路，缘于此前发生的“度田”事件。这场“土改”试验引发的巨大争议，险些导致社会阶层断裂和高度对立。

秦汉以来，土地私有制日臻完善，在贫富差距日益悬殊的大环境里，因土地买卖和朝廷赐田而带来的土地兼并问题愈演愈烈。越来越多的农民不得不委身依附于占田较多的豪强地主，以租种土地、养活家庭。为了逃避国家征发的赋税徭役，地主豪强便大量隐瞒田产、藏匿人口，甚至“起坞堡，缮甲兵”，集结族人，招徕流民，组织武装，割据一方。王褒在《僮约》中如此记载：“犬吠当起，警告邻里。枨门柱户，上楼击鼓。荷盾曳矛，还落三周。”

对于土地兼并，统治者一直是保持警惕的。汉武帝时期，一方面采纳董仲舒“限民名田，以澹（赡）不足”的建议，推行限田政策；另一方面任用酷吏，巧立罪名，定点打击和强制迁徙豪强地主，使其丧失割据一方、隐匿财产和对抗朝廷的实力。

西汉末年，中央集权弱化，此类政策收效甚微。王莽改制后，变土地私有为国有，强制户均占田不得超限，且禁止买卖，本质上仍是限田，但无法落实，反而引发了全国性混乱。盘踞坞堡的豪强地主趁乱纷起，割据一方，刘秀便是其中一员。幸运的是，他笑到了最后。

称帝后的刘秀深知自己的政权基础并不牢固。国家尚未统一，那些源自豪强地主的军事集团仍在与他分庭抗礼；麾下的众多“兵长渠帅”并非真心归顺，一有风吹草动，还会东山再起；不少兵痞退伍回乡，横行霸道，抢田抢人，扰乱基层秩序；功臣宿将虽然交出兵权，但得到了大量赐田，在营造君臣和谐氛围的同时，也助长了土地兼并的加剧。

头绪太多，刘秀只能采取“柔道”政策，一方面恢复经济，安抚众多大佬；一方面得陇望蜀，消灭割据势力。

建武十二年（36年），刘秀攻灭盘踞巴蜀的公孙述，完成国家统一。可是，国家掌握的土地和人口依然是两本糊涂账，不利于财政增收和长治久安，大规模“土改”已是箭在弦上，不得不发，但前人的经验教训必须吸取。

据《后汉书·光武帝纪》载，建武十五年（39年）六月，刘秀“诏下州郡”推行“度田”，“检核垦田顷亩及户口年纪”。这场声势浩大的“土改”，就是要核对全国各地的土地、人口、户籍数据，解决“天下垦田多不以实，又户口年纪互有增减”的问题。

不久，各州郡纷纷遣使奏报“度田”执行情况。据《后汉书·刘武传》载，陈留郡吏呈上的一份书牍引起了刘秀的注意：“颍川、弘农可问，河南、南阳不可问。”经过一再询问，这位郡吏才道出实情：“河南帝城，多近臣，南阳帝乡，多近亲，田宅逾制，不可为准。”

郡吏揭开的只是冰山一角，但足以令刘秀高度重视。显然，各州郡在执行过程中“多不平均，或优饶豪右，侵刻羸弱，百姓嗟怨，遮道号呼”。而造成这一情况的原因，则是州郡官搞不清朝廷“度田”的决心，对于本地豪强地主既联系密切，又不敢得罪，于是干脆“优饶”，继续隐瞒田产和人口，将税负转嫁到普通百姓头上。

是优容“近亲”“近臣”，还是惩戒州郡官吏？刘秀从维护东汉王朝整体利益的角度出发，选择了后者。于是，第二道诏令呼之欲出：“遣谒者考实二千石长吏阿枉不平者。”

十一月，他先拿前汝南太守、时任大司徒的欧阳歙开刀。不顾其“学为儒宗，八世博士”的老资历，不顾“诸生守阙为歙求哀者千余人”的压力，果断将其下狱处死。

尽管给欧阳歙扣的罪名是贪赃，表面看来与“度田不实”无关。但此例一开，血雨腥风。一大批“度田”不实的地方官被“考实”出来，下狱治罪。据《后汉书·光武帝纪》载，建武十六年（40年）秋九月，“河南尹张伋及诸郡守十余人，坐度田不实，皆下狱死”。另有一批州郡官虽然保住了性命，却被免官或降职，政治生涯戛然而止。

这场因“度田”不力而掀起的政坛风暴，波及面广、影响巨大，全国官场为之肃然。建武十六年（40年）八月，朝廷推行“案户比民”，开展新一轮“检核”。各地官员再不敢掉以轻心，他们放弃了欺上瞒下的把戏，纷纷板起脸孔，在执行层面走到了另一个极端，正如《东观记》里所记述的：“刺史太守多为诈巧，不务实核，苟以度田为名，聚人田中，并度庐屋里落，聚人遮道啼呼。”

“聚人田中”，连人带地一起核对，有利于提高“检核”效率，但无论老幼都要到指定地点接受“检核”，也会造成扰民；更糟糕的是，“庐屋里落”既非朝廷规定的“检核”范围，也非赋税征收标的物，连它们一起“检核”不免激起民愤。一场全国性骚乱瞬间点燃。

这场因“度田”而引发的全国性骚乱，之所以形成气候，至少有三个原因：一是一批地方官被治罪，虽然彰显了刘秀推进“度田”的决心，但也震惊了豪强大姓，他们仍有坞堡和部曲，具备反叛实力；二是地方官“不务实核”，导致小民深受“侵刻”，对“度田”心存偏见，容易被煽动。三是青、徐、幽、冀一带，“民稠土狭，不足相供”，豪强势大、民生艰苦，又是王莽末期军阀割据的主战场，对“度田”的反对声浪最大。

刘秀意识到，此事如若处理不当，非但“度田”难以奏效，还会导致政权崩盘。于是，他对叛乱者开始不择手段，软硬兼施。一方面遣使前往郡国传令，让“群盗自相纠摘”，五人共斩一人者“除其罪”，加速“群盗”内部瓦解；另一方面对畏葸不前的地方官摒弃前嫌，只以“获贼多少”为条件，让他们立即镇压。诏令发布后，各地官员如释重负，纷纷卖力镇压，骚乱迅速平息。

“度田”事件，是刘秀版“土改”遭遇的重大挫折。不过，刘秀并未气馁，而是耐心做起了纠偏工作：

——“徙其魁帅于它郡”。尽管让他们在新的落脚地“赋田受禀，使安生业”，但根除了他们在原籍地的影响力，对豪强不啻是沉重打击。

——“遣谒者为更正”。校定户口田亩，迫使“优饶”者补交租税，退回因“侵刻”和“并度庐屋里落”多交的租税，从而缓和了社会矛盾。

“度田”虽有波折，收效却显而易见。《后汉书·光武帝纪》载“牛马放牧，邑门不闭”，绝非溢美之词。“度田”的成功，使朝廷控制的人口和税收显著增加，为汉明帝、汉章帝时代整饬吏治、远征匈奴、重开西域的事业打下了坚实基础。

不过，“度田”之后，土地兼并依旧无解。

第五章

资源：从放任到专营

历史学家王家范在《中国历史通论》中说过两段话：

第一段："（中国古代手工业的）三类基本形态的分布态势，极像哑铃，两头粗壮，中间细长。"中间细长者是民营手工业，两头粗壮者分别是官营手工业和家庭手工业。

第二段："它对市场经济的破坏作用是双重的，既把皇室官僚乃至政府工程所需产品排斥于市场之外，依靠直接劳役实行自给，同时也使民生日用商品带有浓厚的政治财政色彩，成为一种假性商品经济。"这里的"它"是指官营手工业。与家庭和民营手工业相比，官营手工业既不追求利润最大化，也不追求服务百姓日常生活，还不差钱，不用过多考虑成本，唯一值得一提的，就是它坐拥最好的技术、最好的工匠，简而言之，垄断一切想垄断的资源。

先秦秦汉时期，中国人对经济资源的利用，并非一开始就被官方垄断，也并非官方始终在层层收紧。而是有形之手时紧时松，无形之手在有形之手的夹缝中野蛮生长。

一抓就死，一放就乱，似乎成了中国历代官府调控经济发展的死循环。如何跳出这个怪圈，从周厉王到汉武帝，这样的探索一直持续，从未止步。

一、国人暴动：与民争利的首次试水

坎坎伐檀兮，置之河之干兮。河水清且涟猗。不稼不穑，胡取禾三百廛兮？不狩不猎，胡瞻尔庭有县貆兮？彼君子兮，不素餐兮！

坎坎伐辐兮，置之河之侧兮。河水清且直猗。不稼不穑，胡取禾三百亿兮？不狩不猎，胡瞻尔庭有县特兮？彼君子兮，不素食兮！

坎坎伐轮兮，置之河之漘兮。河水清且沦猗。不稼不穑，胡取禾三百囷兮？不狩不猎，胡瞻尔庭有县鹑兮？彼君子兮，不素飧兮！

《诗经》里的这首《伐檀》，强烈反映了那个时代社会中下层民众对“大人君子”的愤怒和质问，说他们是“硕鼠”，白吃白喝，不事稼穑。为了离开人间炼狱，寻找“乐土”，他们通常以逃亡来躲避压迫，逼不得已，也会造反。“国人暴动”就是中国历史文献记载的第一次大规模反抗行动。

这是一场政治运动，但肇启于经济问题。

周王室财政收入的主要来源包括两方面：“公田”收入和诸侯朝觐纳贡。前者是以井田制为基础，后者是以分封制为基础。然而，到了西周后期，这两项收入都出了问题。

井田制的基本原则是强迫奴隶劳动和无条件交出收获，其前提是领主和奴隶都听话。西周后期，随着私田的出现，领主指挥奴隶把更多精力投放到私田耕种，甚至出现公田抛荒的情况。毕竟，私田的收获全归领主，而领主为了调动奴隶的劳动积极性，也会给他们分一些，聊以果腹。对于领主和奴隶来说，这就比给公田白干强得多。

分封制得以维系的前提，是周天子有威信。可西周后期，周王室经历了两次不正常的王位传承。先是周懿王死后，叔叔当了天子，即周孝王；周孝王死后，周懿王的太子靠诸侯帮忙才夺回王位，称为周夷王。天子层面争权夺利，闹到连登上王位都要诸侯掺和，周王室的政治威信自然下降，而诸侯的政治地位有所上升。

其实，诸侯和王室之间，似乎也没那么和谐。周王室对诸侯滥用权力，有时甚至无视《周礼》规定的基本秩序。周共王时期，密康公只是因为没有向天子献出三个美女，就惨遭灭国之灾。种种迹象显示，分封制的严肃性和周王室的控制能力受到了很大质疑。

公田抛荒，诸侯坐大，对周王室维系财政收入构成了直接威胁。周王室要想维持王室的高规格架势和庞大开销，必须另开财源。

周夷王死后，太子姬胡上台，这就是周厉王。他改变周公、召公“世为卿士”的惯例，起用荣夷公和虢公长父为卿士，推行经济和政治改革。这一打破贵族政治通常秩序的做法，招致享受世卿世禄的贵族的普遍反对。

《诗经·大雅·荡》就讥讽周厉王用“贪暴”之人而不用“旧章旧臣”，是重蹈商朝灭亡的覆辙。《诗经·大雅·板》强调只有贵族子弟才是国家栋梁，不能打破“大邦”“大宗”的旧有政治秩序。这类诗篇的出现，既是周王室威信衰退的写照，又是西周后期改革阻力之大的侧面体现。

阻力再大，周厉王还是迈出了“闯关”的一步。他的经济改革，主要措施就是“王学专利”“爵以贿成”和“稼穑维宝”。

“稼穑维宝”就是重视农业，没什么争议。其他两项，争议就大了。

“爵以贿成”，就是卖官鬻爵。这一做法当然能赚点钱，缓解王室财政困难，但历朝历代，直至今天，都不被社会主流价值认同。不过，它还有一项功用，就是在世卿世禄之外，开辟了另一条选拔官员的途径，让那些靠宗法制承继的贵族，顿感既得利益有失。因此，贵族对这一做法大多不买账。

“王学专利”，就是将山林川泽这些自然资源一律收归“王有”，变成周王室的“专利”。其实，西周时期的山林川泽原本也不是纯粹无主，向公众开放的，而是早在分封的过程中，连同土地一起分给各级贵族和诸侯了。只不过，分封制对于诸侯缴纳贡赋的规定比较笼统，这部分资源的收入并没有纳入税基。如今，王室缺钱，自然就瞄上了这笔财富。

对于周厉王的“专利”政策，王室内外满是不一样的声音。《国语·周语》记载，大夫芮良夫就向周厉王提出，“夫王人者，将导利而布之上下者也。……今王学专利，其可乎？匹夫专利，犹谓之盗，王而行之，其归鲜矣。”意思是说，作为天子，要去因势利导，合理分配利益，让所有人都获益。天子都要学着垄断所有利益，这样合适吗？普通人搞垄断，会被视为强盗；天子也这么做，归顺的人就会减少。

据《逸周书·芮良夫解》记载，芮良夫将荣夷公称为“执政小子”，说他“专利作威”，“以贪谀事王”，其实就是勋戚贵族在发泄对少壮派贵族的抱怨。从另一个侧面说明，“专利”政策在经济上确实打击了贵族的经济利益，有利于增加王室收入。

问题在于，“专利”政策的打击面太大。

以前，各级贵族领主和诸侯虽然拥有山林川泽，但不会亲自采掘，基于当时的生产力水平，他们会组织平民和奴隶集体采掘。打猎、采伐、打鱼、采摘，就成为各阶层在私田之外另一个获取收入的渠道。私田和山林川泽等“副业”越来越多，公田之类的“主业”就更没人乐意干了。

如今，山林川泽收归“王有”，要么不许采掘，要么采掘缴税，伤害的就不光是贵族领主的利益，把樵夫、渔民、猎手一并得罪了。到头来，周王室不仅要分羹，甚至还要独吞。

当经济改革的结果是剥夺多数人利益之时，各级“群众”就会牢骚满腹。《诗经·大雅》里就有这样的“吐槽”。就连召公虎都讲“民不堪命”，希望周厉王叫停“专利”政策。

这里的“吐槽”，在当时称为“诽谤”。这是上古三代的政治传统。《吕氏春秋》载：“尧有欲谏之鼓，舜有诽谤之木。”尧的宫廷前设有“欲谏之鼓”，想提意见的人可以擂鼓，后来演化为衙门前的喊冤鼓；舜的宫廷前设有“诽谤之木”，想提意见可以写在上面，后来演化为宫殿前的华表，用来告诉天下人，朝廷可以听取民意。

周厉王推行经济改革，居然让自己陷入了众人非议的困境，当然很不愉快。为了给经济改革保驾护航，他决心采用高压手段。《史记·周本纪》记载：“王怒，得卫巫，使监谤者，以告则杀之。”或许卫巫及其下属就是文献记载的最早的一批特务人员。对持不同意见者，一经告发，得而诛之。做法简单粗暴，很容易被扣上“暴政”

的帽子。这项政策的直接受害者，就是“国人”。

什么是“国人”。按照“清华简”的解释，“国人”分成三类：一是卿士，就是执政重臣；二类是诸正，就是百官和诸侯；三类是万民，就是首都从事各种行业，特别是工商业、服务业的平民，相对来说，首都城墙以外的平民，就称为“野人”或“鄙人”。

在分封制和宗法制体系里，周天子虽然至高无上，但国家是由王和各级贵族分权共治的。贵族对王权有一定约束力。以高压手段制止“诽谤”，相当于剥夺了贵族拥有的参政、议政和言论权。这样一来，王权和贵族的矛盾就日趋公开化。

周厉王的止谤政策出台后，几次加码，效果“立竿见影”。一是“其谤鲜矣”，吐槽的人大幅减少。二是“国人莫敢言，道路以目”，不是没牢骚，而是不敢说，见了面只能互相使眼色。三是“诸侯不朝”，周天子的号召力实际上下降了，连诸侯都不来朝见了。

这样的局面当然很不正常。于是，召公虎就劝谏周厉王：“防民之口，甚于防川。川壅而溃，伤人必多，民亦如之。是故为水者决之使导，为民者宣之使言。”为防备民众的批评而堵塞言路，比防堵河流而建造的堤坝的危害更大。堤坝一旦崩塌，会伤及很多人，封堵言路带来的危害，就像溃坝一样可怕。因此，治理水患要开挖河道疏解导流，管理民众也要广开言路让他们有机会说话。

召公深知，眼下发生的一切，跟周王室靠“专利”政策敛财直接相关。于是，他又从经济角度讲了广开言路的合理性和必要性：“民之有口也，犹土之有山川也，财用于是乎出。”民众有嘴，就像土地有山川，财富和用品都是从山川里产出的。这样说来，民众的言论权与财富创造密切相关。因此，要想增加财政收入，实现国家富强，就得给老百姓说话的权利。

面对召公富有政治智慧的建言，周厉王大概昏了头，根本听不进去。高压政策持续了三年，“（全）国莫敢出言”。公元前841年，国人“乃相与畔，袭厉王，厉王出奔于彘”。著名的“国人暴动”经过暗中联络，一哄而起。大家手持棍棒和农具，冲入王宫，要杀周厉王。这是一场贵族和平民共同参与的谋反行动，是与王权扩张的一次真刀真枪的对抗。

周厉王在位三十多年，多数时间都在忙着打仗，与东夷、西戎、南蛮、北狄进行了长期战争。然而，这些战事的效果并不好。一方面，首都频频受威胁。《竹书纪年》上有“淮夷侵洛”的记载，多友鼎的铭文上也记有西戎打到镐京附近的犬丘。另一方面，战争对兵源和财力的需求与日俱增，这或许就是他实施“专利”政策和止谤政策的动因之一。

利用战争来强化政治权力、集中经济资源，甚至不惜采取高压政策，在非常时期确有一定的合理性和必要性，但这一切要有个前提，就是战事能打赢，或者至少是能打得下去，让所有人看到打赢的可能性。周厉王打了三十多年仗，结果是首都都随时不保，这样的政绩自然就让高压政策失去了存在的合理性。

面对叛乱者，周厉王想调兵镇压，但这些士兵也是“专利”政策和止谤政策的受害者，到头来没人愿意给他卖命。见此情形，他只好带着亲信大臣仓皇逃走，躲到位于今山西霍州的“彘”，这样的流亡生活一过就是十四年，直至去世。

国人攻入王宫，没有找到周厉王，便转而寻找太子姬静。混乱之中，无论是周厉王，还是太子，谁露面都会丧命。召公虎把太子藏了起来。国人将召公虎团团围住，要他交出太子。召公无奈，只好以其子代王太子。

按照《竹书纪年》的记载，“（国人）执召穆公之子杀之”。可怜这个贵族公子哥，还没怎么享受“二代”的福利，就被自己的父亲拿过来，给太子当了替死鬼。

最后，在召公和周公（周定公姬鼻，周公旦后裔）的共同劝解下，国人才算勉强散去。

天子不在家，即便发号施令也没人听，但国家大事还要办。

《史记·周本纪》记载:“召公、周公二相行政，号曰‘共和’。”作为西周王朝传统的卿士，周公和召公接受贵族会议推举，暂时摄政，并召集贵族会议讨论重大政务。

根据《吕氏春秋》《竹书纪年》和“清华简”，以及一些青铜铭文的记载，周公和召公把一位名叫“共伯和”的贵族请来摄政，并由周公、召公担任卿士，组成一个“临时中央政府”。这里的“共伯和”，就是共国的伯爵，名字叫和。虽是小国国君，但德高望重。

很难考证哪种说法更贴近史实，但周厉王缺位这十四年里，西周王朝高层的统治形式，实质上是贵族联合执政。它就被冠以“共和行政”这样的历史名词，既有共伯和摄政的意味，又有周公、召公共同管理的意思，还有“共同和谐的含义”。公元前841年就被定为“共和元年”。

按照礼法，周厉王还活着，因而太子不能登基。直到公元前828年周厉王去世，太子姬静才继位称王，就是周宣王。周公召公宣布还政，共和行政到此结束。

公元前841年，在中国历史上留下了多个印记。一是中国历史记载有了确切纪年。二是国人暴动导致周人的阶层断裂，王权威信扫地，削弱了西周王朝的统治基础。三是“共和行政”开始，在“家天下”的几千年历史上，第一次出现了天子长期缺位和贵族联合执政的政治实践，“共和”概念也被近代思想家用来解读西方舶来词“republic”以及民主共和政体，并作为制度安排通过革命和改良的方式付诸实践。

人们经常会拿“共和行政”与英国中世纪的“大宪章运动”相提并论。两者确有相似之处，诸如贵族反叛、王权倒台。然而，两者最大的不同是，共和行政是策略性的权宜之计，它没有创造新的政治制度，没有进一步实现君主与贵族的法定分权，其终点依旧是恢复君主制；英国“大宪章运动”则是迫使英国国王签署大宪章，形成有法律效力的契约，约束王权，保障贵族权利，从而形成“王权有限，法律至上”的社会普遍原则。后来英国的资产阶级革命，就是围绕在多大程度上限制君权而展开的。

“国人暴动”没能真正推翻王权，也没能抓到周厉王，但在共和行政期间，国人普遍反对的卖官鬻爵、“专利”和“止谤”等改革措施，全被叫停。周厉王这些带有“专营”特征的国有化改革尝试，尽管出发点合理，但具体做法简单粗暴，最终沦为众矢之的。

二、货币的力量：秦半两到汉五铢

西汉居摄二年（7年），王莽控制的西汉朝廷启动币制改革。“一刀平五千”“契刀五百”“大泉五十”等名目的新币纷纷出炉，与流通百余年的官方货币五铢钱同时使用。[1]这些新币好似钥匙，颇具艺术美感。官府规定，禁止私人收藏黄金，两枚“一刀平五千”或二十枚“契刀五百”可兑换一斤黄金。如此一来，朝廷的黄金储备大增，货币信用似乎更有保障了。不过，没过多久，币制改革又有了新花样。

两年后，已经称帝的王莽就又开始折腾，第二轮币制改革拉开帷幕。这次是把“一刀平五千”“契刀五百”，连同五铢钱一并废掉，推出一款名叫“小泉直一”的新币替换五铢钱。一枚“大泉五十”可兑换五十枚“小泉直一”。问题是，“小泉直一”的重量只有一铢，相比于五铢钱，市场购买力直线缩水了80%。

如果说前一次币制改革，倒霉的是富人阶层和商人群体，第二次则是对升斗小民财富的洗劫。文献记载，“农商失业，食货俱废，民人至涕泣于市道”。许多人开始怀念五铢钱，甚至秦半两钱了。

诚然，秦半两和五铢钱是中国铜本位时代官方货币的经典。它们为什么会有这么大的魅力，不仅能长久使用，而且令后人追思不已？

自从人类社会有了商品交换，作为一般等价物的货币便应运而生，它的存在，对于方便商品流通起到了积极作用。商周时期，乃至春秋战国时代，中国的货币包括银质和铜铁材质的原始货币、金属称量货币和金属铸币三种形态。在中华大地，这三种本该前后相继的货币形态，曾同时并存，出现了以贝、刀、布、圜钱、蚁鼻钱等为主的货币。

---

① “平”是“值”的意思。“一刀平五千”“契刀五百”“大泉五十”就是分别可兑换五千枚、五百枚、五十枚五铢钱。

布币流行于黄河流域，其形态类似铲子；刀币流行于齐国、燕国，由削刀演化而来；圜钱最早出现在战国的三晋地区，其形态源自古代玉璧或纺轮；蚁鼻钱是楚国货币，圆形，正面突起，背磨平，体积小。由于经济发展较中原落后，楚国对铲、刀、纺轮的使用也相对迟，因而蚁鼻钱形态依旧是从“贝”演化而来。①

这些货币虽然设计灵感都来自生产和生活用品，但相比而言，圜钱作为金属铸币，体积小、易携带、铸造工艺简单，从魏国逐渐传遍战国各国，受到广泛青睐。后来的圆形方孔铜钱，诸如秦半两、汉五铢钱、开元通宝等，都得认它作老祖宗。

这些货币形态复杂、材质各异，反映了春秋战国时期商品经济发展对货币流通的旺盛需求，以及金属铸造技术的日臻成熟，但各国自行铸币，自成体系，五花八门，比较混乱，形成了多币制和多币型长期并用的特殊局面。对于老百姓来说，这些货币相互流通并不方便。

统一货币的呼声，一直在民间回荡，直至秦始皇统一六国。

秦惠文王二年（前336年），也就是商鞅被处死的第三年，秦国推出了商鞅变法的加强版措施——“初行钱”，将货币铸造权收归国家，并规定圆形方孔半两钱作为国家法定货币。“秦半两”由此起源。

秦国的半两钱，其重量并非现代意义的半两（即二十五克）。根据考古出土文物称重，大约只有四克。它采用原始的泥范铸法，外形粗糙，不够平整，未经打磨，半径和厚薄不固定。有些半两钱甚至方孔不方。钱币表面的铭文“半两”用大篆书写，“两”字里

① “布”是“镈”的通假字，在古代通用。“镈”是古代青铜农具，形似铲。

的“人”部分明显拉长，故而这种半两钱又被称为“长人两”。

长人两其实算是圜钱的变种。圜钱在战国各国逐步推广，推动了货币形制趋同，为秦始皇统一货币减少了阻碍，创造了条件。

秦始皇统一中国后，以国家意志将秦国的半两钱加以改良，推向全国，取代六国自有货币，成为官方认可的唯一全国性货币。那么，改良后的秦半两是什么样的？

《史记索隐》上这样解释：“秦钱半两，径一寸二分，重十二铢。”根据考古所见，改良后的秦半两，因由各地官府自行铸造，形制差异有所缩小，但仍然做不到整齐划一。直径通常为3.2—3.4厘米，重八克左右，但也有重量超过十克，甚至二十克的案例。①

虽说改良后的秦半两基本形态是圆形方孔，但仍有钱体不圆、方孔不方的情况。铭文改用小篆，“半两”二字据说为李斯手书。不过，“两”字中的“人”部分显著缩短，因而俗称“短人两”。

秦半两是青铜材质货币，传说这种钱还有治疗人体跌打损伤的特殊功效。原来，秦始皇时期铸造的秦半两中含有能够促使人体骨质愈合的特殊矿物质。可是，就在秦始皇在位期间，含有这种矿物质的铜矿就已经开采殆尽。因此，具有此种治病奇效的半两钱，仅限秦始皇时期铸造。此前此后铸造的铜钱，都不含有这种特殊物质，也就没有这种奇效。

秦半两给中国历史赋予的意义是多重的。在秦始皇的擘画下，秦半两成为秦朝大一统的表现形式之一，中国历史上第一次实现了币制统一。这是中国古代钱币走向成熟的里程碑事件。秦半两奠定了中国古代钱币圆形方孔的基本造型，沿用了两千多年。

---

① 根据秦汉度量衡，一斤 = 十六两，一两 = 二十四铢。

圆形方孔的设计意义，绝不仅仅是为了便于携带、流通和储存，更带有特殊的哲学内涵。方孔代表“地方”，圆形代表“天圆”。这样说来，圆形方孔就象征着古代天圆地方的宇宙观。中国人很早就将宏大的宇宙观和接地气的实用主义精神进行了有机结合，其智慧不能不令人佩服。

半两钱统一了中国人的货币，却没能统一六国的人心。秦朝急功近利的暴政，超越时代和现实承受能力的大工程，将偌大的帝国推进了内战漩涡。刘邦建立西汉王朝后，基本承继了秦制，连货币也不例外。只是西汉初年，铸币权再次旁落，各地私铸成风，尽管官定货币仍是半两钱，但劣币驱逐良币，形制越铸越小，有的甚至小到直径不到一厘米，重量不到一克。

铸币权旁落，对国家政治和经济安全带来的威胁是巨大的。吴楚七国之乱的领头羊吴王刘濞，之所以有能力发动大规模叛乱，依仗的就是铸币权和自行煮盐冶铁带来的暴利。私人盗铸成风，又导致国家无法掌握货币的实际流通量，从而难以获悉经济运行的实际情况，采取有针对性的措施进行调控。因此，在西汉历代皇帝看来，货币不统一，睡觉不踏实。

为了解决货币不统一和成色不足的问题，西汉历代皇帝都进行了货币改革。跟王莽的大改不同，他们都只是小改小调。钱还是那些钱，只是分量有所不同。比如刘邦的榆荚半两，吕后的八铢钱、五分钱，汉文帝的四铢半两，汉武帝初期的三铢钱、半两钱。直至汉武帝推出五铢钱，西汉的货币改革才算基本告成。

汉武帝时期的币制改革一波三折。

建元元年（前140年），朝廷发行三铢钱，顾名思义，钱重3铢。

这是时隔多年后，铜铸币的名义价格和实际重量再次恢复一致。可是，由于三铢钱与半两钱等价使用，两者重量又不同，就导致盗铸成风。这次改革算是失败了。

建元五年（前136年），朝廷宣布废除三铢钱，专用半两钱。可是，由于管理缺位，民间疯狂盗铸半两钱，导致恶行通货膨胀，钱币实际购买力大幅缩水，市面混乱，物价飞涨，民不聊生，许多民众食不果腹，只能流亡他乡，或出卖劳力，或铤而走险，加入私铸，企图获取暴利。按照西汉王朝律法规定，私铸货币是重罪，因此罪名而被处死者近万人，为私铸货币而械斗、自杀者更多。如果任由这个问题继续蔓延，后果不堪设想。

元狩四年（前119年），朝廷不得不新铸三铢钱，并颁法令，规定盗铸金钱者死罪。然而，三铢钱重量太轻，成色不足；法令虽严，但仍有抱侥幸心理者以身试法。因此，必须找个治本的办法。

元狩五年（前118年），汉武帝宣布各郡国“废三铢钱，改铸五铢钱”。这种铜钱的正面有小篆书写的“五铢”二字，背面没有图文，钱直径2.5厘米，重3.5—4克。重量适中，合乎当时经济发展和市场物价对铜铸币购买力的需求。

不过，由于各地官员落实朝廷命令的态度和程度不一致，加上各地铸造技术存在差异，因而各郡国铸出的五铢钱，在重量和形制上都有差别，甚至在选材上以次充好，越铸越轻，越铸越粗劣。一些官员上下其手，相互串通，靠铸币偷工减料发财。如果任由这种状态下去，保不齐会重蹈三铢钱、半两钱的覆辙。

汉武帝深知，朝廷发行五铢钱，为的就是树立官府的经济信誉，稳定金融，必须想办法让盗铸者无利可图，自行放弃私铸的念头。

为此，元鼎二年（前115年），在充分征求公卿大臣的意见后，汉武帝宣布收回各郡国的铸币权，由中央政府统一铸造和发行。就这样，元鼎二年成了五铢钱发行史的分水岭，之前发行的叫“郡国五铢”，之后发行的叫“三官五铢”。

“三官五铢”是汉武帝在中央层面组织专业部门铸造的五铢钱。“三官”是指“钟官、辨铜、均输”，都是中央政府的经济管理部门，铸钱是它们的职责之一。三官署就在长安附近的皇家园林——上林苑办公。统一管理的好处，是有利于推动钱币铸造标准化、规范化，提高铸造技术水平，增加产量，防止私铸，控制发行。

三官五铢直径2.5厘米，重3.5—4克，含铜量70%以上，含铅量20%左右，用铜范或制作精细的泥范铸造，工艺先进，外形齐整，实现了重量标准化。三官五铢制成后，朝廷下令用它来收兑郡国五铢。经过一年努力，大部分郡国五铢均已收回。随后朝廷下令，郡国五铢禁止流通。

在五铢钱家族里，三官五铢并非最后一款。汉昭帝、汉宣帝时期先后发行的两款五铢钱，前者略显粗糙，后者工整敦厚。虽然家族成员在增多，但三官五铢确定的发行原则和标准，基本保持稳定。

就是这样一种币值、技术和市场认可度都比较稳定的货币，竟然没入王莽法眼。为了推行改制，解决西汉末年的社会问题，王莽开始对五铢钱动手。

居摄二年和始建国元年（7年、9年）的两次币制改革，搞得怨声载道，但他并没收手。第二次币制改革颁行不到一年，也就是始建国二年（10年），第三轮币制改革又开始了。王莽这次别出心裁，推出了颇为奇葩的“宝物制”，发行“五物六名二十八品”[①]。币种混乱，材质混乱，老百姓晕头转向。

其实，他这样做也不是有意使坏。毕竟，王莽改制的理论基础是“托古”，也就是倒退回春秋战国乃至商周时期，货币改革概莫能外。这样改，货币贬值速度更快，社会财富加速向朝廷集中。要知道，王莽的民族政策失误，跟匈奴翻脸，准备开战。打仗要花钱，找豪强贵族伸手要钱，肯定会吃闭门羹。干脆发行新币，收“铸币税”，直截了当，谁也逃不掉。

就这样，过了四年，也就是天凤元年（14年），王莽又搞出了第四轮币制改革。这次废掉了大泉、小泉，转而发行“货布”和“货泉”两种圆形方孔铜币。货布重二十五铢，货泉重五铢，一枚货布可以兑换二十五枚货泉。

或许是由于前三次改革对民间财富盘剥太重，这次改革显然相对温和，货布的铸造相对精良，尺寸及重量比较标准，体现了朝廷稳定市场的急切情绪。

纵观中外历史，任何一次币制改革都要做足各方面准备才能顺利推出。王莽的四轮币制改革，心气很高，但完全不按经济规律，也没有做好相应的预案，导致市面大乱，其纠偏调整又来得太迟。同样是动用国家力量攫取经济资源，汉武帝“闯关”成功，而他却

---

① “五物”是指金、银、铜、龟、贝等币材。“六名二十八品”是指金货一品、银货二品、龟货四品、贝货五品、泉货六品、布货十品。其中，收藏界津津乐道的“六泉十布”，就在这一时期大行其道。“六泉”包括“小泉直一”“么泉一十”“幼泉二十”“中泉三十”“壮泉四十”“大泉五十”。“十布”包括“小布一百”“么布二百”“幼布三百”“序布四百”“差布五百”“中布六百”“壮布七百”“第布八百”“次布九百”“大布黄千”。

招致全民反对，最终失败。

对于古代钱币，不管是早就废除的，还是流通多年的，只要还存世，就有收藏价值。流通时间越短，存世越稀少，收藏价值越大。因此，王莽开发的这些乱七八糟的货币，反而更受收藏界追捧。

东汉建立后，王莽搞的这些乱七八糟的货币被全部废除，五铢钱重新发行，一直流通到隋朝时期，成为中国历史上铸造数量最多、流通时间最长的铜铸币，堪称“长寿钱”。尽管其后略有调整，名称和重量也有改变，但圆形方孔的铜币制式以“通宝”的形式承袭下来，直至清朝灭亡。

三、盐铁的力量：管仲改革到七国之乱

“专利”政策，让周厉王失了人心，丢了王位。其后的统治者在总结历史教训时，对自然资源的利用和控制，就显得特别谨慎。春秋齐国管仲的改革，就走出了一条独特路线。

管仲深知，“凡治国之道，必先富民。民富则易治也，民贫则难治也”。如何实现“富民”目标？他提出“务本饬末则富”，也就是兼顾农业、手工业和商业。要发展这些行业，势必要利用好自然资源。为此，管仲推出了他的资源政策：

——用好资源，“通货积财，富国强兵”。管仲提出，“通轻重之权，徼山海之业”，最大限度发掘齐国的资源优势；“轻重鱼盐之利，以赡贫穷”。将自然资源投放到民生领域。

——选择性控制核心资源，向民间放开非暴利资源。管仲反对向“树木”“六畜”和人口征税，但主张“唯官山海为可也”。这里

的“山海”，就是铁和盐。因此，管仲将能够产生暴利的资源视为核心资源，对其实施全面国有化的官方垄断。

管仲给齐桓公算了一笔账：一个具有万辆兵车的大国，应税人口如果有一百万，每人每月征收三十钱人头税就不少了，但全国一个月也就收三千万钱；可是，只要每升盐加价二钱，按照“计口售盐”的基本原则，每月就可多收六千万钱。显然，盐税收入远比人头税多。“官山海”的政策，让盐铁收入收归君主，形成财富集聚效应，从而为齐桓公成为春秋五霸之首打下了基础。

——保护生态资源，实施可持续发展。管仲认为，“为人君而不能谨守其山林菹泽草莱，不可以立为天下王”。把保护生态环境上升到国家治理能力的层面。他反对“竭泽而渔”的经济开发，规定“山泽各致其时”，即伐木和狩猎只能在适当的季节进行，以保护树木和鱼类的正常生长、正向循环，免于因滥伐滥捕而遭到破坏。

这很可能是中国历史上最早的自然环境保护法令。清前期，大量流民在长江中上游进行烧荒开垦和围湖造田，造成水土流失、环境破坏，官府对此持放任态度。与此相比，两千多年前的管仲确实走在了时代前列。

秦末大乱，百废待兴，汉高祖刘邦废除了秦朝苛政，实施休养生息政策。只要有利于经济恢复，一切做法皆放行。据《史记·货殖列传》载，其时中央层面“萧规曹随”，奉行垂拱而治的经济政策，“不折腾”。于是，“汉兴，海内为一，开关梁，弛山泽之禁”，中央政府对自然资源的管制全面解除。于是，一些地方的同姓王借助政治特权和自然资源优势，迅速造出了一批“首富”级贵族。吴王刘濞就是典型代表。

刘濞是刘邦的侄子。年仅二十岁时，就跟随刘邦出征作战，平定英布叛乱。虑及吴人轻佻强悍，如果封同姓王到吴地进行统治，必须调派强力人物。可是刘邦的儿子们还都年幼，无奈之下，只能让这位有南方作战经验的侄儿为吴王，统辖吴地三郡。

按照惯例，新晋王爷都要接受皇帝召见。刘邦看着刘濞，拍着他的背，半开玩笑半当真地说："你长得有造反的气色。有人掐算，汉朝建立五十年后，东南方向会发生叛乱。难道是你干的吗？天下刘姓本为一家，希望你谨慎点，不要造反。"

这样的话出自皇帝之口，自然是要命的。想必当时刘濞也是吓得胆战心惊，冷汗直下，只能一个劲磕头说"不敢不敢"。不过，四十多年后，刘濞还真的造反了。

刘濞并非天生的叛乱者，否则早就起兵了，不会等到自己年逾六旬时再去做这样的政治冒险。吴王刘濞确实是个治理地方的能手。尽管吴地远离中原，经济发展水平落后，但物产丰富，资源得天独厚。豫章郡有铜矿，会稽郡沿海产海盐。刘濞充分利用中央放松盐铁管制的政策契机，"招致天下亡命者，盗铸钱，煮海水为盐，以故无赋，国用富饶"。就靠自身的资源优势，让经济落后的三吴地区富甲一方。

当时的吴国富裕到了什么地步？《前汉纪》里说刘濞"有诸侯之位，而实富于天子"。刘濞手下有个谋士名叫枚乘，曾在一篇书信中讲道，汉朝虽然拥有二十四个郡和十七个诸侯国，各种贡赋转运数千里不绝于道路，但珍奇之物还不如刘濞的东山之府。向西转运粮食的车流不断，船只也铺满河面，但还不如刘濞的海陵之仓。

枚乘写这份书信，是希望说服刘濞珍惜眼前的富贵生活，悬崖勒马，非但没成，反倒无意间向后人炫了富。

作为西汉时期的辞赋大家，枚乘的“炫富”也许有些辞藻华丽、语言夸张的成分。不过，下面几个具体案例，恐怕更能说明问题。

西汉王朝的兵役是强制和义务的，普通人只有老老实实服役的份儿，根本没资格跟朝廷讲条件，遑论当兵获取金钱收入。可是，吴国士兵按规定去戍守城池，就能得到吴国官府发放的铜钱。此外，当地官员还带着钱去慰问辖区的贤人，给予赏赐。这种撒钱式的收买人心，如果没有充盈的财政收入做后盾，是万难做得起的。

西汉王朝对辖下百姓征收算赋、口赋和田赋，分别是财产税、人头税和土地税。田赋十五税一，后来降到三十税一，税负很轻，但算赋（人头税）和口赋比较重。不过，西汉境内有个面积广阔的免税区，那就是吴国。吴国官府只对官营盐场收盐税，对民间煮盐不收税，其他赋税也多有减免。像这样豪爽免税的时代，在中国历史上相当罕见。

吴国的富裕，靠的是豫章郡和会稽郡的铜矿和盐场。而晁错“削藩”，恰恰就是要削掉吴国的这两个郡，首先是豫章郡。一旦晁错“削藩”成功，就意味着切断吴国的经济命脉。这也是造成吴王刘濞举兵造反，发动吴楚七国之乱的直接原因。

刘濞虽然沦为汉朝的叛臣，但历史学家并没有将他一棍子打死。

班固评价他“擅山海之利，能薄敛以使其众，逆乱之萌，自其子兴。古者诸侯不过百里，山海不以封，盖防此矣”。他把吴王刘濞造反的深层次原因，归结到了汉景帝当年误杀刘濞之子的事件上。不管怎样，汉景帝绝人之后，确实给刘濞造成了心理伤害。然而，通过发动大规模叛乱的方式来报仇，最后承受巨大代价的，是无辜百姓。

吴王刘濞虽然叛乱失败，但他治理三吴地区几十年，确实促进了当地的盐业发展。西汉初年，吴王刘濞就在浙江海盐地区的马嗥城设置司盐校尉，代表官府主持官办盐场。据说他还主持开凿了两条运河，分别名曰“运盐河”和“盐铁塘”，靠舟楫之利大批量运输盐铁。

“运盐河”西起广陵茱萸湾（今江苏扬州广陵区），东至海陵仓（今江苏泰州）及如皋蟠溪（今江苏如皋）。这条运河将江淮水道与东部的产盐区连接起来，使东部盐场的盐通过运河集中到扬州，然后转输各地。古代扬州的繁荣，在很大程度上得益于盐商，这座城市繁华岁月的起步阶段，大概始于此时。

“盐铁塘”西起长江南岸的沙洲县（今江苏张家港）杨舍镇北，向东南流，至嘉定（今上海嘉定区），在黄渡镇注入吴淞江，全长近100公里。这条运河的主要功能是运输官盐、粮食、铁器和铜钱，由于途经和串联多条河泾，从而形成了一张以盐铁塘为主干的水运网，不仅形成了江南水上商道，让许多码头走向繁荣，而且有利于灌溉和排涝。

需要说明的是，刘濞主持经营的官盐行业，带有地方保护主义色彩，在朝廷看来，只能算是放大了的“民间”。

刘濞死了，但他给吴国带来的空前繁荣，被当地百姓牢记在心。扬州百姓将刘濞奉为财神，将其与春秋时期的吴王夫差相提并论。扬州城北黄金坝（位于扬州邗江区）古运河北岸的邗沟大王庙

(又称财神庙),就供奉着这两位王爷,香火不绝,牌匾上“恩被千吴”四个大金字,以及殿前抱柱上“曾以恩威遗德泽,不因成败论英雄”的楹联,是对他们开凿运河之功绩的最好纪念。

七国之乱平定后,西汉王朝在总结经验教训时,对盐铁(铜)等暴利行业给叛乱者提供巨大经济支撑表示密切关注。决策层意识到,要想彻底削除同姓王的割据风险,必须釜底抽薪,斩断其获取暴利的经济命脉。同时,中央政府要想真正强化中央集权,实现“强干弱枝”,有能力办大事、打大仗,也必须兜里有钱。将盐铁行业收归中央控制的思路,在西汉王朝决策层逐渐成形。

建元元年(前140年),汉武帝刘彻登基。盐铁行业新的时代随之开始了。

四、管还是放:盐铁专卖到盐铁会议

元光二年(前133年),伴随着“马邑之谋”的功败垂成,西汉与匈奴之间的表面“和亲”关系宣告破裂。打仗是一项烧钱的买卖。战争的巨大消耗,给这个农业帝国带来的压力是相当沉重的。要打得起、打得赢,就必须进一步四处敛财,充实国库。

上林苑、建章宫,这些满足汉武帝奢侈生活的大工程,虽然富贵壮丽,但也耗尽了文景之治的积蓄,把国家财政推到了崩溃的边缘。汉武帝亲政后,对财富的渴望达到了无以复加的程度。

他看到了盐铁资源蕴含的巨大财富潜力。正如《盐铁论·禁耕》所说,“山海者,财用之宝也”。谁牢牢掌握并充分利用这些资源,谁就能迅速致富。因此,汉武帝决心把这些资源完全收归国有,其实就是由中央政府来控制和支配。

西汉初年，朝廷和同姓王是有默契的。郡县的山林川泽，由中央政府控制，资源收入归少府，汉武帝时期划归大司农；同姓王国境内的山林川泽，由同姓王控制和支配其收入。文景时期，连削藩都势比登天，何况将其资源收入收归中央。随着七国之乱的平定，特别是汉武帝时期颁布“推恩令”等政策，削藩斗争取得了压倒性胜利，刺史制度的实施，加强了中央对地方各级官员的控制，中央政府的集权程度大大加强。这些有利条件的逐步具备，才使得汉武帝有勇气和能力从同姓王的嘴里抢肉。

汉初对盐铁管制的放松，使得商人在这个领域大行其道。无论是各级官府，还是同姓王，都愿意把这两项生意包给盐铁商人来操办，毕竟他们做事更专业，效率更高。王爷和官老爷们只要到期分红即可，不用操心。这就是“盐铁包商”政策。

据《史记·货殖传》载，汉文帝时期，这些包商很活跃，“各任其能，竭其力，以得所欲”，带动了盐铁业的大发展。比如齐国盐商刁间，“逐渔盐商贾之利……起富数千万”。盐商东郭咸阳亦“致生累千金”。蜀地冶铁商人卓氏，“即铁山鼓铸，运筹策，倾滇蜀之民，富至僮千人，田池射猎之乐，拟于人君”。冶铁商人程郑，雇佣西南少数民族的奴仆干活，“贾椎髻之民，富埒卓氏”。南阳郡的冶铁商人孔氏家族，“规陂池，连车骑，游诸侯，因通商贾之利……家致富数千金”。汉武帝时官至大司农的孔仅，就是这个家族的成员。

当然，这些富人的牟利行为，对国计民生也有负面影响。司马迁就批评说，他们“公擅山川、铜铁、鱼盐、市井之入，运其筹策，上争王者之利，下锢齐民之业”。不过，这些富人为赚大钱不择手段的行为，即便是造成了局部地区的行业垄断，跟他们带动整个行业的发展，以及对社会的贡献相比，还是次要方面。

与靠盐铁致富的豪门相比，中小盐铁商人对经济发展的贡献更大。他们为了讨生活和生意兴隆，自食其力，勤俭持家，压缩成本，力求物美价廉，方便顾客。在农忙时节将做好的铁制农具运到田间地头，既能用货币购买，也能用五谷换取，甚至还能赊购，经营形式灵活多样，深受农民欢迎。《盐铁论·水旱》就记载：

> 家人相一，父子戮力，各务为善器，器不善者不集。农事急，挽运衍之阡陌之间。民相与市买，得以财货五谷新弊易货，或时贳。民不弃作业，置田器，各得所欲，更谣省约。

中央政府的放任，大小商人的“折腾”，成为实现“文景之治”的重要推手。《盐铁论·水旱》讲，“民得占租、鼓铸、煮盐之时，盐与五谷同贾，器和利而中用”。食盐价格平稳较低，跟五谷价格差不多；农具结实耐用，符合农事实际需求。

汉武帝改变了这一切。

元狩四年（前119年），也就是卫青、霍去病长驱漠北，与匈奴决战的同年，汉武帝开始实施盐铁官营新政。

落实新政的关键在于用人。汉武帝在中央层面提拔了一批专家型官员，就是东郭咸阳、孔仅和桑弘羊。他们先后担任过大司农、治粟都尉、大农丞等职务。这三个人都是商人，熟悉经济运行和调控，但这样的职业身份又与做官格格不入。因此，汉武帝敢于破除“市井之子孙亦不得仕宦为吏”的祖宗制度。于是，由他们引荐的一大批“故盐铁家富者”进入官员队伍，从而使商人在朝廷的权势达到顶峰。

东郭咸阳和孔仅率先提出盐铁官营的工作思路。关于食盐专卖，他们建议“募民自给费，因官器作煮盐，官与牢盆”。就是由官府主持盐场，雇人煮盐。关于铜铁专卖，他们建议“郡不出铁者，置小铁官，便属在所县”。就是在产铁之地设铁官，直属于大司农属下的盐铁丞，主要以刑徒和士卒为劳动力，开山鼓铸。在不出铁的地方设置小铁官，负责收集废铁回炉，改铸器具。盐铁官营后，“敢私铸铁器、煮盐者，钛左趾，没入其器物”。禁令严格，刑罚残酷，为的就是让盐铁官营新政能够落实到位，避免流于形式。

盐铁官营新政最大的受害者，莫过于拥有既得利益的同姓王、大官僚和大商人，以及更多的中小商人。

同姓王慑于朝廷权威，不敢说个不字。可是，朝廷此举让他们釜底抽薪，地方财经实力严重削弱，再无能力对抗中央。官营化实际上砸了中小商人的饭碗，这已经不是触动利益，而是触及生存问题了。

不过，在桑弘羊等人的坚持下，尽管“其沮事之议不可胜听”，汉武帝还是力排众议，坚持“笼天下盐铁，排富商大贾”，剥夺了各级商人的盐铁经营权。

汉武帝强推的新政，招致“沮事议者众”。为了把这种抵制风潮压下去，汉武帝针锋相对地发布了另一项新政——开征算缗，也就是财产税。由于许多商人设法逃税，汉武帝还公布告缗法，鼓励揭发隐瞒财产、不肯缴纳缗钱者。对被揭发者，严加惩办。对此《史记·平准书》有记述：“中家以上大抵皆遇告……得民财物以亿计，奴婢以千万数，田大县数百顷，小县百余顷，宅亦如之。于是商贾中家以上大率破……而县官有盐铁、缗钱之故，用益饶矣。”政治上站错队的商人被扣上政治错误的帽子，甚至强加“成奸伪之业，遂朋党之权”的政治罪名，对其严惩，不少商人因此破产。凭借盐铁暴利和财产税收入，朝廷的财政收入比以前宽裕多了。

盐铁官营新政迅速取得了成功。

据《汉书·地理志》载，朝廷在各地设置的盐官，分布于二十六个郡（国），共三十二处；铁官分布于四十个郡（国），共四十五处，几乎覆盖全国。

“当此之时，四方征暴乱，甲车之费，克获之赏，以亿万计”，这些庞大的财政支出，离不开盐铁官营集聚的巨额财富。汉武帝经略四方、开疆拓土的伟业，离不开这样的本钱。

通过盐铁官营，官府可以集中举国人财物力，进一步勘察盐铁资源，扩大开放，促进盐铁行业进一步发展，其动员和挖潜能力，肯定要比分散的商人强得多。

当然，盐铁官营的弊病也不少。最主要的问题，还是对民用经济实行垄断经营，违反市场规律，危害经济发展，导致出现巨大的灰色空间。

一方面，盐铁行业从设置官员管理的那天起，这些官员就以经济部门负责人自居，乘公家之车，谋私人之利，上下勾结，穷奢极欲。连桑弘羊都看不下去了，直陈“吏或不良，禁令不行，故民烦苦之”。这些官员权钱交易，做假账牟暴利，使盐铁管理部门日趋官僚化。

另一方面，工匠情绪涣散，工作消极，矛盾突出。从事冶铁一线劳动的主要是士兵和刑徒（称为“铁官徒”）。他们背井离乡，在深山老林里终日劳作，生活艰苦，工作劳累，待遇低下，看不到前途，情绪烦乱不振，干活积极性不高。即便是铁官拳脚相加，也无济于事。

眼看生产任务完不成，地方官府只能以徭役形式征发更多农民来劳作，给老百姓带来了沉重负担。西汉末年，铁官徒的起义事件屡有发生，给西汉社会带来了不稳定因素。

最糟糕的，还是盐铁官营后的产品，品质低劣，质次价高，欺压用户。铁官中虽然专家不少，但一经为官，就作威作福，责任心下降，对产品质量的监控就不如普通商人那么严格，甚至为了完成数量，不顾质量。

《盐铁论·水旱》记载：“县官鼓铸铁器，大抵多为大器，务应员程，不给民用。民用钝弊，割草不痛。是以农夫作剧，得获者少，百姓苦之矣。”

即便是这样不实用、不好用的农具，顾客想买还买不到。铁官们把官办“店铺”视为“衙门”，顾客爱买不买。很多产品标价甚高，官府强买强卖。农民迫于压力，不得不买。《史记·平准书》里有记：“铁器苦恶，贾贵，或强令民卖买之。”

盐铁官营新政，国家赚了钱，百姓吃了亏。朝廷跟匈奴开战期间，这样的矛盾还被掩盖着。等到匈奴逐渐衰弱，战争接近尾声，新政带来的矛盾就日益凸显。据《汉书·食货志》载，董仲舒曾建议“盐铁皆归于民”。《史记·平准书》中则记载，大臣卜式借助为皇帝求雨之机，建议“县官当食租衣税而已。今弘羊令吏坐市列肆，贩物求利。亨（烹）弘羊，天乃雨”。可是，汉武帝依旧坚持盐铁官营新政，拒不放开。

带着对官营政策的执着，汉武帝结束了皇帝生涯。继承皇位的汉昭帝年幼，霍光、桑弘羊等大臣辅政。一场针对盐铁官营政策是否继续推行的大讨论，史称“盐铁会议”，就在长安拉开帷幕。

没有无缘无故的爱，盐铁会议亦然。西汉朝廷不会平白无故地组织一帮知识分子，冠以“贤良”“文学”名义，在首都开个叽叽喳喳的座谈会。

没错，在这场会议的背后，有着更深层次的政治背景。

汉武帝留给汉昭帝的辅政大臣班子，原先是五个人。其中金日磾不久后就去世了，丞相田千秋是个不干事、光占坑的丞相，他的上位，跟汉武帝晚年调整政策、与民休息的大思路是一致的，用他也是彰显汉武帝“轮台罪己”的诚意，带有指标性意义。这样一来，辅政班子里说话最有分量的，只剩下霍光、桑弘羊和上官桀三人。

霍光是外戚，又是大司马大将军，被汉武帝当作周公，视为这个班子的核心人物。不过，桑弘羊作为御史大夫，资历更老、功劳更大，在朝中人脉很深。御史大夫向来被看作副丞相，因而他也大有取代田千秋之势。从权力斗争的角度看，霍光和桑弘羊是最高决策层的“两个太阳”，是政敌。上官桀本该成为和事佬，但他资历也比霍光深，还是当朝皇后的祖父，虽然跟霍光有姻亲关系，且同为外戚，但他在政治站位上更倾向于树大根深的桑弘羊。

如果霍光和桑弘羊的矛盾只是权力之争，问题就简单了。重要的是，两人的政治主张有很大分歧。霍光是《轮台诏》的拥护者，主张继续与民休息，放松经济管制，为政风格保守持重。桑弘羊主张继续深化内兴聚敛、严刑峻法，外事四夷的治国方略，完成汉武帝未竟事业，为政风格激进。

汉武帝深知，辅政班子的大臣最好能互相制衡，而又不至于势同水火。事实确实如此。面对桑弘羊咄咄逼人的态势，作为"中朝"官的霍光，自然不好直接出面争论，让斗争公开化。于是，围绕政见分歧，霍光引入了第三方力量——贤良文学。

贤良文学，其实就是地方各级官府推荐来的知识分子，他们没有功名，但有学问、有知识，是可以培养的知识精英。霍光希望这些人出来为《轮台诏》摇旗呐喊，支持霍光放松经济管制的主张，通过召开会议的方式，将桑弘羊及其政见驳倒，从而达到借力打力、削弱政治对手的目的。显然，这些号称"贤良文学"的文人，是被霍光当枪使了。

汉昭帝始元六年（前81年）二月，朝廷传旨召集前一年各地举荐来的贤良文学六十多人，与丞相田千秋、御史大夫桑弘羊等人在朝堂集会，先以"民生疾苦"为主题，就汉武帝时期的执政得失和未来治国思路展开了激烈辩论。由于争论的焦点在于盐铁官营新政有无必要继续推行下去，故而史称"盐铁会议"。到汉宣帝时期，时任庐江郡太守丞的桓宽，整理编辑会议原始记录，撰写了《盐铁论》一书。

盐铁会议讨论的热点问题之一，就是盐铁行业中的"官办"成分该不该退出。桑弘羊等人主张不退出，认为继续盐铁官营是为了筹集对抗匈奴的经费；贤良文学主张退出，其理由就是儒家的经典原则——"不与民争利"。

经过激烈争论，双方各让一步，达成妥协。官府对酒业的垄断（“榷酒制度”）迅速废止，对盐铁官营的局部政策进行了调整和取缔。汉武帝的经济管制政策，大体上得以延续。

盐铁会议的这个结果，最大的获益者并非霍光，也非桑弘羊，而是儒生集团。

汉武帝在位期间，曾“罢黜百家，独尊儒术”，延请一批儒生入朝为官，儒学似乎成为显学，大行其道。可是，汉武帝“尊儒”的目的并非光大儒学，而是改造儒学，为他所用。在其政治生涯的大部分时间里，他所实施的军事征伐、聚敛兴利、严刑峻法，都跟传统儒家思想“修文德以来远人”“不与民争利”和“道之以德”的观念格格不入。汉武帝所重用的儒生，诸如董仲舒、公孙弘等人，大多是“习文法吏事，缘饰以儒术”类型的。他们没有促使西汉的政治信仰彻底倒向儒学。

不过，“独尊儒术”的政策还是发挥了效力。汉武帝曾重用丞相田蚡，摒弃黄老思想，邀请数百名儒生入朝，造成“天下之学士靡然乡风矣”。在各地广泛设立学校，招生学习儒家经典。这些措施推动了儒学的复兴和大批儒生的崭露头角。这些儒生饱读圣贤书，胸怀天下志，亲历民间疾苦，树立批判精神。不过，他们人微言轻，想要出类拔萃，必须找机会。

盐铁会议给了他们表现的机会。贤良文学们对汉武帝时期军事征伐、聚敛兴利、严刑峻法的做法展开激烈批评，并将讨论话题扩大到民生、法治、风俗等基层乱象，尤其是盐铁官营。他们的理论依据就是儒学立场。相对于董仲舒、公孙弘的“帮闲文人”面孔，贤良文学们不仅拥有理想主义情怀，而且提出了结束多欲政治，实行仁义礼乐教化的儒家政治。

贤良文学的经济主张，虽然与霍光接近，但其儒家政治理念，并未得到霍光的认同和吸收。霍光一方面放松经济管制，另一方面仍在跟匈奴作战，根本接受不了儒家思想的“仁政”学说。于是，儒生集团虽然在盐铁会议上获得了话语权，但其后依旧游离于主流政治圈，被边缘化了。

汉宣帝时期，霍光病逝，霍氏家族的势力在最后几年陆续被清理。而诛灭霍氏家族的功臣魏相，盐铁会议上尚为“贤良”。因此，霍氏家族之败，既是权力斗争，更是儒生集团对霍光专权的总攻。儒家政治终于冲破了外戚专权的压制，逐步走向政治舞台的前端。到了汉元帝、汉成帝时期，西汉早已没了尚武精神，“守文”似乎成了汉代政治的重要标签。

盐铁会议后，盐铁官营仍是国策，直至王莽末年，迫于天下大乱的特定形势，才不得不下令“除井田、奴婢、山泽、六管之禁”。东汉初年，为了给百废待兴的国家机器筹集更多资金，解决财政窘迫的难题，盐铁官营新政曾一度恢复，但弊端依旧。

汉光武帝刘秀对功臣们进行优待和安置，将其转变为一个个豪强地主。他们建庄园，占山林，将管辖内的自然资源逐步私有化，使盐铁官营的实施力度大大下降。随着东汉内战结束和经济恢复，盐铁官营的必要性就大大下降了。

到汉和帝继位当年（章和二年，88年），遵从汉章帝遗诏，他下令全国废除盐铁官营政策，允许盐铁私营，由国家征收盐铁税。这样的盐铁政策一直持续到东汉灭亡。

五、重农抑商：传统中国经济国策的奠定

重农抑商，即重视农业、以农为本、限制工商业发展，是中国传统社会的经济国策。秦汉时期是其形成的重要时期。事实上，汉武帝在推行盐铁官营的进程中，即已开始无差别挤压商人阶层。

李剑农在《中国古代经济史稿》中讲道："孟子对于农商一列平视，从无重农抑商之主张……孟子以前之政治家……亦从无重农抑商之主张。有此主张并实行此种政策者，实自商鞅始。自此视农为'本富'，商为'末富'，所谓'崇本抑末'之思想，渐成为中国流行的经济思想。"

相比于流动性更强的商业，农业显得更稳定，管起来也容易。当代历史学者王家范在《百年颠沛与千年往复》中这样描述："小农经济一锄、一镰，一个主要劳力加上一些辅助劳力，一旦和土地结合，就可以到处组织起简单再生产。"

战国时期，大规模战争频繁，各国君主要想实现富国强兵，并在战争中取胜，就必须大量囤积粮食，繁衍人口。农业的稳定性可以满足这一需求，而商业的流动性恰恰不利于实现这一目标。一方面，商人通过商品交换和高利贷进行盘剥获利；另一方面，经商收益的不确定性，特别是高收益的机会，吸引了相当一批农民"舍本逐末"。此外，正如《盐铁论·复古》所记述的"往者豪强大家，得管山海之利，采铁石鼓铸，煮盐，一家聚众或至千余人，大抵尽收流放人民也，远去乡里，弃坟墓，依倚大家，聚深山穷泽之中，成奸伪之业，遂明党之权"，这都有可能成为某些叛乱的源头。

因此，商鞅变法中经济改革的核心内容，就是"耕战"和

“抑商”。

据《史记·商君列传》载，变法的法令规定：“谬力本业，耕织致粟帛多者，复其身；事末利及怠而贫者，举以为收孥。”务农做出成绩，产量丰厚的，即便是奴隶也可以改变命运，赎身为平民；经商以及懒惰返贫的，不仅生活水平下降，社会身份也会降低，沦为奴隶。

为了把更多的人口从商业领域驱赶回农业领域，老老实实种地，商鞅对商业和商人的限制措施无所不用其极：一是禁止商人经营粮食交易，杜绝其囤积居奇、投机牟利的空间；二是加重商人的赋税负担，“不农之征必多，市利之租必重”。

经过商鞅的一番整治，秦国重农抑商的政治氛围更加浓厚，一直延续到秦始皇时期。《史记·秦始皇本纪》里就说：“皇帝之功，勤劳本事。上农除末，黔首是富。普天之下，抟心揖志。”在重农抑商的策略上完全继承了商鞅的思路。

秦朝虽以“苛政猛于虎”闻名，但确实将“重农”落实到国家法律条文之中。《田律》规定，各地如遇降雨、抽穗、灾害，应将雨量大小、受益（受害）面积和作物生长状况书面上报。《仓律》规定了种子入仓、存贮、检验、出仓的程序规则和单位播种量。《戍律》规定，一户不能同时征调两个以上成年男丁服役，违者罚交两副铠甲，以确保农忙季节的劳动力数量。《司空律》规定，播种季节允许犯人回家务农二十天，冲抵刑期。

西汉初期，统治者为了恢复经济，仍旧坚持重农政策。

——鼓励农耕。汉高祖时期规定，士兵复员、流民返乡，都要恢复旧有田宅，论功赏赐土地。因饥贫自卖为奴者，恢复平民身份，以增加农业劳动力数量。汉惠帝时期规定，对于努力务农者，一经推选，免其徭役。吕后时期规定，设置“孝悌力田官”，劝课农桑。汉文帝时期规定，根据各地户口比例，增设孝悌力田官，引导民众务农。

——放宽“专利”。汉文帝时期，解除山泽之禁，允许民众垦荒。汉景帝时期，允许百姓向耕地广阔的地区迁徙，以鼓励发展农业生产。

——减轻税负。据《汉书·食货志》载，汉初“轻田租，什五而税一”。汉文帝时期一度将田租（土地税）降为三十税一，并连续十三年免征。汉景帝时期，三十税一形成定制。

——兴修水利。据《汉书·循史传》载，左内史倪宽曾奏请“开六辅渠，定《水令》以广溉田”。南阳太守召信臣曾“为民作均水约束，刻石立于田畔，以防纷争”。通过制定农田灌溉的有关法令条例，提高水利建设的规范化水平。

事实上，以上四条基本就是历朝历代重视和促进农业发展的“规定动作”。

西汉王朝如此重视农业，跟汉初财富匮乏有直接关系。据《汉书·平准书》载，“自天子不能具钧驷，而将相或乘牛车”的现状，与商贾掌握大量财富形成了鲜明反差。汉高祖君臣大多出身基层务农之家，对商业抱有偏见，认为商贾不用付出稼穑之苦，就能获取暴利，形同“不劳而获”。因此，商业和商人在他们眼中就有了天然的坏印象。

汉高祖对商人的基本态度是：“贾人不得衣丝乘车，重租税以困辱之。”具体来说，对商人和商业的压抑是全方位的。

——政治方面：商人不许穿丝织类衣物，不许持有兵器和骑马乘车，更不许做官。商人阶层由此贱民化，社会身份受到严重歧视。

——经济方面：朝廷向商人课以重税。比如算赋（人头税），商人要交两倍；禁止商人占有土地，违者没收；商人另立户籍，地位低于平民。

汉武帝颁布的“算缗令”和“告缗令”，是典型的开征富人税。其中规定，商人必须自报家产，每两千钱征税一算。商人的车辆加倍征税，每辆二算。船长五丈以上，也征税一算。如果隐瞒不报或自报不实者，一经告发，戍边一年，没收家产。凡举报商人有隐匿财产行为者，官府以没收钱财的一半作为奖励。重赏之下，必有勇夫。一时间告密成风，商人风声鹤唳，吃不香睡不着。

除了课税，西汉官府还从行业领域对商业进行限制。诸如设置均输之官，垄断全国货物，不顾市场规律，贵买贱卖，压低物价，名曰“平准”。这一做法令商人无利可图。盐铁官营和手工业官营，以官方的有形之手挤压民间商业的生存空间，制约工商业发展。

西汉官府对工商业发展和商人人格的全方位限制，并非心血来潮，而是以法律条文作为基础性手段，人为设置障碍，向天下昭示其“抑商”“贱商”的诉求，为两千年传统社会“抑商”政策的延续和发展奠定了基本格局。

重农抑商政策鲜明体现了中国传统社会“以农立国”的基本特征。由于地缘环境封闭、生产力相对落后，各方面资源表面富足，实则紧张。君主集权在经济领域的体现，就是控制全部经济资源。商业收益的不确定性，特别是其中的乘数效应，使其能够以市场为基础，集聚和配置经济资源，尤其是劳动力的潜质，这也是传统社会最感恐惧的因素。

此外，重农抑商政策的文化背景也不可忽视。

与西方社会不同，中国传统社会是以血缘关系和自给自足为基础的东方社会，其依托力量既有农业文明，又有宗法血缘关系。其宗法血缘关系倡导“君君臣臣父父子子”“尊尊亲亲长长”，也就是所谓“三纲五常”的等级秩序。这样的秩序欢迎“稳定”，厌恶“流动”。相比而言，小农经济更稳定，符合这一文化诉求，而商业经济更强调流动，甚至主张造富，与这种等级秩序追求“均平”“静止”的内在要求不同，当然不符合这种文化价值。

因此，只有重农抑商，才能让这种静态稳定的文化秩序得以实现和维持。

其后的两千年，中国的商人和商业只能在如此社会环境的夹缝中求生，既要赚钱，又要取悦统治者的喜好。到15—16世纪，中国与西方几乎同时出现资本主义萌芽，西方的“萌芽”开花结果，而中国的“萌芽”逐步变异，最终销声匿迹。

重农抑商政策开启了一种社会发展导向，就是两千年来，中国人以领先世界的姿态，欢迎世界各国前来学习、贸易和交流，但中国人很少主动走出去，学知识、搞交流、做买卖，甚至扩张地盘。中国历史上的对外开放，大多是被动的，以及非官方的，而且很容易走向自我封闭。这或许就是历史的遗憾。

第六章

要素：从蒙昧到进步

1974年，陕西临潼附近的晏寨公社。

春旱时节，农民们在打井取水。掘地三尺，偶然发现了一些残破的古代陶片。闻讯而至的文物部门经过仔细挖掘，发现这里的地下，埋藏着两千多年前秦始皇的御林军塑像，六千多具全副武装的战士、马匹和战车，跟真的一样大小。这个地方距离秦始皇陵也就一公里多。

五年后，秦始皇兵马俑博物馆在这里落成。上千名陶俑武士整齐排列在深坑中，接受当代观众的检阅，它们姿态威武，将这座博物馆的名声托举起来，全球闻名。不过，这些陶俑武士只是秦始皇殉葬的兵马陶俑的一部分。

又过了一年，在秦始皇陵西侧二十米处，发现了秦始皇御用的铜车马坑，出土了八匹铜马，两辆铜车，两名御官俑，都只有真的一半大小。已经修复的一车四马，配有各种金银饰品一千五百多件，总重一点八吨，很可能就是秦始皇的乘舆模型。如今，一车四马已成为这位帝王展示威严的代表作之一。

根据《史记》记载，秦始皇陵外表高大，陵基很深。陵内有宫殿、楼阁、朝房，藏有大量奇珍异宝，几乎是把帝国的首都原原本本搬进了地下。陵内穹顶上以珍珠镶嵌了日月星辰，下面用水银造成了江河大海，四室排列着百官位次，暗道机关众多，盗墓者难免一死。这样的传说令人惊讶好奇，而考古学家通过探测器发现，陵墓内确有大量水银。看样子，司马迁的描述并非妄言。

气势如虹的兵马俑、巍峨无比的始皇陵、灰飞烟灭的阿房宫，都没能让秦王朝千秋万代。然而，通过耳闻目睹，我们见识了那个时代中国人的建筑技术水平，领教了那个年代中国人独步天下的生产要素。

无论是生产工具，还是科技智慧，从先秦秦汉，到魏晋南北朝，大国工匠都经历了从蒙昧到进步的历史过程，在锻造与历练中越挫越勇，越来越强。

一、青铜文明

1939年3月，河南安阳武官村。

村民吴培文等人在野地里探宝。他的运气还真不赖。探杆伸到十三米时，碰上个硬家伙，挖出来一看，有些铜锈。接下来，他和几十个村民连挖了三个晚上，抬上来一个庞然大物。

这就是著名的青铜器国宝级精品——司母戊鼎。[①]

眼下的安阳，正在日寇铁蹄之下。司母戊鼎意外出土后，吴培文就将其偷偷运回村里，暂时埋到了自己家，用柴草伪装好。可是，

① 学术界对司母戊鼎铭文上的“司”字有不同见解。有一批学者认为它更像“后”字。商代文字不分左右，因而“司”和“后”的构字相同，但意思不同。“司”有祭祀的意思；“后”有伟大的意思。这样，“司母戊鼎”的意思是祭祀母亲戊。“后母戊鼎”的意思是献给伟大的母亲。戊，据说是这位母亲死后的谥号。

没有不透风的墙，日本人很快就知道了这件事，并派兵来到吴培文家里搜查。

在那个年代，沦陷区的什么东西一旦被日本人盯上，就很难保得住。吴培文曾想过将其卖给古玩商，又觉得这样太作孽；想藏起来，又害怕日寇的机枪。无奈之下，他灵机一动，花了二十大洋从古玩商那里买了个青铜器赝品，藏在自家睡炕下面。果不其然，日本兵进村，直扑吴家后院，将赝品抢走了。

吴培文并没有因此踏实下来。也许赝品没多久就露馅了，日本人依旧紧盯他的行踪。看样子，大鼎是不能放家了。吴培文只好把大鼎托付给自家兄弟，自己远离家乡避难，直到抗战胜利才回到安阳老家。吴家乡亲三次转移埋藏地，躲过一次次搜查，一直坚持到抗战胜利。

1946年，大鼎上交当时的国民政府，成为当时的中央博物院（今南京博物院）的珍贵藏品。两年后，司母戊鼎在南京展出，轰动全球，据说连蒋介石也亲临现场参观。

1949年南京解放前夕，国民政府曾打算将司母戊鼎运往台湾，但这个大家伙太重了，实在搬不动，就扔在了飞机场。南京解放后，大鼎重见天日，转移到南京博物院。1959年中国历史博物馆（今国家博物馆前身）落成，这方国宝调往北京，成了镇馆之宝。

大鼎安家北京，但也曾回到故乡安阳展览。年逾八旬的吴培文时隔半个多世纪，再次与他曾亲手保管的大鼎见面。这方青铜国宝，历经兵荒马乱，终于成为国强民富的见证，也是一件幸事。老人也作为国宝的发现人和保护者，特许可以抚摸大鼎。

说了这么多司母戊鼎的近代经历，很多人会感兴趣：这个大鼎究竟是干吗用的?

看过《史记》《汉书》的读者很清楚，秦汉时期，把人扔进油锅里“烹之”是一种残忍的刑罚。大鼎是否就有类似功能，比如煮饭、煮水，用于祭祀，甚至酷刑?

事实上，正如其名，司母戊鼎的故事跟“母亲”有关。武丁是商朝后期武功最强的王。他去世后，两个儿子祖庚和祖甲先后继位。这个时期，商朝国力强盛，重视祭祀和礼仪。这两位商王的母亲名叫妇妌，擅长种庄稼，应该算是农业专家。她去世后，两个人为了表达哀思和纪念，决定给母亲铸造一口鼎。

商代的青铜器冶炼技术非常成熟，人们已经懂得按比例将铜、锡、铅等几种不同的金属混在一起，铸造出鼎、爵、尊、簋等各种精美器物。不过，祖庚和祖甲希望铸造的鼎，要盖世无双，充分体现他们对母亲的感情。

因此，这口鼎首先要大：高1.33米，重833公斤，鼎身纹饰丰富美观，有盘龙纹、云雷纹、虎噬纹，还有饕餮纹样。饕餮是古代一种吃货级神兽，典型的“美食控”。把它铸在鼎上，就是表达丰衣足食的美好愿望。

铸造这样的大家伙，当然不可能一次成型，而是要先分别造出零件，再组合成一个整体，就像今天制造航空母舰一样。如此复杂的制作工艺，也不是一个工匠能做得出来的，起码得两三百号人，同时操作，密切配合。

经检测，司母戊鼎含铜84.77%、锡11.64%、铅2.79%，符合古文献记载的铸鼎时金属合金的比例标准。也就是说，它是成品，不是残次品。如今，它是中国青铜文明的代表作，是中国最著名的青铜文物，甚至列入了禁止出国展览的文物名录。

中国不是全球青铜文明的诞生地。早在六千年前，两河流域的苏美尔文明，以及古代埃及，就已经通过粗浅的冶炼技术，将青铜器引入人们的日常生活中。不过，真正将青铜文明推向灿烂阶段的，还是中国。

除了殷墟所在的安阳出土了司母戊鼎这样的世界级青铜器之外，在中国西南地区的成都平原，三星堆文化代表了另一种青铜文明。其青铜面具、青铜立人像、青铜神树等，与中原青铜器风格不同，别具特色。

到了西周时期，青铜器的类型更多，工艺更精巧，铭文内容也更丰富。诸如利簋之类的青铜器，其铭文是研究牧野之战的具体日期和经过的宝贵材料，具有很高的学术价值。

不过，值得一提的是，我们今天看到的青铜器文物，样式精美，相信在那个年代，也不是一般人能用得起的。多数出土的青铜文物，还都是用于政治和祭祀活动，而非农业生产。在那个年代，农耕大多还要靠木制器具、集体劳动，生产效率不高。

二、牛耕、铁器和水利工程

浙江杭州西北有座满是飞瀑的山，传说山里曾经住着一对夫妇。干将是夫，莫邪是妇。他们是冶铁巧匠，铸造的剑锋利无比，削铜断铁，不在话下。产品质量好，自然享誉吴越。

楚王很想得到他们铸造的宝剑，就斥巨资，邀请干将为自己铸造剑。干将采五山之铁精，选天下之金英，冶炼三年，得剑两把，一雄一雌。干将手持双剑，抚摸良久，而后决定，将雄剑埋入深山，只把雌剑献给楚王。

临行前，干将嘱咐已有身孕的妻子莫邪："我们把剑铸成了，楚王很可能会杀了我。如果你能生下男孩，就告诉他那口雄剑埋在哪里。后面要怎么做，你们懂的。"夫妇洒泪而别。

干将来到楚国，献上雌剑。楚王爱不释手，私心涌上心头：这样的剑，只能给我享用；这样的铸剑师，不能为别国效力。可是，腿长在干将身上，楚王当然控制不了。于是，这位君王竟然下令，把干将杀了。

离开杭州之后发生的一切，干将果然都猜对了。

再说莫邪，真的生了个儿子。这孩子长大后，找到雄剑，冲入楚国王宫，为父亲报了仇。

这个故事是传说，这个传说的版本也有多个，此为其中之一。而那座他们过日子和铸剑的神山，则因此有了名字——莫干山。山上有一池清水，名叫剑池，传说是干将、莫邪铸剑淬火的地方。池边有一巨石，名曰磨剑石，相传也是他们用过的。

虽然是传说，但它至少告诉我们：早在春秋时期，人们就已经开始冶铁，并且发明了锻造刀剑的技术。当时钢的使用还不普遍，铸造钢刀、钢剑还不容易，连国君都未必弄得到。也难怪楚王如此珍视干将所献之剑，视之为国宝。

1976年，长沙发现了春秋晚期的钢剑，以及铁鼎和铁削。经过化学检测，钢剑含碳0.5%，反复锻造的层次感很强。长沙当时是楚国的地盘。这个发现表明，春秋时期的中国人已经具备了锻造钢剑的能力。

到了战国时代，冶铁技术开始大规模应用于农业和手工业，制作农具、兵器和生活用具。人们已经懂得“上有慈石下有铜，上有赭石下有铁”的采矿知识，全国各地有几十处铁矿山得到初步开发。人们已经学会用“橐”，也就是一款硕大的皮质口袋，来进行鼓风。[①]大量的冶铁作坊，冒着黑烟，正在铸造着属于这个时代的新东西。

今天看来，冶铁炼钢是高污染高耗能低利润产业，但在那个年代，冶铁是大买卖。赵国的卓氏、魏国的孔氏，都靠开矿冶铁发了大财，富比王侯。一个个代表新制度的新阶层，手持这些富人们冶炼出来的铁器，在各国的城市和乡村逐渐成长起来，日渐取代那些紧握青铜宝剑，却无法改变时代大势的旧贵族。

让这个时代发生巨变的，不光有铁器，还有牛耕。

古文字学家发现，甲骨文中就有字呈牛牵引犁头挖土的样子。由此可知，商代就有用牛耕地的现象。到了春秋时期，不仅《诗经》中有对牛耕生活的描写，就连孔子的学生，名字里都有“耕”“牛”二字，比如冉耕，字伯牛。

春秋战国时期，随着经济发展和井田制的解体，私田大量增加，劳动力在生产积极性调动起来后，迫切希望提高劳动效率，增加产量。以前靠人拉肩扛的时代已经过去，借助工具倍增经济效率的时代到来了。他们借助的工具，就是铁犁和耕牛。无论是黄河流域，还是边陲地带，铁犁牛耕都已普遍用于农业生产。

---

① 东汉建武七年（31年），南阳太守杜诗“造作水排，铸为农器，用力少，见功多，百姓便之”。水排是利用水力运转，鼓风冶铁的机械装置，大大节约人力，是世界机械史上的重大发明，早于欧洲同类产品一千多年问世。

到了秦汉乃至隋唐时期，铁犁和牛耕的配合度大幅提高。在一些石窟和墓葬的壁画中，只要是牛耕图，大多是“二牛抬杠”的耕作形式，使用长单直辕犁，也有“一牛挽犁”，使用双长直辕犁或短曲犁。不过，这种犁挖土效率低，速度慢，比较辛苦。江南地区开始使用的曲辕犁，又名江东犁，回转方便，耕作效率大幅提高，但直到隋唐时期才逐渐推广到全国。

牛耕的普及，是有个渐进过程的。

据《后汉书·王景传》载，东汉官员王景“迁庐江太守。先是百姓不知牛耕，致地力有余而食常不足。郡界有楚相孙叔敖所起芍陂稻田。(王)景乃驱率吏民，修起芜废，教用犁耕，由是垦辟倍多，境内丰给”。《后汉书·章帝纪》则载:“是岁，牛疫。京师及三州大旱，诏勿收兖、豫、徐州田租、刍稿(汉代的一种税收)，其以见谷赈给贫人。”

尽管自给自足的自然经济受制于自然环境影响，在天灾面前具有脆弱性，但在铁犁牛耕的推广运用下，精耕细作，年复一年，走上了融入传统农业文明的道路。

马克思曾说过，“各种经济时代的区别，不在于生产什么，而在于怎样生产，用什么劳动资料生产”。如果说蒸汽机的发明和电力、内燃机的使用，带动了近代世界第一次和第二次工业革命，那么铁器和牛耕的应用，则开启了农业技术革命，具有划时代的意义。

农业的大发展，离不开生产工具和动力的变革，更离不开灌溉技术的进步。

德国历史学家魏特夫对中国古代治水活动倾注了很大精力。他在《东方专制主义：对于集权力量的比较研究》一书中，将组织治水和管理水利工程，与建立中央集权的政治制度结合起来看待，认为“要有效地管理这些工程，必须建立一个遍及全国或者至少及于全国人口重要中心的组织网。因此，控制这一组织网的人总是巧妙地准备行使最高政治权力”。

也许他很重视类似大禹治水这样在所谓“圣人”的领导下，群体劳动、分工合作、齐心协力完成治水工程的壮举，但我们更要看到，中国人发展灌溉农业的区域，正是大江大河的中下游。这些地方的河水经常泛滥成灾，但其土地又因洪水的浸泡而肥沃，方便作物种植。因此，如何让汹涌的洪水造福人类，变害为益，成为古代中国人的一项重大课题。

大禹治水迈出了第一步，提出了以“疏”代“堵”的治水思维。到了战国时期，人们采用杠杆原理，打井取水，灌溉效率大幅提高。一些地方官员主动开凿河渠，引河灌溉。比如魏国的邺令西门豹，智斗河伯巫师，在破除迷信的同时，开凿了十二条水渠，引漳水灌溉。韩国为求自保，派工匠郑国赴秦国，组织秦国劳力在关中地区开凿三百里长的郑国渠，初衷是“疲秦”，其结果反倒是“助秦”，关中因之逐渐成为千里沃野。

最值得一提的是都江堰。这是秦国蜀郡太守李冰组织人力，在今成都附近兴建的大型水利工程，灌溉农田百万亩，使偏僻的成都平原成为“天府之国”。如今，都江堰几经维修，既是旅游景点，也还在继续灌溉农田，发挥正面效益。

可以说，中华文明受益于大江大河的滋润，基于其上的水利工程改变着中国及其历史。

三、车同轨和秦驰道

秦始皇三十六年（公元前211年）秋，一名信使从函谷关以东赶往咸阳，“夜过华阴平舒道”，也就是走夜路途经华阴，有人拦住他的去路，捧出玉璧，请他代劳送给滈池君，还说了句“今年祖龙死”。还没等信使反应过来，这人就放下玉璧，无影无踪了。信使怀揣玉璧回到咸阳宫，奏报了所见所闻。

皇帝总被称为真龙天子，作为第一个称皇帝的人，秦始皇当然是皇帝的老祖宗，可以自诩“祖龙”。如今，有人咒他今年就死，他当然难以置信。沉默良久后冒出一句“山鬼固不过知一岁事也”。时已入秋，今年来日无多，他觉得山鬼的话不可信。散朝之后，他又自我解嘲道:“祖龙者，人之先也。”将“祖”理解为死去的先祖。

至于玉璧，经御府的人鉴定得悉，正是八年前秦始皇外出巡视渡江，在祭祀水神时沉入江底的那块。虽然秦始皇为此事又是问天占卜，又是搬迁人户，又是加官晋爵，还是没能逃脱宿命，在第二年死于出巡途中。

我们不去管秦始皇的生死，单就那个神奇的夜晚来说。说完话就无影无踪，足见当时深夜之黑，伸手不见五指。在这样的光线条件下，函谷关到咸阳的驰道居然还适合通行，这只能说明道路足够平坦坚实，毫无障碍。

秦帝国完成统一后，陆续拆除了六国原有的关塞、堡垒，历经十五年努力，修建了一张覆盖全国的驰道网络（类似于今天的高速公路网）。

其中有以通向六国统治中心的干线，诸如上郡道、临晋道、东方道、武关道、西方道；通向抗击匈奴前线的干线，诸如直道。这个巨大的网络将东方六国、河套平原、四川盆地与都城咸阳有机联系起来，实现“东穷燕齐，南极吴楚，江湖之上，滨海之观毕至”，实现朝廷对全国的有效控制。

一条条壮观的驰道，“道广五十步，三丈而树，厚筑其外，隐以金锥，树以青松”。蜿蜒于平原之上的驰道，一步相当于五尺，五十步相当于二百五十尺。考虑到当时的尺比现在的略小，驰道的宽度当在七十米左右。每隔七米左右就栽一棵青松树，四季常绿。驰道两边用金属锥夯筑厚实，无论是皇帝出巡，还是大军前行，路基都不会轻易毁坏。

在所有的驰道里，从咸阳以北的云阳开始，跨越黄河通往九原郡（今内蒙古包头）的直道最引人注目。这是名将蒙恬修筑的战备道路，全长一千八百多里，宽阔平坦，最宽处五十米，转弯处宽达六十米，最窄处也有四五米宽，两部车并排交会没有问题。在与匈奴争夺河套平原控制权的战争中，勇猛的步骑、充足的粮秣，相望于道，源源不断地运往前线。靠这条直道，秦军一度击败匈奴，夺得河套平原，开辟了秦朝的北部疆域。

据《汉书·武帝纪》载，汉武帝多次驱车驰骋驰道全程。元封元年（前110年），他从云阳出发，“北历上郡、西河、五原，出长城，北登单于台，至朔方，临北河。勒兵十八万骑，旌旗径千余里，威振匈奴”。气势如虹，威风凛凛，好似一场向匈奴示威的大规模军演。

随后，汉武帝掉头向东，封禅泰山。事毕继续北巡，“北至碣石，巡自辽西，历北边，至九原，五月返至甘泉”。走的还是直道。随军出巡的司马迁，发出了“吾适北边，自直道归。行观蒙恬所为秦筑长城亭障，堑山堙谷，通直道，固轻百姓力矣”的感慨。

在这条直道上，少年英雄卫青、霍去病挥师北上，大获全胜，使匈奴发出“失我焉支山，使我妇女无颜色；失我祁连山，使我六畜不蕃息”的感叹。

在这条直道上，飞将军李广一马当先，奋勇搏击，在戈壁大漠书写了一首首壮烈史诗。奇女子王昭君义无反顾，沿直道北上和亲，为汉匈两族长久和平和民族融合做出了巨大贡献。

有了直道，西汉王朝对匈奴的战争才得以获胜；有了直道，汉朝才得以向西北移民实边，繁荣边陲经济，巩固北部边防；有了直道，秦汉的统治区域才得以延伸到长城内外，为咸阳和长安营造了坚实的屏藩。直道的历史意义，怎么高估都不过分。

秦国修建的道路，由于地形地貌的因素，并非都适合走车。比如通向云贵地区的五尺道和直达岭南的新道，根据当地山路险峻的实际情况，道路宽度减少，标准适当降低。

最值得一提的，还得是“蜀道”。

李白曾经感慨：“蜀道之难，难于上青天。”然而，蜀道再难，也比没有强。这条意义非凡的蜀道，历史上称为“栈道”。

它从咸阳出发，跨越秦岭，直通巴蜀。三五米宽的栈道，外侧或有护栏，或一无所有。盘旋于高山峡谷之间，或凿山为道，类似隧道；或修桥渡水，类似飞桥；或依山而建，铺上木板，用木柱支撑于深壑之上，类似天梯。

秦人修筑的入蜀栈道只有一条，都是秦惠王时期为征伐蜀国而修建。栈道分为两段：北段是从陕西褒城褒谷到郿县（今陕西眉县）斜谷的褒斜栈道，南段是从汉中抵达剑阁的金牛道。

金牛道的得名很神奇。公元前4世纪末，秦国打算攻打蜀国，苦于入蜀无路，就派人做了五头石牛，事先将黄金藏于牛屁股里，谎称石牛能屙金，作为礼品送给蜀王，以示交好。蜀王贪财而轻信，就派兵丁和大力士拖着石牛入蜀。

抬回成都的石牛，当然屙不出金子。蜀王大怒，不仅退还石牛，而且嘲笑秦人是“东方牧犊儿”。可这一来一回，自然辟出了由秦通蜀的道路。公元前316年，秦国大夫张仪、司马错、都尉墨等人，率军就沿这条石牛开辟的道路攻入蜀地，灭掉蜀国，将秦国的辖区延伸到西南。这条道路也就得名“石牛道”或“金牛道”。今天成都市内有金牛区，也得名于这个典故。

栈道的故事还没有完。

秦朝灭亡后，被项羽封在巴蜀的刘邦，为表明自己立志偏安，不再争夺天下，便在入蜀途中下令烧毁栈道。

从一介亭长混到汉王的刘邦，会是安于现状的人吗？当然不是。他采用韩信计策，派樊哙带兵一万修造栈道，限期一年完工。然而，栈道绵延数百里，地形格外复杂，别说一年，三年也修不好！

明修栈道的行动，早被替项羽据守关中的章邯等人看在眼里。作为秦朝降将，章邯深知栈道难修，认为刘邦此举无异于螳臂当车，便不以为意。他哪里知道，樊哙等人汗如雨下地干活，只是障眼法。韩信已经偷偷挥师绕道，从一条无人知晓的小路翻山越岭，直插陈仓。

当汉军突然出现在关中腹地之时，章邯等人措手不及，束手待毙。刘邦成功重返关中，开启了与项羽争夺天下的楚汉战争序幕。这就是成语“明修栈道，暗度陈仓”的由来。

西汉建立后，刘邦及其子孙对巴蜀——汉家的龙兴之地颇为看重，鉴于栈道容易被山洪冲毁，而且险峻难行，便陆续修缮开辟了从关中通往汉中的子午道、褒斜道，从关中通大散关的故道、从围谷往傥谷的傥骆道，都成为商旅往来和军事运输的重要通道。

修路，是给人给车走的。可是，秦统一前，列国的马车大小不一样，车道也有宽有窄。既然驰道的规格已经基本划一，车辆的标准也要统一起来。于是，秦始皇下令“车同轨”，规定车辆上两个轮子之间的距离一律改为六尺，轮子之间的距离，也就是车辙的宽度要相同。

今天，道路上行驶的车辆有大有小，两轮之间的宽度并不完全一样。为什么秦始皇连“轮距”都要统一起来呢?

那个年代的驰道都是土路，车轮反复碾压后会形成与车轮宽度相同的两条车道。马车长途运输时，如果让车轮一直放在这个别人踩出来的车道上，就会行进平稳，减少畜力损耗和车轴磨损，显著降低商品和乘客的运输成本，有利于帝国的军队携带物资快速部署到全国各地。因此，“车同轨”既是国家统一的表现形式之一，更是一种维护国家安全的战略举措。

“车同轨”的理念并不是秦始皇的首创。

《中庸》第二十八章就曾这样记述:

子曰：愚而好自用，贱而好自专。生乎今之世，反古之道。如此者灾及其身者也。非天子不议礼，不制度，不考文。今天下，车同轨，书同文，行同伦。虽有其位，苟无其德，不敢作礼乐焉。虽有其德，苟无其位，亦不敢作礼乐焉。子曰：吾说夏礼，杞不足徵也。吾学殷礼，有宋存焉。吾学周礼，今用之。吾从周。

按照《中庸》的说法，西周建立，国家一统，文字、轮距、道德规范的统一，就成为国家政策。东周以降，列国争雄，混战不断，各诸侯国在自己的地盘上独立发展，自创制度，或多或少地偏离了西周建立的制度，从而造成“礼崩乐坏”的结果。孔子创立儒家思想，其核心要义就是将社会上存在的各种问题和弊病，归咎于人们对西周制度，也就是“周礼”的偏离。只要恢复周礼，各阶层的公众按照周礼行事和生活，一切问题都能迎刃而解。

显然，崇尚法家学说的秦帝国，在“统一”这个问题上并没有排斥其他流派的学说。不过，秦始皇和李斯显然是挑着用，将“车同轨”的理念进行了改造加工，并没有接受孔子“一切向后看”“回归周礼”的信条。

从古代文献和考古发现来看，商周时代的车辆轮距是基本统一的，但由于车辆种类不同，大小各异，完全意义的轮距相同是不可能做到的。考古学家对秦始皇陵兵车马车部件进行测量后发现，其轨距大多在130—150厘米，尽管技术标准严格，但仍有弹性，做不到整齐划一，这与当时的道路条件和各地实际情况有关。因此，“车同轨”的提法，很可能是将轮距统一到某个区间，而非精确到某个数据。

四、张骞凿空西域与丝绸之路

张骞凿空西域的伟大壮举，是在两千多年前交通极其不便，中原王朝对外界环境极不了解的情况下，为贯彻汉武帝联合西域大月氏国夹击匈奴的战略意图，而进行的一次具有历史意义的出使行动。

它的伟大意义不在于是否跟大月氏结成战略联盟，而是开辟了西汉王朝与西域各国的联系渠道，促进了双边和多边交流，中原文明借由张骞所开辟的道路向周边传播，对于中华文化圈的形成具有深远影响。张骞对开辟中国通往西域的“丝绸之路”，有着卓越贡献。

尽管历史学家对张骞不吝溢美之词，但关于他和他的这项壮举，仍有许多值得深入热议的话题。在这里，我们列举二三，共同讨论。

第一，为什么叫“凿空”？

在《史记·大宛列传》中，司马迁讲，张骞通西域，“于是西北国始通于汉矣。然张骞凿空，其后使往者皆称博望侯，以为质与国外，外国由此信之”。

对于其中的“凿空”，裴骃在《史记集解》里这样解释：“苏林曰：凿，开；空，通也。骞开通西域道。”因此，“凿空”就是开通道路的意思。

汉武帝建元元年（前140年），刘彻准备调整长期以来对匈奴的“和亲政策”，为增加打败匈奴的机会，希望联合与匈奴有灭国之仇的大月氏，共同夹击匈奴。然而，由于大月氏距离长安路途遥远，途中凶险一无所知，无人愿往。只有张骞应募，充当使者。建元二年（前139年），使团出发。刚刚进入匈奴境内即被扣留，被迫留下来过匈奴人的生活。

张骞没有丢弃代表汉朝使节身份的“汉节”。十年后，他找准时机脱身，带着随从继续西行，途经大宛、康居，抵达大月氏，再到大夏，逗留了一年多。由于大月氏迁居阿姆河流域，安于现状，不愿东返与匈奴开战，张骞游说失败。

返回西汉途中，张骞选择南线，绕开匈奴统治区域，但仍被捕获，在匈奴境内扣留了一年多。直至匈奴发生内乱，才趁机逃走，返回长安。此后，张骞向汉武帝汇报了西域情况。

元狩四年（前119年），张骞奉命再次出使西域，联系西域各国，并带回更多信息和当地特产，从而开辟了中原王朝与西域的联系通道。张骞因功封为博望侯，鉴于其在西域的崇高威望，西汉派去西域的其他使者，也大多冠以博望侯的称号，以取信于诸国。

西域各国与西汉王朝隔绝万里，以前并无联系。张骞实现了双方交流的从无到有，为后来丝绸之路的开辟和中原王朝对西域行使主权打开了通路。“凿空”一词，形象贴切。

第二，张骞两次被俘，为何没丢性命？

张骞首次出使西域期间，一来一往，两次被俘。尤其是第二次被俘时，西汉正在与匈奴交战，“两国交兵不斩来使”的理念，在匈奴那里或许根本不被认可；尤其是张骞肩负着联系大月氏夹击匈奴的使命，更可以被匈奴视为“间谍”而杀掉。可是，张骞非但没有失去性命，反而两次死里逃生。更有趣的是，第一次被俘，也许是被强迫，也许是破罐破摔，他居然干脆在当地娶妻生子，过起牧民生活。

古往今来，政权之间的竞争，表面上是战场上的厮杀，其实是综合国力的比拼。在经济水平不发达的古代，谁占有的人力资源多，谁能养得起足够多的人口，谁就具备了巨大的战略优势。人就是综合国力和战争潜力的风向标。因此，《史记》《汉书》里经常见到匈奴骑兵滋扰边陲，抢掠人口的记载。

与汉文化相比，匈奴的游牧文化相对落后，无论是人口数量，还是人才品质，都处于下风。他们对于人口和人才的渴求度，远高于中原王朝。张骞尽管在汉朝人微言轻，但到了匈奴就被视为精英了。这种人只要不是摆出你死我活的对抗架势，一般不会送命。匈奴人会想方设法留住他，为自己所用。留住这样的汉族精英，最好的办法就是“帮助”他们组建家庭，生儿育女。

正如电影《盲山》中所描述的那样，被拐卖到边远地区的姑娘为人妻后，一旦生下儿女，有不少人就会认命；而买妻的家庭乃至家族，也会因此放松管制。然而，匈奴人的算盘打错了，张骞虽然身在异域，“将计就计”，却从未忘记自己的使命，也从不“认命”。这样的坚持与韧性，才为后来他成就一番事业铺垫了基础。

第三，张骞凿空西域，靠什么证明自己的身份？

张骞被扣在匈奴十几年，结婚生子，过起了小日子。经过十年煎熬，终于等到了逃出去的机会，只身前往大月氏。问题来了：他独自一人，破衣烂衫，惶惶然的样子，证明自己是汉朝使臣的信物，或许早已被匈奴人搜去，大月氏的国王凭什么相信他呢？

现在需要证明“张骞就是张骞”。《史记·大宛列传》给出了答案：

西走数十日至大宛。大宛闻汉之饶财，欲通不得，见骞，喜，问曰："若欲何之？"骞曰："为汉使月氏，而为匈奴所闭道。今亡，唯王使人导送我。诚得至，反汉，汉之赂遗王财物不可胜言。"大宛以为然，遣骞，为发导绎，抵康居，康居传致大月氏。

张骞运气很好，在抵达大月氏之前先途经大宛。恰好大宛仰慕中原富庶，正想跟汉朝建交，却不得其门。张骞的到来，给大宛带来了连通汉朝的希望。张骞见此机会，也提出了自己的条件：请大宛派人做向导，带着自己先完成使命，找到大月氏。至于汉朝和大宛建交的事，包在他身上。

联系大月氏，对张骞来说很难，但对大宛来说轻车熟路；联系汉朝，对大宛来说势比登天，但对张骞来说易如反掌。双方资源共享，一拍即合。从大宛开始，张骞既有了向导，又在前一国家的帮助下可能重新制作了国书。当然，他在西域畅行无阻，深受欢迎，还有一个重要原因——他代表汉朝，而汉朝的富庶和强大威名远扬，只是西域各国没见过，有神秘感。

到了第二次出使西域时，张骞的使团规模更大，礼品更多。由于汉军已经占领河西走廊，将匈奴军队赶走，张骞出使的线路也就少了很多风险。

第四，张骞出使西域多年，杳无音讯，汉武帝该怎么办？

张骞出使多年，杳无音讯，汉武帝应该是有心理准备的。毕竟，浩瀚西域，对西汉王朝来说完全是陌生的，甚至跟今天向海王星、冥王星发射个探测器差不多。

汉武帝确实等了张骞六年。然而，等待的过程也是逐渐失去耐心的过程。到了元光二年（前133年），他就放弃了联合大月氏攻击匈奴的设想，转而发动“马邑之谋”，拉开了对匈战争的帷幕。

等待的六年，汉武帝也没闲着。他推进各领域改革，巩固中央集权，增强经济实力，提拔卫青等将领开展军事训练，收集优质马匹，一直在为开战做准备。

进攻匈奴的战争，一开始并不顺利。诱敌深入聚而歼之的“马邑之谋”功败垂成，元光六年（前129年）汉武帝派出四路大军出击匈奴，只有卫青一路取得了龙城大捷。到这时，相信汉武帝已经对张骞的出使不抱任何希望了。

因此，三年后张骞的归来，以及他带回的西域情况，对汉武帝来说绝对是意外之喜。

第五，张骞出使西域，怎样解决语言不通的问题?

张骞第一次出使西域的时候，找了个名叫甘夫(或称“堂邑父”)的副手。他原是匈奴人，在战争中被汉军抓获后，作为奴隶赏赐给了汉文帝的女婿堂邑侯陈午作为家奴。此人身强力壮，武艺高强，善于射箭，懂得西域部分语言，也懂汉语。张骞出使时，他充当向导和翻译，甚至还兼任保镖。可以说，没有甘夫的忠诚护主，张骞极有可能命丧荒漠。中原王朝沟通西域的进程，又将延后多年。

在匈奴扣留的十年，张骞娶妻生子，详细了解了匈奴和西域的风土人情，学会了西域的很多语言，这为他后来逃出匈奴，跟西域各国打交道准备了一定条件。因此，不应忽略那位嫁给张骞的匈奴女子所发挥的作用，尽管历史文献对她的记载寥寥。

张骞非但没被这位女子“策反”，反而展现“个人魅力”，跟她过起了小日子，甚至把她给“策反”了。后来，这位女子与张骞不离不弃，帮他逃出匈奴，甚至跟他一起回到了长安。

当然，在张骞出使之前，西域跟中原地区已有贸易往来。张骞在位于今阿富汗的大夏国，得到了一些来自身毒（今印度）的特产，其中包括产自四川邛崃的邛竹杖。当他把这些东西带回长安，献给汉武帝时，君臣两人突然意识到，邛崃到身毒、大夏很可能有贸易通道。这为汉武帝经略西南，开辟南方丝绸之路提供了战略思考空间，也说明汉朝人和西域人能够进行语言交流。

五、早期驿站故事

“驿”这个字，《说文解字》解释为“置骑”，指古代传递官方文书的马和车;《玉海》解释为“邮骑传递之馆，在四方者谓之驿”，即遍布全国各地的信使中途歇脚、换马的馆舍或站点。

“驿”之所以为“驿”，信使、信件、道路、驿站等四要素必不可缺。正是它们，将通信双方串联了起来，确保古代官方信息交流的畅通无阻。这些硬件要素，早在中原地区的商周时代就已基本具备。于是，发生在它们身上的故事也不少。

战国中叶，齐国贵族孟尝君礼贤下士，凡有一技之长者，不问出身，以礼相待，门下食客多达三千人。有个名叫冯谖的人前来投奔。他衣着破烂，足蹬草鞋，腰里别一把没鞘的剑，一看就是个穷人。

孟尝君问他:“先生找我有何见教?”

冯谖说："我穷得活不下去了，到您这儿讨口饭吃。"

孟尝君又问："先生有什么本领吗？"

冯谖说："我什么也不会。"

没想到，孟尝君竟将他收留，安排到传舍去住。

过了些天，孟尝君忽然想起什么，就问左右："冯谖最近在干吗？"左右答说，他天天以剑为琴，边弹边唱道："长铗归来乎，食无鱼。"意思就是"剑啊咱们回去吧，这里的饭没鱼吃"。孟尝君觉得，这话要传出去，会毁了自己的好客之名，于是让冯谖搬到幸舍，给吃鱼。

几天后，孟尝君又听说冯谖弹剑而歌曰："长铗归来乎，出无舆。"抱怨自己出门没车坐。孟尝君下令让他搬到代舍，给他配车。

不久，冯谖又开始弹剑而歌："长铗归来乎，无以为家。"抱怨自己无力养家糊口。孟尝君就派人给冯谖之母送吃送穿。

后来，孟尝君派冯谖到他的封邑薛地（今山东滕州）放债收息。冯谖却集合负债者，当面烧掉了债券。直到这时，恐怕所有人都认为，冯谖这个人不仅得寸进尺，而且成事不足，败事有余，但孟尝君依然用他。

终于有一天，孟尝君罢相，被迫回到封邑薛地。没想到当地民众会对这个政坛落魄者箪食壶浆，夹道欢迎。直到这时，他才感慨自己没有看走眼，冯谖确实是高手，烧债券之举是给自己做了广告，博了美誉，留了后路。其后，冯谖到处打点，巧妙地帮孟尝君恢复了相位，而自己也成了孟尝君家里的上宾。

《史记·孟尝君列传》的这段故事里，出现了"传舍""幸舍"两种档次不同的旅馆。其中"传舍"既可接待客人，也留报信之人歇脚，有点类似驿站。不过，“传舍”并非官营，而是孟尝君的私产，是私人主持的驿站。这是以前没有的新事物。前面所说的信陵君，之所以消息灵通，就是他自己拥有的“民营驿站”，在报信门客的充分利用下发挥了效力。

民营驿站的所有者只履行出资人责任，具体管理则另找专业人士负责，比如“舍长”。名医扁鹊就曾“少时为人舍长”。据说一个名叫长桑君的客人寄宿，扁鹊“常谨遇之”，谦恭相待，伺候得好，长桑君一高兴，就将罕见药方相传，给他打下了当神医的底子。

与函谷关以东的列国不同，秦国的民营驿站称为“客舍”。其主人称作“客人”，投店住宿的旅客则称为“舍人”。

就在商鞅变法如火如荼之际，他的后台秦孝公去世，守旧势力开始对商鞅反攻倒算。眼看都城没法待了，商鞅连忙逃跑。夜半时分，来到函谷关前，要求入住客舍。然而，“客人”管他要“验”，类似于今天的身份证、通行证。逃亡在外的商鞅当然没这东西。“客人”只好依照秦国律法，拒绝接纳他。有意思的是，这条律法是商鞅自己制定的，正可谓“作法自毙”。这说明，“民营驿站”虽然是新生事物，但仍在政治强权的严密控制下，不敢造次。

不过，中国历史上的“驿站”，大多还是官办为主。

《汉书·魏相传》讲了个故事：有个自称朝廷御史的人跑到茂陵传舍，因为传舍丞没有出来迎候，御史大怒，将其绑了起来，厉声痛斥。茂陵县令魏相获悉此事，怀疑有诈，就将其抓捕，验明身份。原来，他哪是什么御史，只是御史大夫桑弘羊的门客。魏相论罪定刑，将其处以弃市之刑。此事震动全县，治安大为好转。

这个故事透露了两个信息：一是传舍是为官员服务的，所以冒充御史可以很蛮横；二是按规矩，有上级官员来住，传舍丞必须出来迎接。没错，传舍就是郡县里的官办招待所，为一定级别的官员提供旅途住宿的服务。如朝廷高官到来，哪怕只是个使者，地方行政长官也得到传舍来拜谒。

传舍除了招待高官，偶尔还得招待皇帝。汉昭帝晏驾后，朝臣选定昌邑王刘贺为皇储。他从昌邑赶往长安，一路上快马加鞭。不过，这小子的淫乱本性，还没登基就暴露无遗。不仅沿途大吃大喝，奢靡无度，而且劫掠民女，送到他途中休息的传舍里淫乐。刘贺在位二十七天就被废掉，跟他的这些不良嗜好有很大关系。

作为官办招待所，传舍一般不接待平民百姓。但如果朝廷特许，也能破例。刘贺把民女招到传舍淫乐，虽是违规，但毕竟经他特许，谁也不好说什么；汉昭帝在世时，曾把涿郡人韩福召到长安，表彰其德行高尚，后来礼送回籍，皇帝特许“行道舍传舍，县次具酒肉，食从者及马”，准许他在沿途传舍休息，要求沿途各县款待酒肉，安排好随从饮食和马匹饲料。

如果有路条，即便是低级官员造访，传舍也得接待。元延二年（前11年），亭长王丰奉命到河西走廊买马。王丰虽然官小，但由于持有上级开的路条，上有“酒泉、敦煌、张掖郡中当舍传舍从者如律令”的说法，因此也有资格留宿这三个郡的传舍。即使是级别更低的信使，只要有上级出具的路条，也能在传舍歇脚。比如居延汉简里就有“传舍以邮行”的文字。因此，传舍还得承担通讯中转功能，为信使提供服务。

相对于传舍，同为休息站的邮亭和驿置的档次就低一些了。邮亭是为短途步行送信设立，驿置是为长途骑马送信设置。

《史记·白起王翦列传》记载，长平之战后，五大夫王陵率秦军围攻邯郸，战事不利，损失惨重。此时，白起正在养病，秦王想让他取而代之。可白起认为，长平之战令秦国实力虚耗，开罪于诸侯，况邯郸易守难攻，诸侯援军近在咫尺，如劳师远征，胜算不大。

秦王无奈，改派王龁领兵，仍久攻不下。与此同时，楚国的春申君和魏国的信陵君趁秦军疲惫之机发起反击，大破秦军。白起闻讯，愤愤地说，当初秦王不听我劝，现在如何？这话传到了秦宫。秦王很生气，后果很严重。

不久，白起就接到了秦王的再三强令，要他出征。白起一开始称病不起，谁劝都不走。后来秦王暴怒，要他即刻动身，不得逗留。白起见龙颜大怒，不敢继续抗命，只好抱病上路。

行至咸阳西门十里的杜邮，一位使者手捧宝剑，已在等候。白起顿悟，知道秦王不再信任自己，又为长平之战活埋四十万赵国降卒深感负罪，于是仰天长叹，拔剑自刎。白起死后，秦人怀念，很多地方都祭祀他，而六国诸侯皆弹冠相庆。

杜邮是个地名，它的得名就缘于当地设了“邮”。《说文解字》将“邮”解释为“境上行书舍”，把它视为边境地区传递军事情报的专用设置。后来，“邮”逐步演化为短途送信的方式或中转站。为了提高送信速度，即便短途也有“邮车”。

说到“邮”，人们会迅速想起一个词语——“督邮”。

东汉中平元年（184年），东汉王朝在地方武装的帮助下扑灭了黄巾起义的主力。立有战功的刘备，被封到了安喜县当县尉。一天，上面来了个督邮大人到此巡视，顺便想要点贿赂。可刘备不懂“潜规则”，不想行贿，这让督邮心怀不满。这一切被张飞看在眼里。

于是，性如烈火的张三爷把督邮大人绑了起来，一顿鞭抽，出了恶气。当然，刘备这官也当不成了，挂印而去。

这是《三国演义》里的一段精彩情节，历史上也确有其事。不过，据《三国志·蜀书·先主传》记载，刘备因讨黄巾有功，封安喜尉，督邮以公事到县，先主求谒，不通，直入缚督邮，杖二百，解绶系其颈着马枊，弃官亡命。《典略》也说，朝廷下诏，欲淘汰军人出身的地方官，刘备因怀疑自己也在淘汰之列，想求见督邮，督邮不见，刘备因此怀恨，再者，刘备乃一世枭雄，对县尉一类芝麻小官他是不在乎的，于是，闯入督邮驿舍高叫“我被府君密教收督邮”，将督邮捆绑在树上，鞭打百余下，本想杀之，督邮哀求，乃释去之。也就是说，鞭打督邮的狠角色，不是猛张飞，而是刘备自己。

“督邮”是个怎样的官？他何以有如此大的权力和排场？

西汉后期到东汉，驿站体系在地方分由州、郡、县三级管理。督邮是郡守府的属吏，全称叫“督邮书掾”或“督邮曹掾”，负责信件往来，传达教令，督察属吏，案验刑狱，检核非法，看起来很有实权，深受重视。如果郡守府事务众多，分部理政，则每部都有督邮。难怪来安喜县巡视的督邮如此威风！

督邮的出现，成为秦汉时期驿站体系正规化的一个缩影。

尽管驿站体系在走向正规，但还存在许多不规范，甚至以权谋私的现象。

两汉时期，驿站虽多，但都没有赋予其递送私人信件的功能。然而，官员之间互相通信，一般会利用驿站系统，让官府的信使在传递公文的同时，顺带捎上一封私信。如果官员有点权力，还可以调用驿站派人专门为自己送封私信。

如果说官员以权谋私，还算是偷偷摸摸的话，那么皇帝因一己之私而调用驿站，则早已不是秘密。刘邦的宠妃戚夫人思念故乡，尤其想吃老家的洋川米，刘邦就专门要求各地驿站快马加鞭，将洋川米送到长安。

送个大米，只是在平原上驰骋，没什么困难。到了东汉时期，皇帝和皇亲国戚们的嘴巴越来越刁，“珍无用，爱奇货”，尤其喜欢南国的荔枝、龙眼，就利用驿站频繁运送。这些水果保鲜期都很短，要确保送到洛阳还很新鲜，驿站的信使和马匹只能拼命快跑。然而，南方山川险峻，道路遥远，途中还有毒蛇猛兽，信使“死者继路”“疲毙于道”“顿仆死亡不绝”的情况时有发生。正可谓“朱门酒肉臭，路有冻死骨”。

对于信使来说，无论公文还是私信，只要上级交办，就是跑死也得无条件服从。每天怀揣着几十斤重的竹简跑来跑去，不仅要按时送到，而且中途不能丢失或被调包，确实很不容易。对他们来说，能少带几封信，信件的重量能轻一些，就是最大的幸福。

西汉末年到东汉时期，纸张发明并开始用于公文和信件书写，信使背负的重量大大减轻。蔡伦对于造纸工艺的改进和推广，恐怕是这个时期带给信使的最大福音。

第三专题

百家与一家：传统文化的肇基

“这是最好的时代，也是最坏的时代。”英国文学家狄更斯这句评价工业革命时代的话语，套用在春秋战国时期，或许也很合适。

那是一个战乱无休、血肉横飞的时代，也是中国思想文化史上无可争议的黄金时代。儒家、道家、墨家、法家等学派，以及它们的学说，成为中国古代最重要的思想成就，奠定了中华思想文化发展的基础和基调。

齐国首都临淄的稷下学宫，为各大流派的唇枪舌剑和互动交流，提供了比武场和学习地，“致千里之奇士，总百家之伟说”。

清代史学家赵翼对秦汉历史观察入微，他发现，“西汉开国，功臣多出于亡命无赖；至东汉中兴，则诸将帅皆有儒者气象，亦一时风会不同也”。显然，百家消失了，取而代之的是大批儒将。儒学深入人心，“独尊儒术”的态势业已形成。

“罢黜百家”，不等于百家已死。诸子百家仍以特定的形式存在着，并影响着中国人，改变着中国历史的发展轨迹。墨家、道家、法家，乃至外来的佛教理念，融入经过董仲舒改造的儒家思想中，演进为中国人沿袭两千多年的主流意识形态。

直至现在，融会百家精髓的“儒家思想”，仍渗入中华文化的灵魂深处，成为我们必须面对和重视的价值信条。

第七章

百家争鸣：奇华竞放的时代

《史记·魏世家》记载了一段这样的故事：

田子方是孔子的再传弟子，师从子夏，是战国初期的著名学者。

一日，镇守中山的魏国太子魏击出行，路遇田子方。太子深知，父亲魏文侯很器重这位大学者，拜他为师。于是，自己也做出礼贤下士的姿态，不仅避让道旁，而且向他行礼。

按照惯例，太子行礼，受礼者肯定受宠若惊，起码应当还礼。可没想到，田子方坐在车上，傲然而过，不予还礼。太子有点生气，心想你田子方再尊贵，也只是个门客，怎能对我如此无礼？于是，他大声说道："是富贵者有资格傲慢看不起人，还是贫贱者有资格傲慢看不起人?"

太子的言外之意，是你田子方不过是个贫贱之人。

田子方看了看有些愠怒的太子，缓缓回答道："真正有资格傲慢看不起人的，只能是贫贱者。富贵者怎敢傲慢待人呢?"

这个回答出乎太子的意料，他有些懵了，直勾勾盯着田子方，眼光里流露出希望得到进一步解释的意愿。

田子方接着说道："一国之君如果傲慢待人，就会失去人心，国家必定保不住；士大夫如果傲慢待人，就会失去支持，引发家臣作乱，导致祖宗家业毁于一旦。这方面的例子比比皆是。反倒是贫贱者无家无业，四海漂泊，只要自己的意见得不到采纳，所处的环境不满意，就可以像脱鞋似的一走了之。贫贱者难道还怕失去贫贱不成?”

套用今天的话，我都穷到这份儿上了，就算破罐破摔，又能咋地?但富贵之人的坛坛罐罐太多，摔得起吗?

太子魏击听完，犹如醍醐灌顶，豁然开朗。他恭恭敬敬地对田子方行了三个礼，然后离去。

田子方这样的教育方式，看似“旁门左道”，却有良苦用心。战国初期的魏国，虽然国力强盛，但危机四伏。环顾四周，齐、赵、秦、韩、楚等国都不是善茬。只要国内稍有风吹草动，周边敌国就会迅速向魏国下手。魏国身处四战之地，只有君臣一心、上下协力，励精图治，才能确保自身生存发展。

如今，魏文侯礼贤下士，锐意改革，官民归心，邻国震慑，但如果他撒手人寰，太子能否接好班，是个打问号的事。出于这种考虑，他只有通过一些奇特的方式来考察和教育太子，锻炼他的品性和德行。

田子方出身儒家，后来却成了道家学者。他的人生经历充分体现了在诸侯争霸的过程中，知识分子的作用日益突出，受到重视;而他的日常所学，虽然流派不同，却能融会贯通。

正是秉持开放包容的胸襟，以及积极入世的心态，百家争鸣的局面才在春秋战国时代成为中国传统文化发展的一抹亮色。正是两千多年前百家争鸣局面的出现，才使中华文明呈现出“早熟”的基因，占据全球文明发展的先手位置。

一、不一样的孔孟

中国人民大学的博物馆门前，竖立着一尊孔子像。据说，这是新中国成立后，中国高校立的第一尊孔子像。几年前，国家博物馆也竖起了一尊更高大的孔子像。不同的是，相比于人大的中规中矩，国家博物馆的这尊似乎更写意，更有艺术家气质。

孔子名丘，字仲尼，祖上曾是宋国人，后来避难来到鲁国。几代人传下来，到了孔子这儿，已经沦为破落贵族。孔子做过官，在鲁国国君跟前有发言权和影响力。鲁国国君既倚重他，又不怎么重用他，不采纳他的政治主张。

更糟糕的是，鲁国自身的处境也不怎么样。

作为西周开国元勋周公旦的封国，鲁国在春秋初期还有些实力，曾干预过齐国国君的传承，险些帮助公子纠上位，上演过“曹刿论战”的好戏，多次跟春秋霸主齐桓公叫板。

然而，到了春秋后期，鲁国国土狭小，国力衰微，沦为小国，在大国的夹缝中勉强度日。《春秋》记述的二百四十二年历史里，鲁国国君共朝贡周王三次，朝贡齐国11次，朝贡晋国二十次，朝贡楚国两次。作为“周礼”的发祥地，鲁国国君连“周礼”赖以存在的政治基础——分封制、宗法制都无法维系，只能是谁强朝贡谁，不免有些悲哀。

更不幸的是，鲁庄公以后的国君大多昏庸，大权旁落，以季孙氏、叔孙氏、孟孙氏等“三桓”为代表的卿大夫势力掌握了鲁国的执政权。孔子谨守“周礼”信条，忠于鲁国国君，通过“堕三都”

等方式，想方设法削弱“三桓”，以强君权。遗憾的是，他对鲁国国君的忠诚，并没有换来鲁国国君对他的信任和重用。心想自己在鲁国再混下去，也没什么意思了。

于是，心灰意冷的孔子干脆带着学生周游列国，宣传他的儒家思想和政治主张，顺便找个官做，施展自己的抱负。可是，周游了十四年，也未曾实现抱负，甚至多次陷入险境。各国国君对他很尊敬，但对他的学说和主张不置可否。经历了四处碰壁的“杯具”生活，晚年的孔子又回到鲁国，专心整理文献，培养学生，直至七十三岁去世。

孔子的儒家思想中，“仁”的学说是贯穿始终的。

什么是“仁”？

这是个会意字。从人，从二，意思是俩人在一起。两个人愿意走在一起，表明彼此都想亲近。因此，《说文解字》将“仁”解释为“亲也”，也就是亲近友爱，是有道理的。

对于“仁”的核心思想，《论语·学而》里就有“孝弟（悌）也者，其为仁之本”的提法，将其归结为“孝悌”。显然，“孝悌”只是亲近友爱的表现形式之一，而非全部。尽管远离庙堂，但孔子依旧将注意力瞄准政坛。他的“仁”，也一定跟政治挂钩。具体而言，就是“为政以德”和“克己复礼”。

比如，同样是春秋霸主，他对齐桓公就高度肯定，对晋文公就不太认同。理由是，前者致力维系“周礼”所倡导的传统秩序，而后者僭越礼制，模仿天子礼仪，所谓“正道”都是装出来的。显然，他对于政治上是是非非的评判标准，主要就看是否合乎“周礼”。

又比如，《论语·颜渊》记载，齐景公向孔子问政，得到的答复是“君君，臣臣，父父，子子”。这说明，孔子的治国理念就是维护“周礼”。

孔子最膜拜的人是周公旦。周公要求统治者“敬天保民”，孔子主张行“德治”。后世凡是以儒家学者自居的人，无不将“德治”作为自身衣钵，加以传承。诸如孟子的“仁政”，董仲舒的“天人感应”“郡守、县令，民之师帅”，朱熹的“正君心”等。这些都表明，儒家学者是希望入世、参与政治的，他们希望为政者关注民本，行仁政，发挥楷模和教化作用。

为了当好楷模，做好教化，孔子身体力行，兴办私学，广收各阶层子弟当学生。要知道，在春秋后期以前，受教育是贵族的特权，百姓的奢望。孔子办私学就是要破除这一阶层藩篱，将其政治主张传播出去，让更多人熟悉“周礼”，认同儒家思想。因此，他办私学的学费很低，弟子当中多有家境贫寒之人。通过降低经济门槛，孔子让很多平民阶层的人有机会接受教育，这不愧是中国教育史上的一大幸事。

在教学过程中，他提出的“有教无类”“因材施教”“学而时习之”“学而不思则罔，思而不学则殆”“当仁不让于师”等理念，让他的弟子充分发挥个性和才智特点，在不同领域各有建树。这些理念和成就，在中国教育史上写下了浓墨重彩的一笔。

孔子办学收徒的做法，取得了一系列积极成效。其中有一重要成就就是他的孙子孔伋的门生，培养出一个泽被后世的牛人——孟子。[①]

---

① 学界对“孟子是孔伋的再传弟子”这一说法仍有争议，但不可否认的是，孟子学说受到了孔伋的影响，荀子将这两人列为“思孟学派”。

孟子出生的年代，距离孔子去世已有百年。虽说相传是鲁国贵族孟孙氏的后裔，但到了孟子生活的年代，早已家境贫寒，实属一介平民。或许也正是这一原因，使他只能选择经济门槛较低的儒家来接受教育，并成了儒家思想的代表人物。

学成后，为了找碗饭吃，孟子也曾像孔子一样游说诸侯，推行自己的政治主张。然而，他的理念被视为“迂远而阔于事情”，与战国各国致力于富国强兵的政治取向有较大差异，因而虽然留下很多君臣问对的佳话，但没有得到重用。最后，他也与孔子晚年如出一辙，著书立说，讲学布道。

对于孔子“仁”的学说，孟子做了全新解读，即所谓“四端说”：

> 恻隐之心，仁之端也；羞恶之心，义之端也；辞让之心，礼之端也；是非之心，智之端也。人之有四端也，尤其有四体也。

意思是说，同情心就是仁的开始，羞耻心就是义的开始，辞让心就是礼的开始，是非心就是智的开始。仁、义、礼、智是四个初始，人有这四种开端，就像有四肢一样。

他将广泛意义的“仁”注入政治领域，形成了“仁政”学说。在《孟子·梁惠王上》里，就有这样的说法：

> 今夫天下之人牧，未有不嗜杀人者也。如有不嗜杀人者，则天下之民皆引领而望之矣！诚如是也，民归之，由水之就下，沛然谁能御之？

孟子在其中鲜明地表达了自己反对暴政，要求统治者行仁政来治国的理念。而对于如何行“仁政”，他提出了一些具体的操作方法。

比如《孟子·尽心》里就有：“善政不如善教之得民也。善政，民畏之；善教，民爱之。善政得民财，善教得民心。”这是在强调，好的政令不如好的教育那样赢得民众。好的政令，百姓畏服；好的教育，百姓喜爱。好的政令得到百姓的财富，好的教育得到百姓的心。因此，他更重视道德教化在施行仁政中的作用。

又比如《孟子·滕文公上》里所说：“夫仁政，必自经界始……经界既正，分田制禄，可坐而定也。”他从经济和民生领域考虑，看到了土地问题在“仁政”治国中的分量，强调行仁政，一定要从划分、确定田界开始。田界划分正确了，那么分配井田，制定俸禄标准，就可轻而易举地办妥了。显然，在孟子看来，解决土地问题是实施仁政的前提。

孟子为什么要一再强调“仁政”的意义？或许有两个背景因素是不可忽视的。

其一，战国时期，战争规模扩大，百姓苦不堪言，期盼国君行仁政，百姓能休息。他渴求明君，希望君主对民众利益投入更多关注，从而提出了“民贵君轻”的思想。

其二，孟子出身平民，最看重作为生产资料的土地。在春秋战国的转轨进程中，经济资源（特别是土地）私有化进程中的界限不清、占有不均问题，成为社会发展进步的重要障碍。《论语·季氏》里就有“不患寡而患不均，不患贫而患不安”的考量。孟子自然会把经济领域的关注点放在土地问题上。

孟子能够被后世追封为“亚圣”，与孔子并称“孔孟”，不仅得益于他对孔子思想的传承和发扬，更得益于他的创新和发展。按照郭店楚简等出土文献的说法，孟子还是易学家，在易学领域有大量著述。这或许就能解释其为什么“善养吾浩然之气”了。

“孔孟”最大的相似之处，在于两人的政治主张都没能在当世得到重视，但经过后世学者的改造，形成了较为完整的儒家思想体系，与皇权思想进行了有机融合，成为中国传统文化的主流。彼时，经典还是那些经典，但味道已经变了。

在考古出土儒家经典的更多版本文献后，我们对传世读本产生了深度怀疑。比如上博楚简中的《周易》、定州汉简中的《论语》残篇、阜阳汉简中的《诗经》残篇、清华简中的《尚书》、郭店简中的《礼记》、武威汉简中的《仪礼》等。

值得一提的是安徽大学清洗整理的“安大简”。“安大简”共有一千一百六十七个编号，整简居多，品相上乘，字迹清晰，保存较好。经北京大学文物鉴定中心的碳十四检测认定，竹简为战国前期的楚国之物，涵盖《诗经》、孔子语录、儒家著作、楚国历史、楚辞、相术等领域的作品，让许多失传的先秦作品重见天日。尤其是“安大简”中的战国《诗经》，共有一百多支简，保存诗作六十篇，是目前所见时代最早、数量最多、保存最好的《诗经》文本，与今天传世的《毛诗》相比，在排序、章次和诗文内容上有诸多不同。

考古发现，将成为深入研究孔孟思想的重大突破口。在中国广袤的地下，或许还埋藏着若干个“不一样的孔孟”。

二、多面手老子

老子的真名叫李耳，字伯阳，又字聃，所以人们也称他为“老聃”。他的出生地，听起来不怎么舒坦——楚国苦县，位于今河南鹿邑县附近。比孔子和孟子好一点的是，尽管他的先人没什么值得夸耀的大名气和大成就，但他本人的出身似乎并不差。作为一个小贵族家庭的子弟，他有机会给周王室打工，担任“守藏室之吏”，负责管理藏书。

守藏室不是一般的机构。作为周王室的最高图书馆、文献档案馆，老子所“守”的是东周王朝的核心战略资源。这种“守”，不仅是看管，更要合理利用和开发。能坐到这样的位置，说明老子至少有两方面优势：第一，学问高深，为人正直，得到东周君臣认可；第二，被周王室视为智囊，有资格讨论军国大事。

显然，这样的职位是孟子可望而不可即的清闲差使。

显然，孔子千里迢迢奔赴洛邑拜会老子求教，绝对不虚此行。据《史记·老子韩非列传》载，后来他对老子给予了高度评价：

> 鸟，吾知其能飞；鱼，吾知其能游；兽，吾知其能走。走者可以为罔，游者可以为纶，飞者可以为矰。至于龙吾不能知，其乘风云而上天。吾今日见老子，其犹龙邪！

据说老子晚年骑着青牛向西游历，要过函谷关。守城的关令尹喜是老子的铁杆粉丝，好不容易逮住自己的偶像，决不能轻易放过，非要让他写本书再走。于是，老子写下了洋洋洒洒五千字的《道德经》，然后才获准过关入秦。最终，秦国成了老子人生的归宿，而留在函谷关的《道德经》，又名《老子》，成为老子留给后人的思想结晶。

一般来说，人们都把《道德经》视为哲学著作。比如其中有言“天下莫柔弱于水，而攻坚强者莫之能胜，以其无以易之。弱之胜强，柔之胜刚，天下莫不知，莫能行”。比如其中强调世界万事万物的本源是“道”，老子在唯心论的基础上大谈朴素辩证法，提出“祸兮福之所倚，福兮祸之所伏”的名言。

老子从来没有甘心只做个王室图书馆管理员，他也有参政的意愿，但政治理想有些保守。或许是在实际统治范围狭小的东周待惯了，或许是对大国争霸的现实颇感不满，他更青睐“小国寡民”的状态，也就是“邻国相望，鸡犬之声相闻，民至老死不相往来”。他意识到了春秋时代的社会病，但开出的药方竟是开历史的倒车。

1973年，长沙马王堆汉墓发现了《道德经》的两种古抄本。二十年后，湖北荆门郭店村出土了十六篇先秦文献，其中就有《老子》。尽管它的绝大多数文句与《老子》的传世文本相近，但不分道经和德经，章次也有不同。新的读本，给人们解读《道德经》提供了不一样的阅读思路。

那么，我们该怎样去读《道德经》呢?

《道德经》是一部文学作品。在老子笔下，“道”和“德”被描绘得庞大复杂、玄妙深奥。“道可道，非常道；名可名，非常名”，仅就这句话的解释，就见仁见智。通篇读下来，文辞简练朴素，行文优美工整，只言片语中常有一抹亮色，偶有通达体悟。

《道德经》是一部哲学作品。它不是生活必需品，但闲来读读有助于修身养性。诸如老子倡导妥协的智慧，把“无为”当作退一步海阔天空的良方，把“柔弱胜刚强”当作中庸取利的法宝。

《道德经》是一部科学作品。它将“道”理解为宇宙间一切事物发生发展最根本的机制和力量。老子认为，这个永恒的机制和力量既独立于宇宙万物而存在，又无所不在于万物之中。

有学者曾说老子还是个军事家。尽管他没有领兵打仗的经历，但《道德经》里包含的军事理论，一点都不比《孙子兵法》少。

老子将辩证法运用于军事战略战术的研究。战术上，他主张“以奇用兵”，注重“将欲弱之，必固强之”“将欲夺之，必固与之”。战略上，他提出“柔弱胜刚强”的指导思想，在他看来，天下没有比水更柔弱的东西，但攻坚的力量莫过于它。

老子探讨战争，更多的是从哲学高度。因此，他是战争观领域的思想家，却无法成为军事理论家，也无法用他的思想去具体指导战争。老子用兵的核心原则是“曲则全”。在一定条件下，这样的原则并非没有道理。

传世的《道德经》[①]有八十一章，直接以“兵”和“战”作为讨论主题的，有第三十、三十一、七十和七十一章。这四章虽然在全书中位置不同，但单独摘出，完全可以组成一个完整的篇章。

以道佐人主，不以兵强于天下，其事好还。师之所居，楚棘生之。善者果而已矣，毋以取强焉。果而毋骄，果而勿矜，果而勿伐，果而毋得已居，是谓果而不强。物壮而

① 本节所引用的几则《道德经》均来自高明《帛书老子校注》，北京：中华书局，2004年。

老，是谓之不道，不道早已。（《道德经》第三十章）

老子生活的年代，战乱频仍，弱肉强食取代了等级秩序，越来越成为多数人的共识。在老子看来，战火硝烟、争权夺利，其根本动因都是人的欲望，而欲望最崇拜的就是强权，当时诸侯国国内事务的核心，就是强权。要想真正实现强权，必须富国强兵。在周王室的统治中心，他看到了东周的衰落和诸侯的崛起，对春秋五霸所表现出的强权，他是认同的。

不过，他对“强权”提出了自己的告诫：能以超越宇宙的最高法则，也就是“道”来辅佐君王，就不要推崇以武力来征服天下；如果兴师动众去发动战争，所到之处，虽有斩获，也会有损失，搞得田地荒芜，荆棘丛生。善用强权者，就会懂得达到目标就适可而止，不能过分强求，过分骄傲，过分炫耀，过分杀戮。

面对已经达到的目标，如不能停下脚步，不满足于眼前的一切，就会物极必反。而这种“反”，就称为“不道”。任何事物一旦进入“不道”的轨道，就开启了衰亡的序幕。

诚然，养兵和用兵是强权之必须，但直接参与战争却非君王的本分。虽然战争无法避免，但君王没必要做好战分子，更不能做战争狂人。靠战争，是不可能最终得志于天下的。

那么，怎样做才能“得志于天下”呢？老子阐述了他的基本军事理念。

夫兵者，不祥之器也，物或恶之，故有欲者弗居。君子居则贵左，用兵则贵右，故兵者非君子之器也，兵者不祥之器也，不得已而用之，恬淡为上，勿美也。若美之，是乐杀人。夫乐杀人，不可以得志于天下矣。是以吉事上左，丧事上右。是以偏将军居左，上将军居右。言以丧礼居之也。杀人众，以悲哀莅之；战胜，以丧礼处之。（《道德经》第三十一章）

战争是残酷和暴力的，破坏力很大，正常人没有谁喜欢用这种方式解决问题。因此，那些渴望在和平环境中生活的人们，是不希望发生战争的。贤明的君主在和平年代更多推崇文官，只有在战争年代才会以武将为贵。因此，战争不该是君子的专利。

尽管战争不祥，招人讨厌，但有时候又不得不发动战争。如果真不得已必须打仗，当然是有选择、有条件地使用军事手段为上策，切不可洋洋自得，以打仗和杀人为乐，否则会丧失人心，失道寡助。

老子提出，希望君王以清醒理智的法则来对待战争，用悲天悯人的方式来处理战争中的伤亡，无论胜负，都要冷静理性，不能盲目自大。

在向君王提出军事斗争的基本理念后，他将论述重点转向将领。在老子看来，君王是把方向的，具体开展军事行动，则是将军们的事。如何恰当地调兵遣将，调动各方面的力量和资源去投入战争，是考验一个军事指挥者智慧和才能的试金石。其中学问最大的就是用人。事实上，无论是打仗、经商，还是为官、处世，他的这套具体而微的人际交往法则，都值得学习借鉴。

善为士者不武，善战者不怒，善胜敌者弗与，善用人

者为之下。是谓不争之德，是谓用人，是谓配天，古之极也。(《道德经》第七十章)

一个善于统兵的人，能够做到不暴露实力，却能让对方逞勇显武，滋生骄横心态；一个善于打仗的人，能够让自己保持冷静，并设法激怒别人；一个善于克敌制胜的人，能够不主动出招，而让对方先出手；一个善于用人的人，不仅要善于用好自己人，更要善于使用和调动对手。态度谦恭、礼贤下士、避实就虚、示弱藏强，这些都被称为“不争之德”，即既不逞强，又能恰当化解矛盾的策略。它最大限度地调动了对手，发现和顺应对手的破绽，从而加速对手的败亡。能做到这一点，才是自古以来军事家用人的最高水准。

老子把军事斗争具体环节的秘诀，概括为两个字，就是“弗与”。这是一个特殊的词。它不是纯粹意义的“不与”，而是以“万变保不变，不变应万变”的智慧和策略，把对手当作制胜的力量来使用。调动对手，为我所用，在古今中外的战争史上常有类似案例，是人类在战争中能够运用的最高智慧艺术和精神境界。因此，老子将其称为“配天，古之极也”。

《孙子兵法》提出“兵者，诡道也”。老子在《道德经》里却用高瞻远瞩的军事理念和善用敌我双方人力资源这一高超谋略，将战争中看似见不得光的“诡计”，在坦荡胸怀的大家风范中，除却奸诈的成分，展现人类智慧的优美。打仗打出了高境界、高水平，值得后世兵家顶礼膜拜。

接下来，老子开始向各级将领传授具体的战法。

> 用兵有言曰："吾不敢为主而为客，吾不进寸而退尺。"是谓行无行，攘无臂，执无兵，乃无敌矣。祸莫大于无敌，无敌近亡吾宝矣。故称兵相若，则哀者胜矣。（《道德经》第七十一章）

主与客，就是守方与攻方。1972年在山东临沂银雀山出土的汉代竹简里曾讲："兵有客之分，有主人之分。客之分众，主人之分少。客倍主人半，然可敌也。"这说明，在春秋战国的战争中，守方（"主"）的兵力一般少于攻方，但可以凭借金城汤池固守。对于攻方而言，面对这样的"守方"，当然不仅要有备而来，而且要做足准备。因此，老子讲，不在兵力不处于极大优势的情况下去当"攻方"，即不打无准备之战。

进寸退尺，意思是进一寸，退一尺，比喻得不偿失。与今天"得寸进尺"的成语，意思不同。老子主张，不能为了一点蝇头小利而损失有生力量。老子的战术原则是机动灵活，打得赢就打，打不赢就走。这里，我们似乎看到了革命年代"运动战""游击战"的影子。

所以，老子提到了"行无行，攘无臂，执无兵，乃无敌"。意思是说，运用无形的阵势，表现无形的力量，形成无形的压力，执掌无形的兵力，扰乱敌人的观念，迷惑对手，让他做出错误判断，有兵不敢用，至少不能集中兵力有效使用，从而贻误战机。

带兵打仗，最担心的莫过于自以为是，自以为天下无敌，从而轻敌大意。两军对垒、势均力敌之时，只有慎重、沉稳、低调的一方才能获胜，正所谓"哀者胜矣"。

老子飘逸、发散的思维，充满哲理的见解，令其军事谋略增加了一层更高深的思辨色彩。

三、墨家为什么没有市场

战国初年，楚国准备进攻宋国。

攻打固若金汤的城池，是冷兵器时代的千年难题。此前，楚国多次进攻宋国，在攻城作战中损兵折将，吃了不少亏。于是，这次楚王专门聘请著名能工巧匠公输盘，也就是鲁班，帮着建造了登城作战用的“云梯”。

墨子正在家乡讲学，听到消息，就连忙赶奔楚国，试图阻止这场战争。由于走得太急，鞋磨破了，脚上还磨出许多血泡。然而，他毫不在意，心中只有日夜兼程赶路。等到了楚国首都，他劝公输盘高抬贵手，不要进攻宋国。公输盘只是个工匠，军国大事他哪能说了算。于是，他把墨子带去拜见楚王。

见到楚王，墨子先问了个问题：“现在有一个人，丢掉自己的彩饰马车，却想偷邻居的破车子；丢掉自己的华丽衣裳，却想偷邻居的粗布衣服，这是什么人呢？”

楚王不假思索地答道：“这人一定有偷窃病吧！”

墨子随即跟上话茬：“楚国方圆五千里，土地富饶，物产丰富，而宋国疆域狭小，资源匮乏。两相对比，正如彩车与破车、锦服与破衣。大王攻打宋国，不是正如患了偷窃病的那人一样吗？”

楚王一时语塞，但借口攻城的云梯已经造好，攻宋箭在弦上，拒绝放弃进攻。墨子无奈之下，又对楚王讲：“公输盘制造的攻城器械不是取胜的法宝。大王如果不信，就让我与他当面演习攻守。”接着，三人商定，由他和公输盘在楚王面前举行一场攻守作战的沙盘推演。

那个年代不像今天，可以做出非常像模像样的实景沙盘，只能找些物件大概比划比划。墨子解开腰带，围了一圈当作城墙，用木片当守城器械。双方你来我往，打了九个回合。公输盘攻城器械都用完了，墨子守城的器械还有富余。

公输盘输了，很不高兴，就喃喃自语道：“我有办法打赢你，但我不说。”

墨子呵呵一笑，回答道：“我知道你要用什么办法来打赢我，可我也不说。”

楚王见俩人说话，各说一半，莫名其妙，便问他们是怎么个意思。墨子说：“公输盘的办法，就是在这里把我杀了。他以为把我杀了，就没人帮宋国守城了。这点我早有防范，我的弟子禽滑厘等三百人，带着我研制的守城器械，已经在宋国首都的城楼上，恭候楚军大兵呢。就算杀了我，也不意味着能把宋国打下来。”

话说到这个份上，楚王意识到宋国早有防范，此时再去大动干戈，只能付出更大的伤亡，得不偿失，便放弃了对宋国用兵的打算。

墨子不是宋国人，却要为宋国的存亡奔走。他为什么要这么做？事实上，墨子离开楚国返回时，途经宋国时，天降大雨。他到闾门去避雨，守闾门的人却不接纳他。即便受了这样的委屈，墨子也没在宋人面前夸耀自己，宋国守城大夫到最后也不知道，吃了他闭门羹的人，竟是宋国的恩人。显然，不是宋国人的墨子救宋，不为名利，不为求官，只是出于他的救世精神和哲学大义。

那么，墨子究竟怀着怎样的救世精神和哲学大义？

墨子名翟，战国初期鲁国人。

战国时期，墨子创立的墨家学派影响很大，清代学者汪中就将墨子与孔子等量齐观，认为“孔子鲁之大夫也，而墨子宋之大夫也，其位相埒”。不过，既然是反对派，墨子与孔子的差异还是很多的。比如，孔子崇尚周礼，重视祭祀，主张久丧厚葬，还提出“食不厌精，脍不厌细”；而墨子恰好相反，主张“节用”“节葬”“非乐”，提出“量腹而食，度身而衣”，他自己也身体力行，粗茶淡饭，生活简朴，他的弟子更是“短褐之衣，藜藿之羹，朝得之，则夕弗得”。真是有些刻薄自己。

墨子的核心政治主张，就是“兼爱”和“非攻”。

提出这两个观点，还是争霸战争的残酷性使然。春秋战国是个倚强凌弱的乱世，普通人生活艰苦，“饥者不得食，寒者不得衣，劳者不得息”。墨子认为，这个社会充满杀戮和仇恨，原因就在于“天下之人皆不相爱”。因此，他希望建立一个“天下之人皆相爱”的理想社会。为此，他主张在人与人之间树立“兼相爱、交相利”的价值观，反对人与人“别相恶、交相贼”的价值观。如果都能互爱互利，摒弃互争互害，就能建立起一个“强不执弱、众不劫寡、富不侮贫、贵不傲贱、诈不欺愚”的理想社会。

不过，世界上没有无缘无故的爱。怎样才能实现“兼相爱、交相利”呢？墨子给出的药方，是重视“法”，顺“法”而行，就像工匠“为方以矩，为圆以规”那样。这里的“法”，并非商鞅、韩非所说的“严刑峻法”，而是“以天为法”，因为“天”是最公正、最仁慈的，要以“天”的好恶来确定人们的行为准则。他以“天”

的名义，将“兼相爱、交相利”上升到“法”的高度，成为衡量是非、曲直、善恶、功过的社会行为准则。

他提出的“非攻”，不是一概而论的反战，而是反对进攻性战争，即侵略战争。在他看来，战争会伤及失败者的人命、钱财和智力资源，是没有意义的破坏行动；对胜方来说，只是获得几座城池和一些税收，但也要付出巨大的损失。既然两败俱伤，那么打仗就是没有意义的行动。

墨子曾说过，“视人之国，若视其国；视人之家，若视其家；视人之身，若视其身”。意思是说，对待别人的国家，要像对待自己国家一样；对待别人的家庭，要像对待自己的家庭一样；对待别人的身体，要像对待自己的身体一样。其实就是在强调人们要相亲相爱，体现其“兼爱”的主张。

“兼爱”和“非攻”的主张虽然植根于社会现实，却无助于改变社会现实，只能是一种理想，甚至是幻想。可是，墨子的成就并非只有这些理想化的学说。跟公输盘一样，他也是能工巧匠。据说他能制造会飞的木鸟，在物理学、几何学方面也有建树。

墨子不是一个人在战斗，他的亲信弟子多达数百人。跟孔子开私学、孟子聚学徒不同，墨子把自己的信众和学生集中起来，创立了中国最早的民间结社组织——墨家。

这是一个有严格纪律的社团组织。最高首领称为“巨子”，由上代指定接班人，代代相传，享有最高权威，墨翟可能就是第一代“巨子”。成员都自称“墨者”，按照《淮南子·泰族训》的说法，“皆可使赴火蹈刃，死不旋踵”。

这是一个只有等级差，不存在特权的社团组织。巨子腹𬣳住在秦国，儿子杀了人。秦王说:“你年纪大了，他是你的独子，我已经赦免他的死罪了。”可是，这位当父亲的巨子表示:“墨者之法规定，杀人者处死，伤人者领刑，为的就是禁止人们相互杀伤。大王虽有好意，我身为巨子，也必须遵行墨者之法啊!”虽然秦王劝阻再三，巨子腹𦙶还是把儿子杀了抵罪。

墨家学派为什么以“墨”来自我命名呢?说法很多，至今莫衷一是。

最通行的说法，是社团的老大名叫墨翟，其学派自然就叫“墨家”了。也有人说，“墨翟”是“貊狄”或“蛮狄”的谐音，也就是说，墨子很可能是少数民族。更有人认为，墨刑是古代的一种刑罚，脸上涂墨，罚做苦工。墨家子弟生活简朴，以苦为乐，“手足胼胝，面目黧黑，役身给使，不敢问欲”，久而久之，越来越黑，就“墨”了。

不管怎么样，墨子的弟子大多来自社会底层。他们抱有“兴天下之利，除天下之害”的理想信仰，“孔席不暖，墨突不黔”，“短褐之衣，藜藿之羹，朝得之，则夕弗得”，过着苦行僧的生活。他们有领袖、有学说、有组织、有信仰、有追求、有社会实践精神。他们吃苦耐劳，严于律己，维护公道正义，率先以身作则，把墨家思想推广到各个诸侯国。在战国时代，墨家能够成为显学，跟他们这样的精神分不开。

然而，墨家的问题在于，理想大于天，却难以见容于现实。特别是要求门派弟子都要吃苦耐劳，这让很多人望而却步。战国时代还没结束，墨家的影响力就衰落下去了。到了汉武帝时代，国家“罢黜百家，独尊儒术”，社会心态发生了变化，愿意艰苦度日和遵守墨家之法的人日渐稀少，这门显学也就走到了尽头。

如今，人们已经很少提及百家争鸣里的墨家，但对于“墨子”，则有了新的诠释：

2016年8月16日1时40分，我国在酒泉卫星发射中心用长征二号丁运载火箭成功将世界首颗量子科学实验卫星“墨子号”发射升空。这使我国在世界上首次实现卫星和地面之间的量子通信，构建天地一体化的量子保密通信与科学实验体系。

之所以命名为“墨子”，是因为墨子最早提出光线沿直线传播，设计了小孔成像实验，为光通信、量子通信打下了一定的基础。新时代，“墨子”被注入了中华民族文化自信的新内涵。或许，这是墨翟本人也始料未及的。

四、庄子和荀子

庄子，名周，字子休，战国时期宋国蒙（今安徽蒙城）人。虽然同为道家思想代表人物，但庄周的仕途生涯要比老子差一截子。他曾是楚庄王后裔，后因战乱避难到宋国。在这里，他当过地方上的漆园吏，职位卑微。不过，庄子曾游历列国，学识渊博，见解独到，深得一些国君的赏识，是那个年代职场上的香饽饽。

据《史记·老子韩非列传》载，楚威王就很欣赏庄子，曾派人带着厚礼，打算聘请他当相国。可是，庄子笑对楚国使者说：“千金，重利；卿相，尊位也。子独不见郊祭之牺牛乎？养食之数岁，衣以文绣，以入大庙。当是之时，虽欲为孤豚，岂可得乎？子亟去，无污我。我宁游戏污渎之中自快，无为有国者所羁，终身不仕，以快吾志焉。”

这段话的意思是说，当楚国的相国，确实位高权重，钱也多，但这不是庄子追求的生活。就像诸侯祭祀用的牛，虽然穿着华丽的衣服，但它是要被牵入太庙等着宰杀。此时此刻的这头牛，甚至还不如一头无人喂养的猪。庄子表示，自己宁愿去做这样无人喂养的猪，在污浊的水沟里快乐地玩耍。打这样的比方，只是为了彰显他的人生观：自由和快乐远比富贵更重要。

庄子在《庄子·齐物论》中引用了《列子·黄帝》里狙公赋芧的故事，原来的故事是这样的：

> 宋有狙公者，爱狙，养之成群。能解狙之意，狙亦得公之心。损其家口，充狙之欲。
>
> 俄而匮焉，将限其食。恐众狙之不驯于己也，先诳之曰：“与若芧，朝三而暮四，足乎？”
>
> 众狙皆起而怒。
>
> 俄而曰：“与若芧，朝四而暮三，足乎？”
>
> 众狙皆伏而喜。

这个段子讲的是，有一年，宋国粮食歉收，养猴子的人就对猴子们说：“现在粮食短缺，这些橡果必须省着点吃，让你们每天早上吃三个，晚上吃四个，怎么样？”猴子们很不高兴，嚷嚷着说“太少了，怎么早上吃的还没有晚上多”。养猴的人听罢，马上改口：“要不这样，每天早上吃四个，晚上吃三个，怎么样？”猴子们听完，觉得早上吃的比晚上多，欢呼雀跃。

猴子们这么高兴，绝不是为了减肥，“早上吃饱，晚上吃少”，而是被形式上的某些变化忽悠了，一叶障目，不见泰山，满足于解决眼前的困境而自欺欺人。故事既是嘲笑猴子们数学太差，也在暗讽人们的日常生活。

试想，这些橡果就像人的一生可能获得的名利、财富、健康、幸福、自由、亲情、爱情等。年轻的时候，人们都在疯狂追求这些橡果，恨不得要雨得雨，要风得风，全盘拿下。然而，在庄子看来，橡果总数是一定的，早年拿得越多，晚年就失去越多。命运就像养猴人，对这些橡果进行着分配。众所周知，鱼和熊掌不可兼得，按照辩证法的观点，获得一些好处，总会搭配一些坏处。终其一生，费尽心机，也不过是从“朝三暮四”到“朝四暮三”而已。

因此，庄子认为，得陇望蜀式的不知足，是不幸福的根源。谁向生活索取太多，乃至透支，谁就必然遭到命运的惩罚。要正确看待得失，在各种诱惑面前看清方向，不要迷失自我，失意时莫灰心，得意时莫忘形，通过自己的奋斗，“失之东隅，收之桑榆”。

《庄子》讲过的最有名的段子，当属《庄子·逍遥游》里的一段话：

> 北冥有鱼，其名为鲲。鲲之大，不知其几千里也。化而为鸟，其名为鹏。鹏之背，不知其几千里也。怒而飞，其翼若垂天之云。是鸟也，海运则将徙于南冥。南冥者，天池也。

有条大鱼叫“鲲”，大到不知有几千里长。它想去南极度假，从海里飞到天上，变成了大鸟叫“鹏”。大鹏展翅，能把天空遮住，把海水掀起，能随着汹涌的海浪迁徙到南海。

这样的描述，更像是一部好莱坞恐怖片，一会儿怪兽，一会儿海啸。这样的故事，是在表达庄子的三观：鲲鹏是庞然大物，动一动就惊天动地，人见人怕，但超级身躯给它带来的，只有不自由。庞大并不代表力量，超能未必是好事。庄子并没有极言自己追求自由的梦想，但通过鲲鹏的困境，足以展示这样的心境，通过鲲鹏的气度，展示自己超越世俗，放下得失。

庄子为什么要淡泊名利，超然物外呢？

因为他对所生活的时代足够厌恶：“窃钩者盗，窃国者诸侯。”他不羡慕那些所谓“成功人士”，宁可逍遥自在地为自己活着，不为名利欲望束缚，不被争权夺利搞乱了心绪。因此，对于战国的乱局，他没有站出来到处游说，也没有去抱怨，而是蹲在家里写“剧本”（寓言），讽刺当世，身体力行地告诉我们：跳出所谓“规则”和“秩序”，专注于更高远的境界。

对于庄子的“三观”，见仁见智。但庄子就像一位五千年一遇的“文艺青年”，将诗、寓言和哲学巧妙结合，融入文章。他孤傲而热情，决绝而飘忽，固执而豁达，潇洒而沉重，清醒而陶醉，清新而晦涩，像雾像雨又像风，像云像月又打闪。正如“庄周化蝶”中所描述的那样，亦真亦幻。

三观上的超然，反映在政治主张上，就是“无为”。他不会成为“为智慧而教授智慧的思辨家”，不会“培养能够在政治活动中获得胜利的人”。从某种意义上，庄子的理念继承和发展了老子的主张，“齐物”“逍遥”，顺其自然。

跟庄子相比，荀子的生活和主张，就是另一种状态了。

荀子，名况，字卿，战国后期赵国人。荀子所在的家族，曾是春秋时期晋国的贵族，出过荀息、荀林父等重臣。不过，到了荀子这一代，贵族地位凋零，也就是日子过得比一般人好一些，社会地位略高一些而已。不过，荀子并非纨绔子弟，他聪慧异常，十岁时已有神童美誉。长大后曾游历燕国，未获重用。

在当时，一般年逾五旬，如果还一事无成，这辈子基本也就差不多了。但年过五旬的荀子运气不错，赶上齐襄王招贤纳士，许多学者到临淄的稷下学宫讲学。齐国虽然险些被燕国领衔的五国联军灭国，但复国后好歹还有些家底，以藏书丰富闻名。荀子听说后，决定去试试。

在这里，荀子受到了齐襄王的关照，被封为“列大夫”，成为国家顾问。由于年纪大，学问好，其后二十多年间，他三次被推选为“祭酒”，主持稷下学宫的工作。

人怕出名猪怕壮。荀子名声大，职位高，受重用，免不了有小人眼红，到处嚼舌头说坏话。齐襄王架不住“三人成虎”，渐渐跟荀子疏远。眼看着政治待遇日渐冷落，年逾古稀的荀子决心不受窝囊气，再度“跳槽”。这次，他选择了楚国。

楚国的春申君黄歇，是战国后期四公子之一，招贤纳士，养了很多门客。陷入彷徨的荀子就直奔楚国试试。他的知名度和学问，为他赢得了春申君的信任，换来了兰陵令的职位。

也许命运就是要跟荀子开个玩笑。有小人进谗言，说了荀子的坏话。春申君想了想，把荀子给解雇了。荀子走投无路，只好西出函谷关，到秦国游说。没想到，秦昭襄王眼下正在琢磨“远交近攻”，逐个收拾东方六国，对荀子的主张毫无兴趣。转了一圈，没人喝彩，荀子只好垂头丧气地回到了赵国老家。

春申君解雇荀子后，越想越觉得不对劲，有些悔意，就又派人跑到赵国，再三赔礼道歉，总算是又把荀子请回楚国，继续担任兰陵令。春申君去世后，荀子索性辞官，在兰陵潜心写书，直至终老。

荀子是儒家思想的代表人物，继承了孔孟“仁”的学说。他曾提到，“君者，民之源也，源清则流清，源浊则流浊。故有社稷者而不能爱民，不能利民，而求民之亲爱己，不可得也”。不过，他有很多观点，跟孔孟的差异性更大。

荀子认为，一个人眼睛贪图美色，耳朵喜欢好听的音乐，舌头爱好美味，吃喝玩乐，好逸恶劳，都是人的天性。必须承认，人有七情六欲。这些天赋自然的本能无所谓好坏，但如果只是顺着这些天性任其发展，就有可能引起争夺。毕竟，在他看来，人性本有恶，后天的环境和教育对人的成长更重要。显然，这跟孟子的“性善论”有很大不同。

因此，他倡导“天行有常”“制天命而用之”。在政治上，推崇“礼教”，但要礼法并施。正如他自己所说，“君人者，隆礼尊贤而王，重法爱民而霸”。

“礼”是什么？荀子认为，礼是社会上自然形成的公共法则，每个人都得遵守，不能选择，不许怀疑。因此，与“周礼”倡导的等级秩序不同，荀子之“礼”更接近于习惯法。

荀子的观点虽然不受正统儒家学者待见，但他还是个学问家，曾对儒家学者整理的经典书籍，重新进行职能定位。在《荀子·儒效》中，他这样讲道：

《诗》言是其志也，《书》言是其事也，《礼》言是其行也，《乐》言是其和也，《春秋》言是其微也。

他将《诗经》《尚书》《礼记》《乐记》《春秋》的特征定位，分别概括为讲情感、讲政事、讲行为、讲和谐、讲微言大义，凸显了这些经典独特的教育功能。

正如他在学术上集大成一样，荀子在门徒培养上也有建树。担任兰陵令期间，韩非、李斯都拜在门下。这两位后来学成出山，将荀子学说中“法”的成分发扬光大，从而演变为比较成熟的法家思想。

五、法家的悲喜剧

在战国七雄中，韩国地盘最小，实力最弱。可是，韩国地处中原，人杰地灵，出了很多人才。韩非就是其中最有名的一位。

韩非是韩国的贵族，眼看祖国遭受秦国的欺凌，国势衰弱，山河沦陷，倍感沉痛。他多次建言韩王，希望任人唯贤，变法图强，富国强兵。

其实，韩国跟秦国几乎前后脚开始搞改革，主持人还都是法家思想代表人物申不害和商鞅。可是，申不害人亡政息，韩国仍旧衰颓；商鞅人亡政存，秦国蒸蒸日上。

如今，韩王昏庸，不听建言，居然端出“疲秦”的下策，派水利专家郑国到秦国，游说秦王调动民力修运河。原以为秦国会为此耗费大量民力财力，没想到修好的“郑国渠”，却打通了渭河水系，灌溉秦川农田，为秦国经济实力的增长做出了贡献。

韩国君臣愚蠢，韩非格外失望，转而发愤写书，洋洋洒洒十几万言。其中《孤愤》《五蠹》等文章，集成《韩非子》一书。这书流传甚广，某天也摆到了秦王嬴政的御案上。秦王看了，赞赏不已，希望把这个人纳入麾下，为己所用，甚至发出了“嗟乎，寡人得见此人与之游，死不恨矣”的慨叹。他知道，韩非是韩国贵族，不大可能主动到敌国效力。于是，秦王发兵，攻打韩国，逼迫韩王派韩非到秦国来求和。

韩非作为使臣，抵达秦国都城咸阳，受到秦王的热情款待。秦王向他咨询攻伐六国的战略。韩非出于保护祖国的考虑，建议先伐赵，缓伐韩。到此为止，韩非的表现都无可非议。

或许是长期得不到君王重用的“阳光”，一朝“雨过天晴”，韩非便开始自行“灿烂”。结果把自己玩大发了。

姚贾是魏国人，城楼守门士卒的儿子，在当时没什么社会地位。怎奈此人能折腾，他跑到赵国，忽悠赵王给自己授权，联合楚、韩、魏攻秦，结果被秦国施反间计，失去赵国信任，走投无路，只好投奔秦国，得到了秦王嬴政的赏识。

秦国派他出使楚、燕、赵、魏四国，竟能享受“资车百乘，金千斤，衣以其衣冠，舞以其剑”的待遇。姚贾不辱使命，凭三寸不烂舌和重金贿赂，在四国之间来回周旋，居然说服这些君王不再出兵伐秦，反而跟秦国交好。这样一来，四国联合抗秦的同盟就被轻易瓦解了。

出使三年，姚贾成绩斐然，秦王大悦，将其封为上卿，食邑千户。

按说，秦王论功行赏，姚贾实现“逆袭”也没什么好奇怪的。可是，如此平步青云，让自恃才高的韩非怎么都看不上。韩非是贵族，原本瞧不起姚贾，认为他不过是“梁之大盗，赵之逐臣”。后来看到姚贾升官，心生妒忌，就在秦王跟前说坏话，攻讦其用秦国的财宝四处贿赂，是“以王之权、国之宜，外自交于诸侯”。接着又揭姚贾的老底，说他不过是“世监门子”，重赏这种档次的人，在大臣们这儿影响不好。

平心而论，韩非只是客卿，过多议论敌国高层的人事问题，既有干涉别国内政之嫌，也会将自己陷入得罪人的险境。可是，韩非的心眼太直太少了。

秦王把姚贾叫来质问。姚贾的回答令秦王不服不行。他说，用秦国的财宝行贿四国君臣，是为秦国的利益考虑。拿着这么多钱，如果只是为了自己的利益，他又何必到处送钱，何必返回秦国呢？至于自己的出身和名声，他列举姜太公、管仲、百里奚等历史人物为例，强调出身和名声的高低贵贱，并不妨碍对“明主”的效忠。

姚贾巧舌如簧，救了自己，同时也让韩非的人品在秦王心目中失了分。韩非没想到的是，秦国还有个熟人，在此关键时刻，给他来了个落井下石。这个人就是李斯。

李斯和韩非同为荀子的学生。李斯自知才能不如韩非，如果韩非上位，李斯的仕途就会受影响。他获悉韩非举报姚贾的事，便拉拢姚贾，向秦王参了韩非一本：“韩非，韩之诸公子也。今王欲并诸侯，非终为韩不为秦，此人之情也。今王不用，久留而归之，此自遗患也，不如以过法诛之。”

李斯认为，韩非再有本事，也是敌国的贵族，不可能真心效忠秦国。不管重用与否，此人都是隐患，不可久留。秦王嬴政听后，觉得有道理，就将韩非下狱审讯。注意，只是下狱，没打算马上杀。

这下，韩非算是栽到李斯手里了。昔日同学，下了狠手，暗中派人给韩非送去毒药，逼他自杀。身处囹圄，韩非想向秦王嬴政自陈心迹，却又无法觐见，最终仰药自尽。

一日，秦王嬴政突然悔悟，下令赦免。遗憾的是，赦令来得太迟了。

公元前233年，李斯害死了老同学韩非。二十五年后，他自己被赵高下狱，腰斩灭族。这座名为“云阳狱”的监狱，见证了这讽刺的一幕。

韩非是战国晚期法家思想的代表人物，但并非创始人。在他之前，管仲、子产、李悝、申不害、商鞅都已自成一说，并在诸侯国担任宰执，主持变法，成就了一番事业。他们虽然同为法家，但主张各有不同，大体分为三派：

一派强调用“法”，君主明法令，依照法令统治百姓；一派强调用“术”，君主靠权术统治臣民；一派强调用“势”，君主要造成至高无上的权势，不能大权旁落。

三派各有特色，也都有缺陷。韩非总结历史经验，对他们进行批判继承，形成一套将“法”“术”“势”结合在一起的政治学说体系。他的核心主张就是“事在四方，要在中央，圣人执要，四方来效”。意思是说，君主要将所有权力都集中在自己手里。这一理念顺应了战国后期的形势需要，代表着新兴地主阶级取代奴隶主旧贵族，全面掌控一切权力的利益诉求，成为秦始皇推行专制主义中央集权的理论基础和指导思想。因此，韩非也被称为战国法家思想集大成者。

在韩非的擘画下，战国法家形成了一系列基本理念和信条。

其一，君权至上。韩非说过："君上之于民也，有难则用其死，安平则尽其力。"在韩非眼中，臣民只是君主的"夜壶"，君要臣死，臣不得不死，君要臣卖命，臣必须卖命。当然，这种"死"和"尽力"，分别指的是打仗和种地，也就是商鞅变法提到的"耕战"。他还讲："君无术则蔽于上，臣无法则乱于下，此不可一无，皆帝王之具也。"强调君要有"术"，臣要遵"法"。

其二，以法治国。韩非曾讲："故有道之主，远仁义，去智能，服之以法，是以誉广而名威，民治而国安。"将君主治国的法宝定义为"法"，而非"仁义"。他强调，"明君使其群臣，不游意于法之外，不为惠于法之内，动无非法"。这里的"法"是君王制定的规则，是为君主加强专制统治服务的行为规范。

其三，实用主义。有学者评论战国法家学派："他们都是些注重实践的政治家……他们认为贵族的存在已不合时宜……他们把商人和学者看作是可有可无或多余的人。"显然，一切对"耕战"，特别是统一战争没什么正面作用的要素，包括旧贵族，包括商人，包括儒生，都被他们所摒弃。因此，"重农抑商"政策和"焚书坑儒"事件在秦国出现，绝非偶然。

总体来说，法家主张巩固土地私有，建立统一的君主专制国家；奉行重农抑商和"耕战"政策，以农致富，以战求强；严刑峻法，建立官僚制度。

春秋战国的诸子百家，不仅只有儒、墨、道、法。所谓“三教九流”中的“九流”，就概括了“百家争鸣”中最著名的九大流派，包括儒、道、阴阳、法、名、墨、纵横、杂、农。当然，还有未统计进去的兵家、小说家等流派。

所谓“杂家”，就是要当“百家”的集大成者。战国末年，吕不韦大致做到了这一点。他认为“老聃贵柔，孔子贵仁，墨翟贵廉，关尹贵清”，门派分野清晰，不利于国家统一。他认为“一则治，异则乱”，便“使其客人人著所闻，以为八览、六论、十二纪”，并称之为《吕氏春秋》。吕不韦渴望融合诸子百家思想，为国家统一和稳定打基础。只不过，他只是完成了巨著，没有将融合百家学说的工作做完，便死于权力斗争。

诸子百家的学说，对后世影响很大。儒家思想孕育中国传统文化中的政治理想和道德准则，是传统文化的核心。道家思想是构成两千多年传统思想的哲学基础。法家思想中的变革精神，成为历代王朝推行改革的理论武器。它们共同构成了中华传统文化的基本精神和体系基础，促进了中华文化的早熟和繁荣，以及历史转型期的社会变革。

对于做人做事，诸子百家的指导意义至今仍然存在。有当代学者谈起自己为人处世的宗旨时，常讲到“对己学道家，意思是清静寡欲；做事学法家，意思是按原则办事；待人学儒家，意思是己所不欲，勿施于人”。

第八章

不一样的儒家

东汉初年，光武帝刘秀准备造一座灵台，也就是古天文台。大臣们奉旨讨论灵台选址。刘秀找到老臣桓谭，说道："我打算用图谶来决定灵台的选址，你看如何？"

桓谭听罢，沉默半天，才说道："老臣愚昧，从不读图谶。"接着，他指责图谶是惑众妖术，荒诞不经，如果连皇帝都要听信妖术，会耽误国家大事的。

刘秀称帝时，就曾利用图谶穿凿附会，大造舆论，获得各方支持。他对图谶深信不疑，当然容不得桓谭对图谶如此攻讦。盛怒之下，他把桓谭骂得狗血喷头，下令推出去斩首。这位老臣虽然认死理，但也怕死，一个劲磕头求饶，直到把头磕破流血，才换得赦免不死。不过，朝廷是没法待了，刘秀给他来了个断崖式降职，贬到六安郡（今安徽六安）做地方官。桓谭非常郁闷，还没到任就得病死去了。

桓谭的遭遇，让满朝文武大为惊恐。大家猛然发现，皇帝不仅热衷图谶，而且不允许别人指责图谶。上有好者，下必甚焉。一些趋炎附势的士大夫都以谈论图谶为能事。刘秀甚至"宣布图谶于天下"，将图谶搞成了"国教"待遇。谁敢不从？

在中国哲学史上，桓谭是有历史地位的。他曾以烛和光的关系比喻人的形与神（肉体与灵魂）的关系。在他看来，光借烛燃，烛灭光逝，人的灵魂与肉体之间的关系也是这样的。可是，这种唯物论的看法，在东汉朝野是绝对的少数派。

居于多数派的图谶，为什么能有这么大的魔力，让皇帝为之痴迷，让百官为之倾倒，让全社会为之癫狂？一个无法回避的原因，就是董仲舒改造之后的“新儒学”，及其创制的天人感应理论，升格成为官方认可的主流价值观。而在东汉社会泛滥成灾的“图谶”，只是这种天人感应理论的民间版和落地版。

儒家思想的命运，以及孔孟的历史地位，由此发生了根本性变化。

一、焚书坑儒真相

“焚书坑儒”是中国历史上负面影响深远的大事，也是颇具争议的话题。

《史记·儒林列传》中提到的“至秦之季世，焚诗书，坑术士，及六艺从此缺焉”，基本算是传世文献对“焚书坑儒”的最早记载。西汉末年，孔安国在《〈尚书〉序》中提到，“及秦始皇灭先代典籍，焚书坑儒，天下学士逃难解散”；刘向在《〈战国策〉序》中提到，“任刑罚以为治，信小术以为道。遂燔烧诗书，坑杀儒士”。

按照《史记·秦始皇本纪》的说法，在秦始皇三十四年（前213年）的一次宴会上，博士淳于越表态反对“郡县制”，要求恢复西周时代的分封制。丞相李斯加以驳斥，并提出禁止百姓以古非今，惑乱人心。同时，建议秦始皇进行大规模收缴和焚毁《诗经》《尚书》

等藏书典籍的行动。

长生不老，一直是秦始皇的梦想。他曾派徐福东渡，方士卢生、侯生求仙，为的都是寻找长生不老之药。其实，求仙求药这事，本来就不靠谱。只不过，当皇帝的爱好上升为国家意志后，上有好者，下必甚焉，一些研究阴阳五行、神仙方术的人就投其所好，自我包装，吹牛许愿，骗取皇帝信任。等经费骗到手，即将露馅之际，就争相携款跑路。徐福如此，卢生、侯生也如此。

这样的事发生在皇帝身上，无异于政治丑闻。于是，不少人开始私下议论秦始皇的人品高下、执政能力以及在求仙之事上的无知，说他“刚戾自用”“专任狱吏”“贪于权势”“以刑杀为威”。秦始皇闻讯大怒。既然那两个方士骗钱逃走，为解心头恨，就抓他俩的同行。

秦始皇三十五年（前212年），他下令在首都咸阳搜捕方士，罗织罪名，制造冤案。这些被抓进去的方士为了保命，就胡乱“举报”，先后牵连了四百六十多名方士和儒生，最后全部活埋，这就是“坑儒”。

“焚书坑儒”留给后人最直观的印象，就是秦始皇表现得太残暴太粗鲁，太没有开国皇帝的气魄和胸怀。如此一来，禁锢了思想，钳制了舆论，对秦帝国的长治久安一点好处也没有。甚至传统学者将“焚书坑儒”视为“文化专制”的老祖宗，以及秦朝二世而亡的原因之一。

可是，细心的读者很快就发现，传世文献中对于“焚书坑儒”的记载，其实有许多疑点，值得反复推敲。我提出八个疑问，供参考。

疑问一："焚书"烧光了吗？到底怎么个"焚"法？

答案当然是没有。据《史记·秦始皇本纪》这段话可以看出，秦始皇"焚书"是有计划、有目的、有选择的：

> 臣请史官非秦记皆烧之。非博士官所职，天下敢有藏《诗》、《书》、百家语者，悉诣守、尉杂烧之。有敢偶语《诗》《书》，弃市。以古非今者，族。吏见知不举者，与同罪。令下三十日不烧，黥为城旦。所不去者，医药、卜筮、种树之书。若欲有学法令，以吏为师。

史书类：烧掉东方六国和周王室的史书，因为这些都是秦国的敌对国，书里对秦国肯定有很多不敬之词。不烧《秦记》，因为这是秦国自己写自己的史书。

儒学类：烧掉民间私藏的《诗经》和《尚书》，民间收藏的其他儒学著作不烧。

诸子百家类：民间私藏的诸子百家著作全部烧掉。儒学和诸子百家的著作，观点纷纭，在秦始皇看来，容易惑乱视听，诽谤朝政。为了统一思想，必须摧毁其他不同的学说。

不过，对于"百家语"，学界还有些争议。有人认为是诸子百家著述，有人认为是穿凿附会的诸子"邪说"，也有人认为是纵横家的著作。

百科类：医药卜筮种树之书不烧。这些书不存在意识形态内容，对秦的统治没什么威胁。

烧了这么多书，以后怎么学习呢？秦始皇要求，提倡学法令，提倡“以吏为师”。

疑问二：“坑儒”坑的都是什么样的“儒”？

“坑儒”发生在“焚书”之后，坑杀的“儒”有三种说法：

其一，方士。毕竟这件事的起因是方士侯生和卢生惹的祸。

其二，儒生。孔子曾有“信而好古，述而不作”的说法，“术士”除了指代方士，也有“述士”的意思。因此，这里的“述士”，就跟钻研孔孟经典的儒生画上了约等号。

其三，既有方士，也有儒生。属于互相牵连，冤死鬼不少。

疑问三：焚书令的执行效果怎么样？

秦始皇宣布“焚书”，是做了一些保留的。

第一，将儒家经典和百家著述，在博士官那里留了副本不烧。也就是说，只允许官方收藏，不允许民间收藏。这么做，其实就是将各种被视为“异端思想”的读物，都集中到官方，以加强言论管控。

第二，规定了收缴图书的时限，即法令颁布后三十天内，把书交给官府烧掉。这个时间还是比较长的，有些书是可以背下来，或者拓写下来的。

这两点保留说明，秦始皇的“焚书令”不是一刀切，而是一种巩固统一政权的言论管控手段。

好容易挨到西汉初年，那些将“禁书”背下来的儒生，通过口耳相传和回忆誊写，把烧掉的《诗经》《尚书》，以及诸子百家著作，又进行了复原。不过，由于涉及多道转述，记忆也有偏差，跟原版有些许不同。

另外，秦帝国虽然颁布了“焚书令”，但由于疆域辽阔，各地情况不一，很难做到“应烧尽烧”。有些人把家藏的《诗经》《尚书》藏了起来，躲过了浩劫，到了汉代，从夹墙里翻出来，献给官府。这种版本出入上的矛盾就更加突出了。

按着记忆誊写的版本，用的是汉代的隶书，因而称为“今文经”。冒死私藏多年，最终重见天日的老版本，用的是秦代小篆，或更古老的文字，因而称为“古文经”。两种版本的争论，持续了很多年。

疑问四：博士官的藏书都去哪了？

秦始皇焚书，都留了副本，放在博士官那里收藏。到了汉代，如果直接拿来核对，不就可以避免今文经和古文经的争论了？

历史告诉我们，这件事已经没法做了。

因为真正无差别焚书的，是项羽。他进入咸阳后，一把火把咸阳阿房宫烧得干净，宫里收藏的各类书刊也毁于一旦。

疑问五：为什么要把“焚书”和“坑儒”放在一起说？

其实，“焚书”和“坑儒”虽然放在一起说，却是两回事，背景和性质都不一样。

秦统一六国后，推行的郡县制、统一文字货币度量衡等改革，都是在激烈的斗争中进行的。这些改革的指导思想是法家学说。东方六国的各色人等，虽然不敢公然对抗秦朝的强力改革，但他们开设私学，对朝廷法令妄加评论和反对，给秦始皇乱扣帽子，传播与法家学说的观点相左的言论。通过这些手段，贬低朝廷，抬高自己，煽动六国旧贵族制造思想混乱，甚至有趁乱浑水摸鱼，企图复国。

这样不同的声音，集中反映在淳于越和李斯对郡县制和分封制的不同态度上。显然，秦始皇反对“道古以害今”——如果不禁止这些所谓“异端”，没准会削弱皇帝权威，助长大臣结党，甚至破坏国家统一，破坏政治舆论稳定。

相比之下，“坑儒”既带有堵住碎嘴非议的意味，也带有皇帝泄私愤的情绪。东汉学者王充在《论衡·语增篇》里就强调两者背景的不同：“燔《诗》《书》，起淳于越之谏；坑儒士，起自诸生为妖言。”

不过，“焚书”和“坑儒”并非毫无关联。“坑儒”之前抓了一批“儒”，他们为了自保，便供出更多的“儒”，罪名是“偶语《诗》《书》”“以古非今”，这些罪名都是“焚书令”中明确禁止和严惩的。

疑问六：“焚书坑儒”是秦始皇首创的吗？

秦始皇因“焚书坑儒”在历史上留下了恶名。不过，从历史传统看，这些做法并非秦始皇首创。早在商鞅变法时期，就将儒家的礼乐、诗书、修善孝弟（悌）、诚信贞廉、仁义、非兵羞战等著述和理念称为“六虱”。韩非甚至说他“教孝公燔《诗》《书》而明法令”。如果韩非此言不虚，那么商鞅才是有文献记载的大规模焚书首创者。而“坑杀”更是秦国的家常便饭，最有名的就是长平之战，一次坑杀赵军俘虏四十万人。跟它相比，“坑儒”只是“小巫见大巫”。

疑问七：李斯为什么要主张“焚书”？

李斯借讨论郡县制和分封制的问题，引申出主张“焚书”，看似偶然，实则暗藏玄机。

话题的引出，由头是宴会上周青臣对皇帝的献媚。毕竟秦始皇好这一口，喜欢被拍马屁。周青臣的溢美之词，引出了淳于越的发言。

淳于越是齐鲁地区的书生，深受儒家思想熏陶，向往三代，自然主张“师古”，恢复分封制。他讲这些话，应该是出于公心和忠君，只是有些迂腐和不合时宜而已。

李斯既是佞臣，也是法家代表人物，君主专制的拥护者，对淳于越提出的可能削弱君主专制的主张，当然要跳出来驳斥。这样的发言，符合他的身份和站位。

按说，政见不同，说说就得了。即便是非要禁止书生议论国家大事，只要规定“以古非今者族”，也就够了，没必要烧书。李斯之所以极力主张焚书，应该夹杂着政治斗争和学术思想斗争的双重考虑。李斯的老师荀子是儒家学者，李斯学的肯定是儒家学说。只不过在崇尚耕战的秦国，儒学吃不开。

为了混口饭吃，出人头地，李斯投奔秦国后就弃儒学法。如今身居丞相高位，又是法家翘楚，自然对儒家学说和儒生有偏见，将其视为“毒草”。“儒”是“苗”，儒家学说是“根”。要想自己位子坐得稳，法家思想永流传，就必须对儒家“斩草除根”。“焚书”只是一种彻底清除儒家思想的途径罢了。

疑问八：“焚书坑儒”带来了哪些衍生后果？

其一，由于长子扶苏反对“坑儒”，被秦始皇派到上郡当监军。

从此，扶苏再也没能见到父皇，直至被胡亥假传圣旨逼死。

其二，“焚书坑儒”的故事有杜撰成分，但它也是长期以来秦国耕战文化投射到学术思想领域的影子。它的发生有必然性，印证了思想统一之难，但搞臭了秦始皇，钳制了舆论，加速了秦的灭亡。

其三，“焚书坑儒”造成了今文经和古文经的区别，给汉代学者增加了研究内容和争论主题。许多学者靠山吃山，带出了一批学派。

二、黄老无为：汉初政治的指导思想

偌大的秦帝国二世而亡，在农民起义的硝烟战火中轰然倒下了。

西汉初年，朝野上下，都目睹了这惨痛的一幕。震惊之余，大家静下来总结秦亡教训，认为秦打天下是成功的，守天下则是失败的。具体而言有三方面问题：

第一，体制改革过于剧烈，缺乏缓冲。

分封制从西周开始，已经实施了八百多年，突然全面废除，改行郡县制，对刚刚结束群雄混战的中国是个大变局，对刚刚统一的秦王朝是个大考验。尽管秦国人早已接受军功换爵位，习惯于君主任免地方官，但新近平定的六国无法接受。旧贵族作为旧制度的既得利益者，一旦失去世卿世禄的待遇，定是满腔愤恨。

显然，他们需要安抚，需要用新的利益来兑换旧的利益。可是，秦始皇没这么做，反倒是把这些家族迁到关中，就近监视。这种只有大棒没有胡萝卜的做法，只压不哄，就会逼出“楚虽三户亡秦必楚”的亡国之恨。事实上，秦始皇出巡各地，多次遭遇行刺。陈胜吴广揭竿而起，六国贵族闻风而动，秦王朝的统一局面瞬间崩解。

第二，扩张速度过快、规模过大，与之匹配的组织能力和生产力水平不到位。

按照司马迁的记载，陈胜造反时说了一句“天下苦秦久矣”。这里的“天下”，主要是指六国。商鞅变法之前的几百年里，秦国偏处西陲，落后野蛮，中原各国看不上它，而越是地处偏远落后的人越容易被洗脑。商鞅变法，就是要把秦国变成一个战争机器。

于是，就出现了韩非子看到的场景：“当此之时，秦中士卒，以军中为家，将帅为父母，不约而亲，不谋而信，一心同功，死不旋踵。”一听说要打仗，秦国人高兴得跟过节似的。有这样嗷嗷叫的精神气质，秦军的战斗力当然迅速飙升，甚至出现“齐之技击不如魏之武卒，魏之武卒不如赵之劲骑，赵之劲骑不如秦之死士”的情况。

秦国的体制是全民动员、举国皆兵、长期临战。这是要把老百姓培养成四肢发达头脑简单、从不思考只会服从的螺丝钉。因此，才会禁止议论朝政，“焚书坑儒”，“以吏为师”，只学技术。说要搞什么大工程，都是一呼百应。郑国渠、都江堰这种工程，也只有秦国能干得出来，而且不会被拖垮。

强制的兵役、徭役和赋税，不仅超出了国力的承受极限，也超出了六国百姓的适应能力。一旦活干不好，税交不齐，严酷的刑罚就会接踵而至。《史记·张耳陈馀列传》中，“蒯通救范阳令”之说可以佐证：“秦法重，足下为范阳令十年矣，杀人之父，孤人之子，断人之足，黥人之首，不可胜数。”

一方面是持续加码的高压，另一方面是难以承受之重和怨声载道。只要有个火星，就会瞬间燎原。陈胜恰恰充当了这个“火星”。

第三，扩张政策没能及时校正，负面影响显著放大。

如果秦始皇长寿，靠着他的强力威慑，即便怨声载道，也没什么人敢造反。如果秦始皇的扩张政策人亡政息，或许秦王朝还不至于迅速陷入动荡，甚至有可能转危为安——若是扶苏继位，这种可能性是存在的。他是长子，又有戍边历练，在“焚书坑儒”的问题上有自己的思考，具备上台后调整政策，甚至轻徭薄赋的可能性。

遗憾的是，历史不能假设。继任者胡亥缺乏政治训练，继续坚持秦始皇的扩张政策，变本加厉，火上浇油，搞得民不聊生，甚至出现“失期，法皆斩”这样剥夺百姓活路的严酷法令。

秦王朝的灾难性结局，证明法家治国的路走不通。从废墟中杀出的刘邦自然懂得“前事不忘后事之师”的道理，在统治思想上必须另起炉灶。

摆在他面前的选项很多，诸子百家的学说眼花缭乱。可是，墨家不参政，在秦代已经销声匿迹；儒家经典惨遭摧毁，且儒生多有“信而好古”、脱离现实的问题，令人敬而远之。西汉统一后，到处拉关系的纵横家也没了市场。诸子百家真正活跃的，只剩下道家和阴阳家。于是，自战国后期演化而来的黄老思想，掺和了法家、儒家、墨家的一些成分，更合乎时代的需求，成了刘邦唯一合适的选择，迅速升格为西汉初年的治国思想。

这样说来，黄老思想更接近于战国末期的杂家，以道家学说为主，兼容并蓄，充分融合，走出了一条不一样的路。战国时期齐国的稷下学宫、秦国吕不韦组织纂修《吕氏春秋》，都有杂家的特征。

“黄”是黄帝，“老”是老子。这个思想体系，只不过是打着黄帝的旗号，从老子创立的道家学说衍生过来的。在哲学上，黄老思想认为，万物是由元气组成，元气聚在一起就是有形的东西，散开来就成了无形的东西。不过，相比于老庄的道家学说，由于黄老思想端出了“道生法”的主张，强调“是非有分，以法断之，虚静谨听，以法为符”，走出了一条现实主义道路。

这些现实主义的治世主张，涵盖了因天循道、守雌用雄、君逸臣劳、清静无为、因俗简礼、休养生息、宽刑简政、刑德并用等内容。具体到执政层面，则是希望君主“无为而治”，“省苛事，薄赋敛，毋夺民时”，秉持“公正无私”，坚持“恭俭朴素”，通过“无为”达到“有为”。

黄老思想被刘邦看中，有多方面复杂因素。

刘邦入关后制定的“约法三章”，较之秦法简单实用，相对宽松，民众遭受苛政压迫太久，迫切需要休养生息。可是，纪律这东西，一放就乱，刘邦称帝后的第一个朝会就乱乱哄哄，逼得刘邦不得不请大儒叔孙通制定朝会礼仪，这充分说明这些出身底层的功臣，对中央政府权威的严肃性缺乏认识。

研究思想史，不光要重视思想主张的要素，还要关注思想家的个体情况。黄老思想能够得到刘邦及其后世子孙的青睐，跟向西汉决策层灌输这些学说的思想家有关。

黄石公在秦代道家、阴阳家、兵家的圈子里辈分很高。刘邦麾下最厉害的谋士张良，就是他的学生。张良不仅精通黄老学说，而且在刘邦晚年皇储之争的关键时刻，受吕后委托，靠他在江湖上的面子，请来“商山四皓”，力挺刘盈登上太子大位。而“商山四皓”就是秦末隐士、黄老学派的大家。这么说来，黄老学说“朝中有人”。

如果说张良的影响力，是推动黄老学说进入西汉高层视野的主动力，那么曹参就是黄老学说纳入西汉初年政治理论基础的关键人物。西汉建立后，曹参曾担任齐国相国，请著名的隐士盖公做老师。按照《史记》的说法，黄老之术是河上公创立的，最初用于修仙。河上公将其传给安期公，“安期生教毛翕公，毛翕公教乐瑕公，乐瑕公教乐臣公，乐臣公教盖公”。因此，盖公算是黄老学派的嫡传弟子，在山东一带讲学，带有稷下学派的色彩，很有声望。

盖公辅佐曹参治理齐国时，为了让黄老之术接地气，就引入了一些法家思想的成分，用于治理齐国，大获成功。后来，曹参接替萧何担任中央政府的相国，辅佐深受“商山四皓”大恩的吕后和汉惠帝刘盈，黄老学说自然大行其道。

到了汉文帝、汉景帝时期，黄老学说发展到了巅峰。淮南王刘安组织门客撰写了《淮南子》，成为黄老学说的巅峰作品。司马迁的父亲司马谈对黄老学说进行了归纳。他认为，“道家无为，又曰无不为。其实易行，其辞难知。其术以虚无为本，以因循为用。无成势，无常形，故能究万物之情。不为物先，不为物后，故能为万物主”，“因阴阳之大顺，采儒、墨之善，撮名、法之要，与时迁移，应物变化，立俗施事，无所不宜，旨约而易操，事少而功多”。司马迁在撰写《史记》时，也深受这一思想影响。

黄老思想在西汉初期取得了巨大成功。西汉在经济层面实施轻徭薄赋，与民休息，恢复生产，积攒国力，在很大程度上修补了秦代苛政和秦末大乱带来的巨大破坏。尽管历史上由“大乱”走向“大治”的朝代很多，但除了西汉初年，找不到第二个奉行黄老学说的朝代。这说明，黄老思想的大行其道，有其所处时代的特殊性。

在文化层面，黄老思想起到了调和关中和关东文化的作用，将秦国的耕战文化和关东的礼乐文化进行了有机调和，强调在“因循”基础上“与时迁移，应物变化，立俗施事，无所不宜”，客观上巩固了西汉的政治统治，为汉武帝实施“罢黜百家，独尊儒术”和齐整风俗的政策创造了条件。

“黄老”首倡“无为”，就是不折腾，更强调稳定和妥协。政策要稳定，对功臣和同姓王要迁就，对匈奴的威胁要妥协，要长期坚持“和亲政策”。这样一来，就造成功臣集团和同姓王势力对皇权的威胁尾大不掉，纵容了匈奴在塞外的扩张。

黄老思想的落地和推行，是建立在皇帝、同姓王和功臣三方相互制衡的基础之上的。在君主专制时代，皇权的扩张冲动是长期性的，因而这种制衡注定只是暂时的。到汉景帝后期，随着“七国之乱”的平定，同姓王势力大大削弱；功臣宿将也随着代际传承的衰弱而逐步退出历史舞台。皇权的扩张再也没了约束，也就无法继续容忍黄老“清静无为”的约束。经董仲舒改造的新儒学登堂入室，黄老思想也就走下神坛。

然而，即便是新儒学成为国家正统思想后，黄老学说也没有完全消失，而是以某种形式隐藏在国家的正统思想中，“外用儒术，内用黄老”。在皇权受到局部限制，无力干预经济和文化领域时，它就会重焕生机，带动经济恢复和文化繁荣。因而，民间也有“治世道，乱世佛，由治到乱是儒家”的说法。

三、罢黜百家，独尊儒术

西汉初年，汉高祖不喜欢儒学，加上秦朝“焚书坑儒”的影响，儒家的学术源流几乎断绝。这一时期的官方主流思想是黄老无为学说。然而，事物总在发展变化，儒学的命运亦同。

汉高祖去世后，朝野对于儒学的打压开始放松。先是汉惠帝宣布废除《挟书律》，诸子百家的学说开始复苏，最大的受益者自然是儒家。汉文帝时期，一些藏在老屋夹壁里，幸运地躲过“焚书”浩劫的儒家著述纷纷重见天日。汉武帝设五经博士，钻研授业。儒学的学术源流因此得到接续和扩大。

就在儒学复兴的同时，西汉社会也在经历巨变。一方面，“文景之治”给西汉王朝积攒了更厚实的家底，具备了干大事的能力，汉武帝本人好大喜功，也有干大事的渴求。另一方面，以黄老思想为基础的放任政策，听凭富豪兼并土地、巧取豪夺，导致贫富差距拉大，农民陷入“常衣牛马之衣，而食犬彘之食”的境地，社会矛盾尖锐。经济上的分散主义，也造成国家经济资源很难凝聚一体。

黄老思想到了该退出历史舞台的时候了。谁来取代它呢?

儒家的春秋大一统思想、仁政思想、君臣伦理观念，就成为适应汉武帝现实需求的“灵丹妙药”，从而闪亮登场。不过，此时登场的儒学，是经过董仲舒改造和发挥后的“新儒学”。

董仲舒出身大地主家庭，家里不仅不差钱，而且藏书丰富。雄厚的经济实力和文化积淀，让这位天资聪颖的孩子如虎添翼。难能可贵的是，这孩子酷爱读书，经常废寝忘食。

有时候，学习太用功，家长也会发愁。父亲董太公就深感孩子不会休息和调剂，于是斥资修了个后花园，希望孩子在学习之余，能到花园散散心，换换脑子。可是，任凭花园绿草如茵、景色宜人，一连三年，任谁邀约，董仲舒都没空逛过哪怕一次。

时间哪儿去了？对董仲舒来说，时间都用在了读书习作和砥砺学问上了。几年之间，他熟读儒家、道家、阴阳家、法家的著述，尤擅《春秋》，学问精进。三十岁那年，他走出书斋，开始传道授业，只是教书的方式有些特别：课堂上挂着帷幔，他在里面讲，学生在外面听，好似垂帘听政。

就这样，许多人跟他学了多年，竟然没见过他的真容。不过，他倒是既培养了一批人才，又使自己声誉扩大，终于进入了朝廷的用人视野。汉景帝时期，他来到长安当五经博士，负责讲授《春秋公羊传》，课很精彩，慕名而来的弟子更多。

建元元年（前140年），汉武帝上台。这位少年天子踌躇满志，打算以征求治国方略的名义，从民间拔擢新人。董仲舒参加了三次这样的策问，对汉武帝的征询对答如流，留下了“天人三策”的珍贵文献。他们的问对涉及治国理政的原则、权术和天人感应理论。其中，最有名的一次当属元光元年（前134年）的策问。

这年，董仲舒撰写了一篇题为《举贤良对策》的答问文章，其中结合《春秋公羊传》的论述指出，春秋大一统是“天地之常经，古今之通谊”，当下“师异道，人异论”，百家之言宗旨各不相同，由此导致国家统治思想不稳定，法令制度多变，官民无所适从。

董仲舒悉心挑选和改造过的儒家思想，主要包括四层主旨：

其一，重建宗法制度和思想驾驭天下。主张以孝悌为本，强化君父观念，提出“三纲五常”之说，通过修身、齐家、治国、平天下的顺序，理顺国家政权、基层宗族、小生产者个人三位一体的关系。

其二，推行仁政，推动刑德融合。有感于社会矛盾日趋尖锐的现实，董仲舒将儒家思想中的“仁政”观念推出，既制约统治阶级的欲望，劝导他们带头向善，防止他们鱼肉百姓，干“杀鸡取卵”的蠢事，又吸纳法家思维，理顺阶级关系，妥善处理德和刑的关系，做到以德为主，以刑为辅，深入教化，儒法融合，将兴学置教、培养贤吏和推行仁政结合起来，实现“修己以安百姓”。经过改造，新儒学实现了理念上的“道为王道，政为仁政，制为礼制，治为德治”，民众容易满足，士人也能接受，比法家倡导的“势、术、法”更光明正大，更有人情味。

其三，以神学化要素包装新儒学。董仲舒吸取了方士求仙所造成的只服务帝王、不解决治世的历史教训，着眼于巩固政权，对儒学进行了神学化改造。天人感应理论为伦理道德披上了神秘外衣，君权神授为君主专制的合理性提供了神权支撑。要知道，在对天、君、民关系的认识上，原始儒学以孟子为首主张“民贵君轻”，董仲舒主张“屈民以伸君，屈君以伸天”。这样的改造，确实符合皇帝的需求，但也是对孔孟之道传统主张的背离。不知他们在另一个世界看到此情此景，是该哭还是该笑。

其四，倡导春秋大一统理论。董仲舒认为，只有思想统一，才能实现法度统一，从而巩固政治统一。而思想统一又离不开政治统一作为前提和基础。在他看来，孔子撰写《春秋》的目的是尊天子、抑诸侯、崇周制而“大一统”，因此西周通过构建天下一家的文化心理认同，对汉武帝巩固统一是实用的。因此，有必要将全国的思想统一到儒家旗下，也就是用儒学统一天下。

此时此刻，汉武帝正在设法改变黄老思想的束缚，准备向匈奴开战，以解决半个多世纪的边患问题，急需思想舆论的支撑。董仲舒改造后的新儒学，无疑是雪中送炭。

董仲舒讲了这么多，究竟给汉武帝提出了怎样的政策建议呢？

在《举贤良对策》中，董仲舒建议，“诸不在六艺之科孔子之术者，皆绝其道，勿使并进”。《汉书·董仲舒传》给出的评价是“推明孔氏，抑黜百家”。《汉书·武帝纪》则使用了“罢黜百家，表章《六经》”的字句。至于《史记》则根本没提过“罢黜百家独尊儒术”。那么，汉武帝有没有真的搞过“罢黜百家独尊儒术”？

他并没有真的“罢黜百家”，充其量只是对“治申、商、韩非、苏秦、张仪之言，乱国政”者进行打击。而这些学说，主要来自法家和纵横家。为什么打击它们？法家是帝王之学，只能操纵于帝王之手，不可散落民间；纵横家擅长摇鼓唇舌，兴风作浪，搬弄是非，在和平年代是威胁社会稳定的祸害。因此，汉武帝思想文化政策的出发点，就是“维系稳定”。换句话说，一切有可能导致帝国混乱的不安定因素，都要抓早抓小，先行扼杀。

董仲舒讲到的“勿使并进”是符合中国国情的。春秋战国时代的先贤所创立的诸子百家学说里，法家适用于乱世，正所谓“治乱世用重典”；儒家适用于太平盛世，正所谓“春秋大一统”；道家适用于大乱初治，正所谓“清静无为”。这些政治思维互有短长，适用于不同时期，也经常被决策层拿来杂用。

董仲舒讲到的“勿使并进”，也有现实的可操作性。《汉书·董仲舒传》中提到的"道之大原出于天，天不变，道亦不变"，"以教化为大务"，以及"正法度之宜"，分别吸收了黄老学说、阴阳学、法学等学派思想。这说明，他对儒家思想的改造并非凭空捏造，而是兼容并蓄，博采众长，让"独尊儒术"少了很多障碍。

这样一来，古代中国几乎不需要外来思想，也不需要宗教主导政治，便可四平八稳地治理国家。显然，在意识形态领域，古代中国走在了世界前列。也正是有这样的胸怀，儒家、道家、兵家、阴阳家等学说并没有消失，法家思想则掺入了新儒学之中。因此，"罢黜百家"的说法有些夸张。

至于"独尊儒术"，汉武帝确实这么做了。其落地的方式，就是通过垄断仕途来塑造新儒学在社会价值观中的引领和核心地位。

先是辞退研习诸子百家的博士，在皇帝顾问班子里只保留五经博士；然后动用国家力量，为五经博士招募弟子；接着设立太学，公开考核儒家子弟；最后在选人用人上，大量提拔儒家子弟为官。《史记》就记载，"公孙弘以《春秋》白衣为天子三公"。

从政治开路，到理论完成，再到组织实现，整个改革一气呵成，儒学地位显著提高。

对汉武帝来说，这是一套聪明的做法。相对于"焚书坑儒"，汉武帝的"独尊儒术"，虽然也是将文化置于政治权力附庸的地位，但手段上大相径庭，秦重在"禁"，汉重在"尊"。研习儒学的子弟深受"忠君爱国"观念影响，由他们来做官，不仅兢兢业业，而且危险最小。将这些人纳入官僚队伍，在很大程度上规避了这些人将学识和资源投入反官府阵营。纵观中国历史上的兵变、起义，无论是绿林赤眉，还是黄巾黄巢，乃至白莲教太平天国，做官的儒生极少参与，这些起义的指导思想也不是儒家思想。

“独尊儒术”，使儒家思想的正统和主导地位得以确立，君主专制“大一统”和刚柔相济的“内圣外王”也成为定型的主流意识、政治理想和成熟制度，奠定了古代中国宗法制国家的社会基础，以及中华文明在传统文化领域的四梁八柱。

汉武帝以“独尊儒术”的方式实现思想统一，固然有助于巩固其政治统一，增强民族凝聚力，方式方法相对温情柔和，但其将君主专制推向了极致，塑造了两千年稳定不变的社会发展定式，对国家发展中长期的负面影响和破坏力不可小觑。

此后，以家庭为本位、以等级为基础，打着“礼治”和“德治”的幌子，行“人治”之实，成为中国封建传统意识形态的主要特征，纵贯华夏历史两千年。在新儒学看来，“人治”的核心要义就是圣贤决定礼法，身正则令行，法先王，顺人情。

人治和专制是相伴相生的，与强调以制度和规则来约束人们言行的法治观念格格不入。因此，这种单一化的意识形态和思维模式，既是造成整个社会思想文化走向停滞的重要因素，也是建立现代法治观念的先天障碍。

尽管“罢黜百家独尊儒术”的正面作用和负面影响都很突出，但毕竟为汉武帝的“更化”开辟了新路。董仲舒也由于“天人三策”得到朝野上下的刮目相看。接下来，他获得了外放地方的机会，在江都王国担任了十年的王国相。

江都王刘非是汉武帝的哥哥，为人粗暴蛮横，逞匹夫之勇。汉武帝把董仲舒派去江都，也是希望这位大儒能像管仲辅佐齐桓公那样，把这个不省心的哥哥辅佐好。不过，刘非有些野心，听说董仲舒来到自己身边，就想千方百计拉拢他，为自己将来搞叛乱、夺江山出力。

刘非的算盘打错了。董仲舒认同“春秋大一统”，反对搞分裂搞叛乱。他曾借古喻今，规劝刘非“正其道不谋其利，修其理不急其功”。意思是说，要端正道义，不要谋眼前小利；要端正信念，不要急于求成。他讲春秋五霸都是先行欺诈，后行仁义，只是耍手段而已，所以孔子的弟子对他们根本不齿。他用这种方式暗示刘非不要称霸，不要搞分裂。

董仲舒在江都十年，主要政绩就是求雨。他神叨叨地按照《春秋公羊传》来预测天气，屡试不爽，要雨得雨，从未失手。在那个以农为本的时代，能预测下雨也是大本事。

建元六年（前135年），皇帝祭祖的陵园发生火灾，董仲舒借机宣扬天人感应理论，写了一份奏章，以火灾说明上天对皇帝发火了。奏章还没报上去，恰好主父偃到董仲舒家做客，偶然看到这份奏章。主父偃虽然后来给汉武帝出过“推恩令”的主意，但这会儿才刚出道，自忖才能不及董仲舒，便心生嫉妒，把奏章草稿偷走，交给了汉武帝。

尽管“天人感应”理论已有舆论基础，但这么写奏章还是有讥讽皇帝的意味。汉武帝看罢，勃然大怒，下令斩董仲舒。事后怜其才干，死罪赦免，罢官免职。经此折腾，董仲舒心有余悸，再不敢胡乱解读灾异，只好回归教师行当，又教了十年的《春秋公羊传》。

元朔四年（前125年），在公孙弘的推荐下，董仲舒东山再起，做了胶西王刘端的王国相。巧的是，刘端也是汉武帝的哥哥，更蛮横，更粗暴，更犯二。董仲舒的几位前任都被他要了性命。还好，刘端深知董仲舒的大名，还算尊重和客气。可是，做这样的官，董仲舒胆战心惊，唯恐哪天疏忽，遭遇不测。只干了四年，便坚持不下去，借口年老生病辞职回家了。

但只要朝中有大事，汉武帝还会派人到他家咨询。张汤甚至把咨询材料整理成书，名曰《春秋决狱》。董仲舒虽然在家养病，但还是心系朝政，直至临终前还奏陈反对盐铁官营政策。

董仲舒去世后，享受了很高的政治待遇。他被埋葬在长安东南，汉武帝有次路过墓地，主动下马，表示尊重。因此，这块墓地也被称为“下马陵”。

今天看来，董仲舒改造儒学的做法，好似马屁精，把汉武帝拍得很舒服。其实不然。作为大学问家，董仲舒从陈胜吴广起义中悟出了一个道理：农民可以决定一个王朝的兴亡。

因此，他的“天人感应”理论就是要把“天”神化，利用当时迷信盛行的外部环境来戒惧皇帝，使之自省自敛，限制其私欲膨胀和滥用皇权，以维系汉帝国的长治久安。

“天”究竟是谁?

乾隆二十三年（1758年），华北霾灾，雾霾数日不散，导致通惠河漕运暂停，京城粮仓告急。乾隆帝迫于无奈，只好派员到天坛祭天，并率王公大臣在太和殿前焚香祭天。这样应对霾灾的做法，自然没有“等风来”靠谱。不过，祭天的形式是敬畏上天，也是受董仲舒“天人感应”理论的影响。

其实，老百姓才是“天”的化身。

董仲舒是这样设计的，也是这样做的。他主张缩小贫富差距，调和社会矛盾，提出“调均”的主张。他曾上书汉武帝“限民名田”，遏制愈演愈烈的土地兼并，不提倡官府与民争利。此外，减少赋税徭役，废除奴婢制度，放开盐铁官营，与民休养生息。遗憾的是，这些建议提出的时候，汉武帝还在扩张的兴头上。故而，石沉大海，没什么政治影响。历史也就将他的角色定格为思想家，而非政治家。

四、霸王道杂之：真正的汉家统治术

西汉征和四年（前89年），御史大夫桑弘羊上书，建议在轮台派驻士兵戍守，以备匈奴。这么做的目的，其实就是将广袤的西域地区纳入西汉中央政府的统治范围内。可桑弘羊的这份建议，却被汉武帝驳回了。

此前几年，汉武帝先后经历了丧子之痛、丧师之痛，连年征战，耗费国力，盐铁官营，腐败滋生，社会矛盾日趋尖锐，帝国大厦险象环生。如不及时调整政策，可能重蹈亡秦覆辙。因此，他决定以轮台戍边为由头，下诏罪己，称“当今务在禁苛暴，止擅赋，力本农。修马政复令以补缺，毋乏武备而已”。

“轮台罪己诏”的发布，意味着汉武帝时期扩张政策的结束。汉昭帝时期召开的盐铁会议，又对长期实施的经济管制稍有放宽。这一系列新政的出台，隐约有一种回归汉初“黄老无为”“休养生息”的状态。

西汉王朝究竟想干什么？真正的汉家统治术究竟是什么？

汉武帝“独尊儒术”，将其上升为国家意识形态。可他本人迷信巫术，修炼黄老之术，重用酷吏，这些行为都与儒家相去甚远。

显然，他真正推崇的仍然是法家，无论是加强专制集权，垄断经济，还是镇压豪强，肢解诸侯王，都是他的法家思维在发力。只不过，汉武帝比秦始皇滑头，他给自己的法家思维披上了一层“仁义道德”的儒家外衣。

汉武帝没有真正做到“罢黜百家”，在他的政治格局里，既有儒家的德治，也有墨家的人治，更有法家的刑治。政策上宣传和扶持法家，政治上却杂糅众多学派。其所作所为只有一个目的——最大限度地集权。不过，这样的玩法，汉武帝只做不说。

揭开真相的是汉宣帝。

汉宣帝时期的治国思路，与“轮台罪己诏”的精神是一致的。汉宣帝上台之初，在思想界占统治地位的，依旧是董仲舒倡导的《春秋公羊传》。由于他的祖父戾太子刘据热衷《春秋穀梁传》，因而在他的支持下，《春秋穀梁传》升格为官学。可是，不管意识形态领域怎么微调，汉宣帝在政治上还是更重视刑罚的威慑作用，在打击贪官方面毫不手软。

《汉书·盖宽饶传》记载，汉宣帝“方用刑法，信任中尚书宦官”，大臣盖宽饶便奏陈劝谏道：“方今圣道浸废，儒术不行，以刑余为周、召，以法律为《诗》《书》。”这份奏疏激怒了汉宣帝，盖宽饶被判入狱，为免牢狱之灾，这位儒臣举刀自尽。

太子刘奭“柔仁好儒”，为盖宽饶鸣不平，但又不敢明说，只好针对汉宣帝“所用多文法吏，以刑名绳下”的现象，提出了“陛下持刑太深，宜用儒生”的建议。没想到，汉宣帝听罢很不高兴，长叹一声：“乱我家者，太子也！”险些褫夺了刘奭的太子之位。

不过，据《汉书·元帝纪》载，汉宣帝还是用自己的话语方式揭开了汉家统治术的真相:“汉家自有制度，本以霸王道杂之，奈何纯任德教，用周政乎！且俗儒不达时宜，好是古非今，使人眩于名实，不知所守，何足委任!”

这番话，一针见血地指出了西汉统治思想的真正内涵：外衣王道取自儒家，内核霸道取自法家；尊的是儒家思想，尊的手段却是法家手段。如此杂糅的操作，为的都是汉家统治千秋万代罢了。

《新唐书·魏徵传》记载了唐太宗与宰相封德彝的一段对话。唐太宗问:“今大乱之后，其难治乎?”封德彝回答道:“三代之后，浇诡日滋。秦任法律，汉杂霸道，皆欲治不能，非能治不欲。徵书生，好虚论，徒乱国家，不可听。”他不认为“霸王道杂之”是治国良方。然而，如果回顾西汉王朝的历史，这样的评论未免有些武断。

西汉初年奉行黄老思想，德刑基本适中，政策总体宽松。汉武帝时期奉行“更化”和扩张政策，德刑失衡，直至“轮胎罪己诏”发布后才得到局部纠正，回到德刑基本适中的轨道，这一状态延续到了汉昭帝、汉宣帝时期，从而出现了“昭宣中兴”的局面。

西汉王朝的历史证明，汉武帝末年确立的“霸王道杂之”的“汉家制度”，确为行之有效的治国方式。东汉王朝就认可“礼之所去，刑之所取，失礼则入刑，相为表里也”的治国思维，寻求儒法两家的深度融合。

“霸王道杂之”的“汉家制度”，不仅在汉朝成为时尚，也成为历代王朝治国理政的基本理念。比如，唐太宗就主张“虽以武功定天下，终当以文德绥海内。文武之道，各随其时”。宋太宗强调“治国之道，在乎宽猛得中，宽则政令不成，猛则民无所措手足”。雍正帝认为“自古为政者，皆当宽严相济。所谓相济者，非方欲宽而杂之以严，方欲严而杂之以宽也。惟观乎其时，审乎其事，当宽则宽，当严则严而已”。他们所讲的“文武之道”“宽猛得中”“宽严相济”，都是“霸王道杂之”。

汉元帝刘奭上台后，终于摆脱了父亲汉宣帝的束缚，由着性子重用儒生，使得儒学在思想界和政治领域正式确立了统治地位，实现了德治压倒刑治。他对于儒学的尊重，不光停留在嘴上和政策上，更体现在行动上，这就是祭孔。

根据《史记》的说法，周敬王四十二年（前478年），也就是孔子去世的第二年，鲁哀公下令在曲阜阙里孔子旧宅立庙，就是今天的孔庙。孔子生前所住的三间房屋改成寿堂，孔子生前用的衣、冠、车、琴、书册等保存起来，按岁时祭祀。这是诸侯祭孔的开始。

刘邦虽然不太喜欢儒生，但对孔子是尊重的。汉高祖十二年（前195年），他亲临曲阜，以“太牢”祭祀孔子。到汉元帝上台后，征召孔子第十三代孙孔霸为帝师，封关内侯，号褒成君，赐食邑八百户，以税收按时祭祀孔子。到东汉时期，光武帝刘秀曾派大司空宋宏为特使，到曲阜祭祀孔子；汉明帝在太学及全国郡学、县学举行祭祀周公、孔子的仪式。

祭孔是一种政治现象。在春秋战国时期，它代表着诸侯坐大，以及以孔子为代表的士阶层的兴起，体现了当时制造衣冠车琴、建造房屋的经济水平，以及祭祀礼仪等文化特色。在两汉时代，祭孔的方式更加多元，皇帝可以亲自出席，也可以派特使代劳，可以封孔子后代为奉祀官主持祭孔，也可以在各级学校祭孔。

祭孔是一种行为艺术，它意味着君主加强中央集权、巩固大一统局面，需要政治上的精神支柱；意味着儒学成为主流思想，孔子受到了更大的尊崇；意味着各级学校在灌输和推广孔子的教育理念和教育实践。然而，汉元帝刘奭重用儒生的政策，背离了“霸王道杂之”的汉家制度，其过分宽松的政策取向，纵容了土地兼并、蓄养奴婢等社会问题，给西汉后期经济社会发展带来了负面影响，导致社会矛盾丛生，最终颠覆了这个庞大的王朝。

有人说，“一个专制的时代必然是一个严酷的时代”。汉武帝时期“天子一怒，伏尸百万，流血千里”的现象，以及“巫蛊之祸”中展现的他晚年的冷酷残忍，恰恰暴露了“人治”的弊端。在这样的环境里，越是有作为的皇帝，其破坏力越大。

也有人说，汉武帝时代基本奠定了中国传统社会中央集权政治统治的四梁八柱。

一是郡县制度，地方官由中央任免，实现了中央政府对地方政权的直接有效控制。

二是尊儒制度，儒家思想成为正统思想，为加强中央集权奠定了思想基础。

三是选任制度，通过军功，以及征辟、察举等方式，由中央政府从基层选拔人才，委任文武官员，扩大了统治基础。隋唐时代开启的科举制度，使官员选任的途径和方式更加合理。

四是专营制度，通过官营（国有）方式来有效控制盐铁等国家重要资源，增加中央财政收入，打击地方商贾势力，增强中央集权的经济后盾，削弱地方割据的经济基础。

而上述的一切，都离不开“霸王道杂之”的“汉家制度”。

五、儒释道的演进与合流

每年农历七月十五，是传统习俗中的中元节，又叫“鬼节”。它与除夕、清明、重阳并称中国传统的祭祖大节。不过，与其他三个节日不同的是，中元节同时融合了儒家、佛家、道家的观念和习俗。

道家讲阴阳交替，天地中元，万物才能生生不息。中元节恰逢夏秋交替，此时天地阴阳交替，阳气盛极而衰，阴气初现端倪。在这一天，地宫打开地狱之门，放出鬼魂，所以民间普遍开展祭祀鬼魂的活动。道经里讲，七月十五地官赦罪，因此中元节又是消灾赦罪的节日，人们会举行仪式祭祀人世间的各路鬼魂，祈求自己全年平安。

儒家讲七月新粮，作物成熟，要在中元节用新米祭祀祖先，报告收成。民间也会感念土地养育万物，在中元节将供品撒进田地，祭祀土地和庄稼。这一天，人们还会上坟扫墓，祭拜祖先。这充分体现了儒家对乡土的眷恋，以及对祖先的孝道。

相传佛祖释迦牟尼在世时，收了十位徒弟，其中有个修行者名叫目连，得道前父母已逝。目连很挂念死去的母亲，就用天眼察看母亲在地府的生活，发现她已变成饿鬼，缺吃少喝，境况堪忧。目连见此，心痛不已，便运用法力，拿一些饭菜给母亲吃。可是，饭菜一到嘴边，就化为火焰。目连法力有限，无奈之下，只好报告释迦牟尼。没想到，佛祖批评他说：你母亲在世时种下不少罪孽，所以死后堕入饿鬼道中，万劫不复。这种孽障你一人化解不了，必须集合众人力量。于是，目连联合一些高僧，共同举办祭祀仪式，超度亡魂。

久而久之，传说演化成了民俗。每逢农历七月十五，人们都会宰杀鸡鸭，焚香烧衣，祭拜由地府出来的饿鬼，化解怨气，帮助他们早入轮回。于是，就形成了鬼节办法事、超度亡灵的习俗。此外，古人认为，从阴间到阳间的这一条路，非常黑，若没有灯是看不见路的。中元节放河灯的习俗，就是为了帮助鬼魂照亮前行道路，早入轮回，这是一份慈悲心肠。

战国时代，荀子曾讲过："君子以为文，小人以为神。以为文则吉，以为神则凶。"鬼神，君子视为文化，普通人视为迷信。不过，中国人常说"举头三尺有神明"，也讲"人在做，天在看"。鬼神观念的存在，就是要让人们有敬畏感，学会自我约束，善待他人，不忘先人，传承良好家风。

儒学是学派，是思想，是中国传统社会长期存在的官方意识形态和主流思想体系。道教是中国本土宗教，理论植根于道家思想和黄老学派。佛教是外来宗教，由古印度（今尼泊尔）的乔达摩·悉达多创立，是当今世界三大宗教之一。尽管源头不同，但地理距离、精神实质和价值理念有相通之处。道根儒茎佛叶花，三教本来是一家。它们在中国传统社会的特殊气氛里，实现了三派合流。中元节，只是这种合流的表现形式之一。

佛教传入中国，大概是在西汉后期到东汉初年，尽管汉明帝曾下令修建白马寺，对佛教示之以礼，但佛教在中华大地真正大行其道，则是在魏晋南北朝时期。毕竟，东汉三国时代，儒家、道家的哲学思想深入人心，中国人的文化自信非常强烈，华夷之辨根深蒂固。东汉、三国和西晋政权将佛教视为胡人的宗教，明令禁止汉人出家为僧。因此，佛教在决策层眼中，只能远观，不能接触。

八王之乱后，西晋崩溃，“五胡乱华”。十六国时期，北方陷入战乱，大批西域僧人进入中原，甚至成为胡人统治者的幕僚。在他们的推动下，后赵等政权放开了汉人剃度出家的禁令。从此，佛教开始在北方普及，并逐步影响东晋和南朝。

南朝梁武帝萧衍不仅下诏崇佛修寺，而且三次舍身同泰寺，亲自去当崇佛的楷模。作为梁武帝的幕后谋士，“山中宰相”陶弘景是道家著名人物，但他在深山修炼时，也要在道馆两旁修青坛和佛塔各一座，表示道佛两教双修。

两晋南北朝时期，国家分裂，战乱不断，生灵涂炭，无论是统治者，还是普通百姓，都需要精神慰藉。佛教所倡导的“修行”和“来世”，在很大程度上满足了这一精神需求。战乱因素所造成的额外赋税徭役，让百姓负担日渐沉重，许多人借皈依佛门之机，逃避税收和兵役，这就让寺院经济大行其道，僧侣对国家政治的影响力大增。梁武帝甚至在《敕舍道事佛》一文中，将儒、道都斥为邪教，并号召臣下反伪就真，舍邪归正。这样看来，佛教的日子总体好过道教和儒学。

然而，儒学和道教并没有因为佛教势力的膨胀就冷眼旁观，或是完全边缘化。在中华文明与印度文明的这次千年碰撞中，中国人虽然长期抱有现世主义的伦理文化，但并没有排斥印度文明宗教出世主义的挑战，反而采取了开放、接纳的态度，先收过来，再逐步改造，不断注入儒学和道教的内涵。

佛教为了在中国立足生根和快速扩张，也必须入乡随俗，向儒学靠拢，贴近老庄和玄学。比如，《四十二章经》里，一方面宣传小乘佛教的无我、无常和四谛、八正道，一方面也掺杂了“行道守真”的道家思想，以及“以礼从人”的儒家规范，形成所谓“三教一致”的表象。又比如两晋时期，一些僧人受玄学启发，对佛学义理只求意达贯通，不求文字增删，使佛教般若学依附玄学而得以兴盛，成为佛教本土化的一次尝试。

著述经文的一致化，对社会风气的塑造也有带动作用。两晋南北朝时期，不少名士头戴“道冠”，身穿“僧衣”，足蹬“儒履”，以行为艺术的方式集儒、释、道于一身。东晋名士陶渊明、僧人释慧远、道士陆修静在庐山的会见，也蕴含了“三教合流”的意味。

这样一来二去，最终造就了富有创造性、带有中国传统文化特色的汉传佛教。其天台、华严、禅宗等派别一直将中国儒家、道家的心性论、伦理观融入佛法，促进了佛教在中国的发展。华严宗甚至将佛教的“五戒”与儒家的“五常”、孝道进行融合，将汉传佛教的智慧层次提高到了新的水平。中国人还将改造后的汉传佛教远播到周边国家，演绎了鉴真东渡等经典传奇。

12世纪以后，佛教在印度逐渐销声匿迹，但在中国迎来了一轮又一轮的高潮。佛教所承载的意识形态，拓展了中国传统文化的精神视域，在中国文化中注入了来世、轮回、地狱等抽象概念，在一定程度上调节了中国文化现实主义“俗”的倾向。这种文明之间的深度融合和改造创新，也为全球化时代解决东西方文明的冲突提供了借鉴。

尽管儒、释、道三教互相靠拢、互相吸收、互相融合，但彼此的矛盾依然激烈。最典型的案例就是北魏太武帝和北周武帝两次灭佛，导致大量僧侣死亡、佛经佛像被毁。“老子化胡”的流传，将道家学说（老子带去的汉地书籍）移植成为佛教的源头，引发了佛道之间更激烈的争论和对立。到了元朝，为了提防汉人，官府有意扶持佛教，打压道教，烧毁部分道教经书，最终导致社会矛盾激化，成为元朝倾覆的重要原因。

第九章
书写秦砖汉瓦

秦砖汉瓦，非指“秦代的砖，汉代的瓦”，而是泛指秦汉时代的青砖古瓦。它们历经千年不朽，见证岁月铅华。

咸阳宫的壁画残片，色彩鲜艳，风格雄健，线条流畅，豪放大气，字体古朴，内容丰富。它们承载着形式精美而内容丰富的图文，宣告着古代中国宫殿“非壮丽无以重威”的营造原则；图像上的青龙、白虎、朱雀、玄武四种神兽，构图饱满，造型夸张，雍容华贵，气势磅礴，展现了秦皇汉武渴求长生不老、永享荣华的梦呓。

汉代瓦当的纹饰，更加多姿多彩。既有文字瓦当，以“长乐无极”“长乐未央”等字样彰显朝野民众的愿望，也有在砖上印画、施彩，后世称为“画像砖”。这些砖上，有描绘日常劳作生活，包括宴会、乐舞、狩猎、赶集，有描绘神兽与动物，包括骏马、飞龙、飞禽、老虎，有历史故事，有现实生活，画面疏朗，甚至夸张变形，但气氛灵动，表现力简约大方，宛如一部汉代社会生活画卷。

秦砖汉瓦，只是秦汉时代中国科技、文化和艺术的缩影。它所蕴含的高超的陶艺技术和绘画、书法水平，不仅具有文物价值，更具有观赏价值。它以其特有的方式，书写着秦汉在文字、诗赋、中医、造纸，以及机械制造领域的创新与辉煌。

一、汉字的演变

秦始皇二十六年（前221年），秦统一六国。随后，秦始皇颁布法令，统一六国文字。

为什么要统一文字？以前不是有甲骨文和金文吗？为什么还要统一呢？

殷商以前，中国没有文字，起到文字作用的符号只能表达一些意思。到了公元前14世纪，“表意符号”演化成较为定型的甲骨文，也就是刻在动物骨头和乌龟壳上的文字，具有现代汉字的一些特征，成为现代汉字的老祖宗。然而，这些文字主要用来占卜，且由于商代的灭亡，长期湮没在殷墟之中，直至清代末年才重见天日。

商周时代，一些文字被刻在了青铜制的钟鼎和石鼓上，被称为“金文”，或“钟鼎文”“石鼓文”。不过，这些文字在各地也不是统一的。到战国时期，诸侯国数量减少，各国的文字各有差异。这样的现状造成的结果是，文字混乱，互不相通。咸阳发布的诏令，到了邯郸、临淄可能当地人就不认识。这样就没办法实现政令畅通，巩固大一统局面。

对秦始皇来说，统一文字势在必行。那么，秦王朝是怎样统一文字的？

东汉学者许慎在《说文解字》的序言里这样写道：

> 秦始皇帝初兼天下，丞相李斯乃奏同之，罢其不与秦文合者，（李）斯作《仓颉篇》，中车府令赵高作《爰历篇》，太史令胡毋敬作《博学篇》，皆取史籀大篆，或颇省改，

所谓小篆者也。

为了统一文字，秦始皇下令废除各国文字，然后派人写了三本用作标准的字书。遗憾的是，这三本字书现在都失传了，只有当年秦始皇巡游天下留下的刻石，还能看得到。刻石上的“小篆”都是李斯撰写，整齐漂亮。不过，许多出土秦简上的字不是小篆，而是隶书。这又是为什么呢?

学界的估计，小篆之所以能成为官方文字，一方面是主要源自战国时期秦国的大篆，字体美观，秦始皇颇为推崇，另一方面其构字接近赵、魏、韩、齐等国曾经通用的字体，使用小篆统一各国文字的阻力较小。不过，小篆虽然华丽，但既不好写，也不好认。相比而言，隶书更简洁实用。因此，秦代灭亡后，小篆就逐渐被抛弃了，成了中国历史上最短命的字体。

小篆虽然退出了全国性文字的行列，但由于字体优美、笔画复杂、形式奇特等特征，小篆得到了书法家和篆刻家的青睐。小篆用到印章刻制上，其防伪功能和艺术美感都能得到绽放。因此，小篆并未消亡，而是以另一种形式服务中国人的生活。

真正成熟且长期流传的汉字，是隶书。传说一个叫程邈的人坐牢狱时，觉得小篆难写，便发明了一种新字体取而代之。显然，私自创制文字在秦代的严刑峻法之下，是要倒霉的。但秦始皇看了他的字后大加赞赏，非但没有追责，反而赦免了他，还封他为御史，并将这种字体规定在官狱中应用。因为程邈是个徒隶，他所改良的字起初又专供隶役应用，所以把这一书写体称为隶书。

事实上，隶书出现得很早，至迟在秦武王（秦惠文王之子、秦昭襄王之兄）时代就已开始使用。不过，这种被称为“秦隶”的字体，主要是将“小篆”的圆改为方，曲改为直，并分出了一些偏旁部首，实现了简化，提高了书写速度。尤其在官府，官员“奏事繁多，篆字难成，即令隶人佐书”，对于提高公文运行效率起到了正面积极作用。

秦隶毕竟只相当于小篆的简化版，并没有摆脱小篆的结构特点，基本是方形的。到了汉代，汉隶展现了毛笔书法之美，出现了“蚕头燕尾”的字形，书写起来更加轻松。

到了魏晋南北朝时期，隶书经过进一步的简化，演变出新的书写体——楷书。楷书吸取篆书、隶书的特色，去掉“蚕头燕尾”。经过不断的发展改良，最终汉字以楷书的形式大体稳定下来，形成了今天的模样。

文字的统一和演进，是中华文化得以长久传承的基础。不过，不应忽略的是，自秦汉以来音韵的流变，虽然几经人口迁徙和方言变化，但官话的语音基调大体稳定，流传至今。这也是虽然中国各地方言多样，晦涩难懂的有之，习俗各异的有之，但既有统一的文本，又有大家都认同的“官话”。“文字＋音韵”，不愧是跨越时空的文化载体。

如果拿世界上使用人口最多的汉语和拉丁语来比较，可以清晰地发现：

汉语是世界上最古老的语言之一。秦汉时期，汉字形成统一的书写规范。官学、书院、私塾大都使用汉语，科举考试亦然。北魏孝文帝改革将汉语作为“正音”。清朝确立在全国的统治后，很快将汉语作为官方语言。日本等周边国家的语言也受到汉语影响。

拉丁语最初是古罗马人的语言。公元1世纪，标准拉丁语形成，与希腊语等一起成为罗马帝国学校的教学语言。罗马帝国解体后，拉丁语的日常口语功能逐渐丧失，成为一种书面语言。17世纪末期以前，西欧的学术著作大都使用拉丁文撰写，意大利、西班牙、葡萄牙、法国等在拉丁语的基础上，发展出自己的民族语言。

两种语言历史悠久，历经变迁。它们都是东西方文明的重要载体，体现在典籍与文化教育等方面；都形成了各自的文化圈，对周边国家民族语言产生了影响。不过，汉语作为通用语言使用至今，而拉丁语逐渐变为书面语言。显然，汉语的连续性更加突出，这也是中华文明不间断的连续性的缩影。

二、诗赋的演变

关关雎鸠，在河之洲。窈窕淑女，君子好逑。
参差荇菜，左右流之。窈窕淑女，寤寐求之。
求之不得，寤寐思服。优哉游哉，辗转反侧。
参差荇菜，左右采之。窈窕淑女，琴瑟友之。
参差荇菜，左右芼之。窈窕淑女，钟鼓乐之。

这首名曰《关雎》的诗文，来自春秋晚期成书的诗歌总集《诗经》，相传为孔子从当时流行的三千多首诗歌中，选出三百多首辑录而成的。《诗经》内容丰富，有民歌，有爱情诗，有饮宴祭祀诗，以赋比兴的手法和简洁的言语，记录了那个时代的社会和自然，甚至成为我们了解西周和春秋历史风貌的百科全书。

明代文学家冯梦龙就曾说过：“自楚骚、唐律争妍竞畅，而民间性情之响，遂不得列于诗坛，于是别之曰‘山歌’，言田夫野竖矢口寄兴之所为，荐绅学士家不道也……山歌虽俚甚矣，独非郑、卫之遗欤？”能与“山歌”相似，体现“民间性情之响”的，就是《诗经》。

回到《关雎》。它的内容其实很单纯，是写一个“君子”对“淑女”的主动追求。从不受待见，到虏得芳心，心情也是起起伏伏；从苦恼不已，翻来覆去睡不着觉，到喜笑颜开，叫人奏乐庆贺。恋爱过程非常有趣，很接地气。这位追求淑女的男子，家有琴瑟，有鼓乐，又被称为“君子”，想必是个贵族。这首诗记述的是恋爱的过程，可能是婚礼上男方赞美新娘、祝福婚姻美好的歌谣。

不管今天怎么理解，这首诗在那个年代还是给出了耐人寻味的结论：

其一，它所描述的爱情具有明确的婚姻目的，最终归于婚姻的美满，从短暂邂逅到负责任的爱情，得到了社会认同。

其二，婚姻双方分别是“君子”与“淑女”，代表了一种婚姻理想，也就是德行之善与体貌之美的结合。

其三，恋爱行为是守规矩的。求之不得，也只是“辗转反侧”，并没有“攀花折柳”，表现得平和而有分寸，反映了一种“中和之美”，以及自我克制、重视道德修养的人生态度。既承认男女之爱的正常性，又倡导男女之爱的节制性，歌颂感情克制、行为谨慎、婚姻和谐，正是孔子创立的儒家思想所极力提倡的。因此，这首诗曾在中国古代被定义为“风天下而正夫妇”的道德教材，绝非偶然。

其四，恋爱的周折是必要的。这个过程告诉恋爱双方，好东西注定得来不易，值得珍惜；得来不易的东西才更加可贵。

其实，《诗经》不只有爱情的描述。其对星象、地震、雨雪等自然现象的记载，给今天的科学家研究古代自然环境，探寻自然规律提供了更多有价值的资料。比如这首《十月之交》：

> 十月之交，朔月辛卯。日有食之，亦孔之丑。彼月而微，此日而微。今此下民，亦孔之哀。日月告凶，不用其行。四国无政，不用其良。彼月而食，则维其常。此日而食，于何不臧。烨烨震电，不宁不令。百川沸腾，山冢崒崩。高岸为谷，深谷为陵。哀今之人，胡憯莫惩？
>
> ……

这是周幽王时期一个小官写的政治讽刺诗，讥讽当权者不顾社稷安危，只管自己捞钱。这里所引述的提到了日食、月食、地震等反常的自然现象。尽管作者对这些现象的成因不甚了解，但他已有朴素的“天人感应”观念，认为这是上天对人类的警告，以日喻君，预示着西周即将迎来大的灾难，反映了他对国家前途的担忧。诗中记述的地震，在《国语·周语》中得到了印证：“幽王二年，西周三川皆震……是岁三川竭，岐山崩。”这些资料，对今天研究中国地震规律有重大意义。而诗中“百川沸腾，山冢崒崩，高岸为谷，深谷为陵”等描述，现场感十足，今天读起来仍是惊心动魄。

《诗经》的意义，在于它的三个第一：中国古代第一部诗歌总集，中国第一部系统性的文学作品，儒家“五经”排名第一的著述。它开了中国文学史上的先河，其意义可与古希腊的《荷马史诗》相提并论。它也成为中国历史上一代代文豪必修的启蒙教材。

《诗经》也有缺陷，就是只录入作品，而忽略了作者。它彰显了文字之美，却忽略了“知识产权”。中国古代第一位知名的诗人，当属战国时代的屈原。以他二千四百九十字的《离骚》为代表的“楚辞”，饱含南方声韵，在中国文学史上与《诗经》南北相竞，并称“风骚”。所不同的是，《诗经》多为四字一句，而楚辞的句式长短不一，更加灵活。

屈原是楚国贵族，他的主业是从政。关于屈原的记载，主要见诸《史记·屈原贾生列传》。然而，今天的一些出土文献已经印证，《史记》对于战国及其以前历史的记述，多有错谬。这篇列传也是漏洞百出。

其实，早在清末民初，“疑古派”学者便对屈原是否真的存在提出质疑。不过，当屈原由历史人物演化为民族符号时，人们早已不再计较他到底是真是伪，而更在乎他身上承载的民族精神和文化内涵。

作为贵族，屈原生活在楚国由盛转衰的时代。他位居三闾大夫，却没有尸位素餐。他曾奏请楚怀王推行改革，提出了奖励耕战、唯才是举、畅通言路、杜绝朋党、严明赏罚、移风易俗等六方面改革措施，部分内容与商鞅变法接近。

然而，这些措施动了旧贵族和既得利益集团的蛋糕，遭到了他们一再攻讦打压。同时，楚怀王也想借机改变贵族政治局面，便重用新贵靳尚等人，排挤屈原，将其逐出郢都。屈原本有一腔忠心，却遭猜忌，愤懑之情诉诸笔端，写下了不朽诗篇《离骚》。

在这篇史诗级文学作品中，屈原大量运用神话传说，调动浪漫主义的想象翅膀，以理想和现实的冲突为主线，大量运用“美人芳草”的比兴手法和瑰丽的语言，闪耀着南方楚文化的奇丽色彩，借助回忆录笔体的情感激荡，以及纷繁芜杂的幻境，展开宏大叙事，倾诉了对楚国命运的担忧，对楚国民生的怜悯，“哀民生之多艰”，主张“举贤而授能”，“循绳墨而不颇”，展现了他砥砺不屈、特立独行的节操，以及敢于坚持真理、反抗黑暗腐败的精神。

屈原的这首倾注情感的诗篇，并没有换来楚怀王的回心转意，或者是幡然悔悟。在秦使张仪的愚弄下，楚怀王贪图六百里土地的小便宜，主动断绝了齐楚联盟，最后发现被耍，只得到区区六里土地，盛怒之下，发兵攻打秦国。不料秦军早有准备，楚军连续败绩，丧师失地，国势一蹶不振。楚怀王不知教训，继续上当受骗，应邀跑到秦国境内与秦王会盟，结果被秦国扣留，当了人质，直至死在异地他乡。

新继位的楚顷襄王，比其父更加昏聩。直至公元前278年，秦将白起率军攻陷郢都，楚国半壁江山沦入敌手。楚王罔顾受苦受难的楚国百姓，只身向东逃走。

而此前的屈原，在新的流放地汨罗江畔，徘徊许久，写下了《天问》一诗，一口气提了一百七十二个问题，怆然呼号，问天质地，探寻宇宙本源、人类奥秘和历史功罪。坎坷流离的经历，使他对一切传统观念都开始怀疑，对一切未来事物都要穷究探寻。

他没能靠自己解开谜团，也没能改变楚国沦亡的结局。悲痛之余，在写下《哀郢》《怀沙》等诗篇后，带着失望与愤懑，以花甲之身跳入汨罗江中，为他的祖国殉葬。

屈原的人格，蕴含在他的诗篇中，对两千多年来的中国人都产生了深远影响。李白、杜甫等大诗人，无论艺术还是品德，都很受他的启发。传说屈原殉难的日子正好是五月初五端午节，后来人们亦将端午节视为纪念屈原的节日。

到了两汉，以及魏晋时代，诗歌的发展进入了新的时代。既有辞藻华丽的汉赋，涌现出《上林赋》这样的佳作，以及卓文君与司马相如这样追求真爱的“文艺青年”；也有朴素平实的乐府诗，涌现出《木兰辞》这样现实主义色彩浓郁的著名诗篇。我们重点说说司马相如。

对于司马相如，鲁迅曾有这样的评论：“武帝时文人，赋莫若司马相如，文莫若司马迁。”天府成都，不仅沃野千里，而且自古人才辈出。司马相如就生于斯长于斯。这位文艺青年家境殷实，应该算是“富二代”。汉景帝时期，国家还在千方百计地积累资金，准备有朝一日跟匈奴开战。因此，朝廷出面兜售一些小官的职位。司马相如便花钱捐了个皇帝的武骑常侍，进入了官员队伍。

然而，这是一项很无聊的工作。主要任务是陪皇帝打猎，如果有皇帝对付不了的野兽，就得由他出面摆平。显然，这跟司马相如的专业很不对口。他喜欢读书和写赋，但汉景帝似乎对此并不感冒。所以，虽然吃着皇粮，司马相如还是郁闷不已。

有时候，真的是否极就会泰来。某日，梁孝王刘武进京面君。这位汉景帝的弟弟，跟他的哥哥志趣不同。刘武是个文艺青年，对汉赋很着迷。司马相如终于有机会能与梁孝王身边的辞赋家过招交流，顿时觉得之前的时光简直是虚度了。

再优秀的人，有时难免经历挫折，关键在于识时务，有自知之明，能够决绝放弃虚名，转而追求能够更好展现才华的舞台。尽管这个舞台稍小一些，但只要站得上去，宁当小舞台的角儿，不当大舞台的道具。当司马相如发现，梁孝王身边有更合适他的氛围后，他果断选择了请病假，随后跳槽。

在梁孝王身边，司马相如过得还是很愉快的。他为梁孝王写了篇《子虚赋》，其主题是倡导虚静为君的道家思想导向。汉景帝根本不喜欢这一套。后来，梁孝王刘武在与汉景帝的权力斗争中败下阵来，郁郁而终。

靠山倒了，司马相如的这次跳槽，只换来了几年快乐时光，还没等收割成果，就以失败告终。这次，他失业了，陷入了贫困。无奈之下，他只好离开梁国，回到老家成都附近的临邛(今四川邛崃)。为什么来这里？

原来，临邛令王吉跟司马相如关系要好，见相如混砸了，便伸出援手，请他前来走动走动。相如虽然在临邛住下，但王吉天天拜访，相如总是托病不见。估计他也是觉得自己混得太失败，没脸见好朋友吧。或许，越是称病不见，越是神秘莫测，王吉越是恭敬有加。

临邛有个大款名叫卓王孙，听说“(县)令有贵客”，便设宴请客，打算结交。相如本来打算继续托病，不愿意去。可是，王吉出面一再邀请，相如无奈，只好前去赴宴。

酒席宴上，司马相如应邀抚琴，弹奏了一曲《凤求凰》。在那个高朋满座的场合，这样的表演自然是满堂喝彩。不过，相如是要把这首曲子献给人群中惊鸿一瞥的美人——卓文君。

卓文君是卓王孙的女儿，年纪轻轻便丧夫守寡。她久仰相如文采，无缘出席宴会，便躲在屏风外偷看，没想到被司马相如看在眼里。卓文君的芳名，司马相如早有耳闻，今日得见，更加中意。这曲《凤求凰》，传递的就是爱慕之情。卓文君听出了弦外之音，看到了这位气度不凡的大才子，更加敬慕。宴会散后，通过卓文君的侍女，两人终于搭上关系。

一个是富二代，一个是曾经的富二代，但爱情的力量打破了阶层界限，女粉丝跟男偶像竟然连夜私奔成都，演绎了一出真实版“凤求凰”。

卓王孙听说女儿跟偶像私奔，勃然大怒，虽然无法阻止这一切，但决心搞个经济制裁，不给女儿一文钱。卓文君万万没想到，司马相如在成都混得这么惨，简直是家徒四壁。蜜月期的这段日子，这位大小姐实在过不惯，眼看揭不开锅，她只好主动跟丈夫说：要不，你跟我一块回临邛吧，哪怕向我兄弟借点钱，也比在这儿受罪强啊。

现在看来，或许司马相如此前的托病不出，是在故弄玄虚，王吉的一再求见，更像是在演戏。两人的这出双簧，就是为了套个富翁，弄一大笔钱出来。眼看大小姐主动提出回去借钱，司马相如二话不说，立刻答应了。

回到临邛，他们变卖马车当本钱，开了一家酒馆。卓文君当老板，兼卖酒柜员，司马相如系着围裙，当起了伙计，负责刷盘子。酒馆的地理位置离卓王孙的宅子很近。小两口天天抛头露面，高声叫卖，远近闻名。

卓王孙听说这一切，觉得很没面子，干脆宅在家里不出门。他的弟兄和长辈见状，只好劝他：如今文君已经委身司马相如，这位小伙子虽然没有做官，家里也穷，但好歹是个人才，不见得终身埋没。别忘了，他还是县令的贵客。你又不差钱，怎么能让他们小两口如此难堪呢？

卓王孙为了颜面，也碍于父女之情，只好拨出百名奴仆、百万铜钱，以及卓文君的嫁妆，一并送去，让小两口滚回成都。就这样，司马相如用一顶“为了爱情”的大帽子，达到了一箭多雕的目的——金钱、美女、好名声、千年传唱的爱情，全丰收。

就在小两口双双回到成都，买田置地，过上财务自由的生活后不久，相如的另一份好运也来了。

汉景帝驾崩，汉武帝上台。这位新君对《子虚赋》非常喜欢。他原以为是古人所作，感慨自己不能与作者同处一个时代。后来听闻，此赋是同代蜀人司马相如所作，汉武帝又惊又喜，马上把他召到长安。

见到汉武帝，司马相如拍着胸脯表示：《子虚赋》写的只是诸侯王打猎的事，算不了什么，请允许我再写一篇天子打猎的赋。于是，他挥毫泼墨，写成了《上林赋》。不仅内容上与《子虚赋》前后相继，而且文采更佳。其中以问答形式，放手铺陈，歌颂汉帝国的统一和伟大，讽谏奢靡世风。后来，就连司马迁也评价说：“相如虽多虚辞滥说，然其要归引之节俭，此与《诗》之风谏何异？”

此赋一出，汉武帝龙颜大悦，马上任命相如为郎官。

从此开始，司马相如和卓文君开始了两地分居。相如在长安为皇帝效力，还曾出使巴蜀，帮助汉军平定西南，立下大功。然而，长安的灯红酒绿，让他耐不住深夜寂寞。他爱上了一位茂陵女子。

这样的“出轨”绝非偶然。这位茂陵女子，也是富二代，而且更年轻，气质像极了卓文君。难怪司马相如会鬼迷心窍。或许，他还想再来一次财色双收?

可是,“凤求凰”的故事变成了传说。一旦抛弃卓文君,他积累的好名声和光辉形象将轰然崩塌,这样的代价显然太大了。因此,他没有选择离婚,而是继续出轨。

纸包不住火,卓文君终于得到了消息。她没有暴怒,而是坦然赋诗《白头吟》,其中的“闻君有两意,故来相决绝”“愿得一心人,白头不相离”,教人沉醉心碎。卓文君用文人特有的方式,将丈夫从出轨的泥潭中拉了出来。茂陵女子,只成了相如一生中的匆匆过客。

后来,司马相如因病免官。他没有回成都,而是把家安在茂陵,跟卓文君白头偕老。元狩二年(前121年),卓文君因病去世。元狩五年(前118年),司马相如也去世了。只留下“何缘交颈为鸳鸯,胡颉颃兮共翱翔”,余音绕梁。

三、中医的演变

虢国太子突然死去,百姓正忙着祈福消灾,准备丧事。[①] 这时,有个医生自告奋勇,说他能帮太子治好病。虢国君臣非常诧异,心想世上怎有起死回生的事。医生获悉太子死了半日,看过“遗体”后表示,太子其实没死,他的耳朵尚有鸣响,鼻息微弱,大腿根还有余温。虢君一看,果然如此,马上就请这位医生赶快医治。

医生让弟子研磨针石,扎了几针,太子竟醒过来了;又在两胁

---

① 虢国是西周分封的诸侯国,春秋时期亡国,族人迁到晋国境内,集中居住,国君在封地里称“君”。

之下用了几副熨药，太子竟坐起来了；再开方子吃了几帖药，调理阴阳，两天后，太子竟康复如初。结果，能让病人“起死回生”的经历成了传奇。这位医生却说：如果人真的死了，我也没办法救活他。太子的病，只是暂时昏迷，一命尚存。我只是帮助他把受到压制的性命复苏罢了。

这位谦虚的医生，人称扁鹊。其实，扁鹊是传说中上古时代的神医。这位医生的真名叫秦越人，老家在今天雄安新区的隔壁任丘市。能够冠以“扁鹊”的大名，足见医术高明，在当时如雷贯耳。

扁鹊行医，走遍四方。据说他给魏文侯、赵简子等人都看过病，也为洛阳、邯郸等地的老百姓诊治。为人耳熟能详的，是他三次去见蔡桓公（一说齐桓侯田午），只是简单地看了两眼，就能断定其病情，从而留下了“扁鹊见蔡桓公”的典故，“讳疾忌医”的成语，以及“望而知之谓之神”的传说。因此，扁鹊也被视为真实可信的中医祖师爷之一。

有人说，中医的源头是巫师。诚然，在科学不发达的时代，“不问苍生问鬼神”的现象很普遍。于是，作为沟通人与神的媒介，巫师这一职业应运而生。巫师会掌握一些朴素的医药知识，但医学知识绝非从巫师的本来意识和活动中产生的。因此，随着社会的发展和医药学知识的积累，医巫肯定要分离。扁鹊行医，就注重改进医疗技术和积累总结经验，反对用巫术治病。他说，一个人相信巫术，不相信医药，病就没法治了。

秉持这样务实的医学主张，就意味着要砸巫师和方士的饭碗，自然会招致嫉恨和攻讦。扁鹊到秦国行医，由于名声很大，就被国君请去看病。传说，秦国有个医官名叫李醯，深知自己医术平庸，远不如扁鹊，恐怕以后扁鹊在秦国受到重用，使自己边缘化，就干脆派人将其刺杀。

扁鹊虽死，但他的精神不死。相传中医经典理论著述《难经》就是扁鹊所作。只不过它的内容更像是《黄帝内经》成书后才问世的，应该是成书于汉代，假托扁鹊之名而已。当然，能够得到托名，也说明扁鹊在人们心中的地位，历久弥新，永不磨灭。

对于中医的争论，几千年来从未停歇。传统观点认为，中华医药知识是伏羲、神农、黄帝等上古圣人传下来的。《黄帝内经》《神农本草经》等中医名著也大多托名上古圣人。相传，神农尝百草，才有了中医的药物学知识；黄帝跟天师岐伯对话，才有了《黄帝内经》。显然，这些只是传说而已。

人们在求医问药的过程中，会观察动物伤病时自我保护的一些现象。“药王”孙思邈在峨眉山采药时，观察到鹳鹤在河边捕食鱼虾时，经常啄食一种草，由此发现中药老鹳草可以治疗风湿病。当然，动物的自我保护是本能的，条件反射式的，没有医药知识的积累。

如今各种媒体经常宣传“食疗”。事实上，神农尝百草的初心，也是为了寻找适于种植的谷物，药物知识的积累是意外收获。辅佐商汤建立商朝的伊尹，原本是个厨师，在烹饪过程中发明了中药汤剂。虽然这样的案例很多，但食疗仍然不能跟中医完全画等号。毕竟，前者重在保养，后者侧重治疗；前者只能吃喝，后者还要针灸、外用，这些跟食物未必有关。

中医真正的源头，其实是华夏先民的生产生活实践。医学是个不断积累案例经验的科学门类。病例越多，治疗经验越丰富，对发病原因、治疗方法的理解和把握才越清晰。聪明的中国人正是在生产生活实践中，不断发现治疗不同疾病的方法，从而持续充实和发展中医科学，将其发展成为一个博大精深的传统医学理论体系，为全球人类健康做出了巨大贡献。

在秦汉以及两晋南北朝时期，中医得到了长足进步。

华佗留下了麻沸散、五禽戏等发明，以及“刮骨疗毒”等传说。

张仲景撰写的《伤寒杂病论》针对一切外感疾病和传染病，提出“六经分类”的辩证治疗原则，成为集秦汉时代医药理论和临床医学大成的皇皇巨著。

葛洪以炼丹闻名，却留下了《抱朴子》《肘后备急方》这样的作品，前者侧重原始化学知识，后者则是中医民间验方的袖珍本，在神秘魔幻中展现着科学的光芒。

君不见，就连美国游泳健将菲尔普斯，也爱上中医拔罐了吗?

四、蔡伦：一个宦官的科技生涯

东汉永平十八年（75年），十五岁的蔡伦迎来了人生的第一个转折点。

这一年，汉明帝刘庄驾崩，汉章帝刘炟下令，到各郡县搜罗一批小孩，选进宫里当宦官。实际上，就是要对伺候前朝的宦官队伍进行一次洗牌。

来自桂阳郡耒阳县（今湖南耒阳）的蔡伦被选中了。

相对于很多目不识丁的宦官，蔡伦有点先天优势——读过书，识文断字，因而从小黄门被提拔为黄门侍郎。

当宦官，不光要管住嘴、全方位地把主子伺候好，还要选边站队，该出手时就出手，而且下手要稳准狠。

蔡伦在正宫窦皇后身边效力。窦皇后虽然深受皇帝恩宠，但膝下无子。汉章帝的妃子宋贵人、梁贵人分别生了皇三子刘庆和皇四子刘肇，其中刘庆被立为皇太子。窦皇后看到这一切，心里着急，生怕两位贵人母以子贵，后来居上，将她边缘化。毕竟，偌大的皇宫，丈夫是稀缺资源，而丈夫又掌握着巨大的政治资源。要想让自己立于不败之地，必须想方设法干掉竞争对手。

蔡伦就成了窦皇后手里的枪。在她的指使下，蔡伦诬陷宋贵人“挟邪媚道”。宋贵人心理承受能力太差，走投无路，竟然寻了短见，还连累儿子刘庆失去了皇储大位，废为清河王。后来，窦皇后又派人写“飞书”(匿名信)诬告梁贵人及其父亲褒亲愍侯梁竦，结果梁竦被处死，梁贵人郁郁而终。窦皇后抢夺梁贵人的儿子刘肇，据为己有抚养，并推动汉章帝立其为太子。

章和二年(88年)，汉章帝去世。年仅十岁的汉和帝上台。窦皇后升格为窦太后，借口皇帝年幼，临朝听政。兄长窦宪等人作为外戚，掌握军政实权。蔡伦站队正确，因功提拔为中常侍，在皇帝身边服务，参与国家机密大事，享受二千石俸禄的待遇，地位跟九卿、郡守相当。

窦家专权的日子只维持了四年。永元四年(92年)，汉和帝指使中常侍钩盾令(宦官)郑众定计除掉窦宪等人。在窦宪班师进京后，关闭城门，逮捕其党羽，并派人收回窦宪的大将军印绶，让他和窦笃等人回封地去。等到了封地，再逼他们自杀。窦太后虽然保住了性命和地位，却失去了临朝听政的资格。五年后，窦太后因病去世。

窦家遭此劫难，蔡伦却独善其身。其中的秘诀，就是他不仅是窦太后的宠臣，更成了汉和帝的主心骨。他时常陪王伴驾，讲汉光武帝刘秀的故事，告诉汉和帝为君之道，希望他心系天下，好好学习。汉和帝属于虽然贪玩，但脑子机灵的皇帝，对蔡伦的话言听计从。这以后，玩耍少了，投入到学习和舞剑的时间多了。

永元四年，汉和帝在御花园舞剑，击中一块大石头。也不知是小皇帝用力过猛，还是这剑是豆腐渣产品，总之，不幸折断。身边的宦官吓得全部跪倒。汉和帝很生气，传旨调查，惩处造剑之人。这时，蔡伦进言自荐，去督造天子剑。汉和帝听罢大喜，下令由蔡伦兼任尚方令，去管宫里的御用器物和手工作坊。

或许蔡伦不曾想过，这次工作岗位的调动，竟成全了他人生的第二次重大转折。

蔡伦到任后，马上展开调研。一方面，跑到皇家藏书馆遍览相关书籍；另一方面，亲自去作坊查看制造流程。听说民间有位年岁很大的铸剑高手，他就亲自登门请教。夏天暑热难耐，他干脆赤膊上阵，待在这位高手身边认真学习，汗流浃背，裤腿都被汗渍浸湿了。高手深受感动，便亲自传授独门淬火技巧，还教给他在淬火时用蚕丝试验剑的锋利程度，从而掌握淬火火候的方法。

经过反复学习和试验，蔡伦终于在自己管理的皇家作坊里，督造出了一把锋利结实的天子剑。汉和帝拿到这柄剑，一再尝试，颇为欣喜，本打算给蔡伦加官晋爵，却被蔡伦推辞婉拒。蔡伦的说辞是：为天子铸剑是分内之事。这样的高姿态，让汉和帝和其他大臣对这位宦官肃然起敬。此后，他继续主抓产品质量，由他“监作秘剑及诸器械，莫不精工坚密，为后世法”。

永元九年（97年）夏，全国多地闹蝗灾，颗粒无收。各地报来的告急奏章，如雪片般堆积如山。这些都是竹简，一份就够笨重了，如此连篇累牍，让汉和帝披星戴月加班加点，也根本看不过来，写批示也很不方便，真是苦不堪言。年轻的汉和帝累病了。

从旁伺候的蔡伦看在眼里，急在心中。着急归着急，他这颗工科生的大脑转得飞快，冒出了一个奇特的想法：能不能创造一种轻便的书写载体，取代笨重的简牍呢？

当时市面上的书写载体，主要有竹简、绢帛和麻纸。竹简制作工艺简单、成本不高，但太笨重；绢帛表面洁白，干干净净，但制作工艺复杂，耗费人工，成本较高，难以普及；麻纸倒是跟竹简一样，制作工艺简单，成本低廉，而且以麻为原料，也比较好找，但实在粗糙，质量很差，写字费劲，主要用来包裹中药。因此，蔡伦的想法，是制作一种书写材料，能兼有竹简的廉价、绢帛的光面、麻纸的原料。不过，在同行和下属看来，这不能算是奇思妙想，只能算是奇葩脑洞。

蔡伦成了一个人在战斗的怪物。不过，他没气馁。

永元十五年（103年），洛阳连降大雨。雨过天晴，蔡伦跑到城外考察民情。走在洛水河畔，他看到好几棵大树被上涨的河水长期浸泡，已经腐烂，树上还缠绕着一些破渔网。如果是其他路人，只会觉得这些景象习以为常。不过，细心的蔡伦发现，树上长出了一些杂质，让他产生了浓厚的兴趣。

于是，他让人在洛水河畔修了一座临时作坊，把树皮扒下来开始做实验。先是挖个水塘，把洛水引进来，将树皮扔进去浸泡，模拟树皮腐烂；然后把树皮放在太阳下面暴晒。当树皮变脆后，再用石臼将其捣碎成糨糊。接着，他展开了联想的翅膀，把铸剑所用的淬火工艺拿了过来，经过一番蒸煮，将树皮糨糊里的杂质清除掉。经过一番努力，以树皮为主要原料的纸就做出来了。看起来洁白、轻便，原料也很好找，关键是便宜！

蔡伦没有满足，又在打麻纸的主意，看能不能改良一下麻纸的制作工艺。他看到妇女在河边洗蚕丝和抽蚕丝，突然想起此前铸剑时，就曾用蚕丝当过试金石。洗过之后，好的蚕丝拿走了，剩下一些破蚕丝，会在当筛子用的席子上结成薄层，晒干后可以用来糊窗户，包东西，也能写字。既然破蚕丝能写字，那些破渔网、破麻布，经过处理后，应该也能写字啊。

于是，经过一番新的化学实验，他研制出了一款新型麻纸。这款混杂了破渔网、破蚕丝、破麻布等边角料的麻纸，虽然表面泛黄，但写字还是很舒服的，起码比以前的麻纸强得多。

元兴元年（105年），他将这项创造性改进写成奏章，详述造纸的方法和过程，特别强调了锉、煮、浸、捣等制作技巧，连同造出来的树皮纤维纸一起，呈给汉和帝。年轻的皇帝龙颜大悦。这种纸张因其造价低廉，制作工艺简单，具备了迅速推广的条件。长期苦于竹简太多、汗牛充栋的人们，终于看到了减负的曙光。

汉和帝十分感动，下令将蔡伦改进的造纸术向全国推广。可是，这项推广工程尚未来得及启动，汉和帝就因病去世，没能享受到树皮纸带来的书写便利。皇后邓绥升格为太后，先是将所生百日的婴儿刘隆拥立为皇帝（汉殇帝）。可是，没过两年，这孩子就夭折了。邓太后只好从清河王一系中找接班人。于是，刘庆的儿子刘祜被拥立为皇帝（汉安帝）。此时，刘祜只有十三岁，国家大事继续由邓太后一手代劳。

就在窦太后去世后五年，汉和帝就立邓绥为皇后。蔡伦由于经常陪王伴驾，自然也就将邓皇后伺候得舒舒服服。邓绥喜好舞文弄墨，蔡伦恰有知识储备和好文笔，两人形成了知音型主奴关系。再加上蔡伦改进了造纸术，制作的纸张方便书写，让热衷文艺的邓皇后更加开心。

于是，升格后的邓太后对蔡伦更加重用。其中一个表现，就是邓太后从个人兴趣出发，组织力量对内廷所藏经传进行校订和抄写，带动了用纸需求，刺激了高级麻纸和树皮纸的大规模生产，为蔡伦的造纸术提供了更大的用武空间，这些纸张也变身为一本本书籍，成为传承和普及中华传统文化的有效载体。

有邓太后罩着，蔡伦的日子就更好过了。他因改进造纸术和管理御用作坊有功，被封为龙亭侯，封地在今陕西洋县。十年后，蔡伦又晋升为长乐太仆，成为邓太后身边的首席侍卫官。四十年间，蔡伦经历了从穷小子到大贵族，从读书人到发明家的角色转变。此时此刻，他已走上人生的巅峰。更值得一提的是，因为封侯，人们也就将他改进的纸称为“蔡侯纸”，全国“莫不从用焉”。

蔡伦对造纸技术的改进，具有民族的和世界的划时代意义。造纸术因此成为中国古代四大发明之一，对中国文明和世界文明的传承发展做出了巨大贡献。美国人麦克·哈特在《影响人类历史进程的100名人排行榜》一书里，将蔡伦排在第七位，比哥伦布、爱因斯坦、达尔文的位次还靠前。2007年，美国《时代》周刊将蔡伦列入人类“有史以来最佳发明家”的名单之中。2008年，北京奥运会开幕式又以运动场表演的形式，特别再现了造纸术对人类文明的伟大意义。

造纸术的改进，具有革命性意义。蔡伦本人的几次正确站队，显示了他高超的政治智慧和聪明才智。然而，这些都不足以让他平稳着陆、安度晚年。正在他的权势如日中天之际，靠山突然倒了——建光元年（121年），邓太后去世，汉安帝宣布亲政。

朝廷的政治风向迅速发生了偏转。汉安帝的父亲正是被剥夺皇储大位的刘庆，祖母正是遭到窦太后排挤而自杀的宋贵人。于是，一场为刘庆和宋贵人生前不幸展开的政治报复行动拉开了帷幕。蔡伦被扣上了参与诬陷宋贵人的罪名，不得不接受调查。蔡伦自知死罪难免，不愿再受监狱里的皮肉之苦，干脆自杀身亡。

关于蔡伦的传说有很多版本，此为其中之一。既然是传说，自是有戏说成分，姑且一笑。

造纸术与蔡伦紧紧捆在中国人的历史记忆里，但造纸术并非蔡伦发明的。《后汉书·贾逵传》里就曾提到，建初元年（76年），汉章帝下令，由贾逵挑选成绩优秀的太学生两千人，奖励“简、纸、经传各一通”，而当时蔡伦才刚入宫。显然，至迟在东汉初年，人们已经在用纸抄录书籍。只不过，将纸作为奖品，说明这东西还很稀有，比较珍贵。20世纪以来，考古学家在西北地区发现了西汉古纸，更印证了造纸术并非蔡伦发明这一结论。

蔡伦虽然不是造纸术的发明人，却是这项技术的革新者和推广者。蔡伦造纸，不仅仅是几种边角料混在一起捣碎成糨糊，就能轻易造出“蔡侯纸”来。很多亚洲国家在跟中国的交往中，看到过纸，却不知道该怎么造。显然，这项技术的运用并没那么容易，是个专业活儿。由此可见，在世界历史上给蔡伦多高的评价，都毫不为过。

在造纸技术上，蔡伦是那个时代孤独的奋斗者，但并非造纸历史的唯一战士。东汉末年，东莱人左伯又对蔡伦的造纸术进行了优化提高，造出的纸比蔡侯纸更加白洁细腻。在赵岐的《三辅决录》中，左伯的纸、张艺的笔、韦诞的墨被相提并论，视为名贵的书写工具。“文房四宝”，至此已有三宝并列（还差砚台）。

这说明，纸张已经普及，与竹简、绢帛并用。再过一二百年，竹简、绢帛就退出了历史舞台。纸张成了唯一的书写载体。凭借这项技术，中华文明在全球遥遥领先，达千年之久。

五、祖冲之：伟大的发明家

南朝宋升明二年（478年），建康城里出了一条大新闻：一场指南车比赛即将拉开帷幕，地点就在乐游苑。

传说上古时代，黄帝和炎帝的联军与蚩尤作战。蚩尤施法，造出弥天大雾，顿时难辨方向。黄帝开动脑筋，造出一款名叫指南车的东西，在大雾中引领军队明确方向，从而克服了大雾，打败了蚩尤。

又传说，西周初年，越裳氏的使臣从南方跑到镐京，向周天子进贡方物。周公担心他们回去迷路，就造了辆指南车送给他们。

这些都只是传说，谁也没见过真正的指南车长什么样。

三国时代，曹魏有个机械制造专家名叫马钧，在诸多人的嘲笑中，苦心研究，利用齿轮传动原理，竟然造出了一辆指南车。据说，只要车走起来，车上的木人就会自动指示方向。跟利用磁铁原理制造的“司南”“罗盘”（指南针）原理不同。

在曹魏时代的君臣看来，马钧虽然制造和改进了诸多机械，比如水转百戏、连弩、转轮式发石机、翻车、提花机等，但只是将其视为玩具，欣赏过后大部分机械便束之高阁。①

十六国的后秦，皇帝姚兴让工匠令狐生造了一辆。刘裕率领东晋军队攻灭后秦，这辆指南车也被当作战利品运回了建康。或许是运送过程中出了岔子，这车的零件散失了不少，木人也不再指南，索性废弃一旁，在仓库里搁了几十年。

此时此刻，作为当朝权臣的齐王萧道成，正在延揽人才、壮大势力，为篡权称帝营造舆论氛围。于是，他突然想起了指南车，并且把它跟当皇帝联系在了一起。毕竟，史上有机会使用指南车的人，寥寥无几。一旦自己有了一台，就能进一步包装自己的称帝合理性。

可是，后秦的那部战利品已经坏了，谁能将它修复，或者再造一台？

萧道成想到了当时的著名学者祖冲之，便问他能否将其修复，或者再造。祖冲之答应试试看。这时，一个叫索驭驎的北方人，大

---

① 水转百戏，就是利用水力驱动原动轮，带动木偶做出各种表演，成为现代机器人的始祖。连弩本是诸葛亮的创造，可一次发射十箭，马钧设计的方案可以提高五倍效率。转轮式发石机与连弩类似，可以连续发射砖石，增强攻坚杀伤力。翻车又称“龙骨水车”，是一种提水工具，可以将河塘里的水连续提上坡地灌溉，轻巧灵活，免去了坡地耕种的挑水之苦。提花机经他改造，从六十个踏板减少到十二个踏板，工效提高了五倍。提花机和翻车由于直接用于生产实践，被劳动人民一代代传了下去，其他发明都被长期束之高阁。

概想在权臣跟前露一手，为自己谋个前程，便提出也能造一辆出来。萧道成一听，既然有两个人能造，那就等造好后比试比试吧。

两人各自造了一辆指南车，即将比赛。乐游苑作为皇家园林，承接了这项赛事。这座园子面积很大，里面的道路能容纳四辆马车并排走，非常适合比赛。于是，萧道成带着一批文武官员，站在高处准备观赛。

祖冲之造的指南车，在两匹骏马的拉拽下率先驶出。无论车子怎样左拐右拐，木人的指向始终朝着正南。观众一片喝彩。

接下来，索驭驎造的指南车也缓缓驶来。一开始，车上的木人指着正南方。可是，几经偏转，指向渐偏。突然一个急转弯，木人一震，机关失灵了，指南车不再指南。

比赛结束，胜负已明。索驭驎低下了高贵的头。

祖冲之的创造，绝非只是指南车一项。他发明过水碓磨和千里船。前者以水力推动，可以同时转动石杵舂米和石磨磨面，极大提高了粮食加工效率；后者是脚踏机械船，在建康城南的新亭江试航时，日行百余里，被称为千里船。

祖冲之的能耐，并非只体现在制造领域，他在天文历法方面的成就同样杰出。经过长期观测，他计算出一回归年是365.24281481日，跟近代科学测量的数据相比，只差了50秒；计算出月球环绕地球一圈，耗时27.21223日，跟近代科学测量的数据相比，只差了不到1秒。他还把以19年置7闰的方法，调整为391年置144闰，减少了误差，更符合天象。以这些数据为基础，在南朝宋大明年间编纂的《大明历》，代表了那个时代全球最先进的历法编制水平。而当《大明历》出炉之际，祖冲之才三十三岁。

祖冲之之所以享誉全球，最重要的成就莫过于数学领域中对圆周率的精确计算。他算出圆的周长和直径的比例，在3.1415926和3.1415927之间，这是当时世界上最精确的圆周率数值。直到今天，在大学和中学数学课上，大概也用不到小数点后这么多位数。

那是一个没有计算机的时代，祖冲之计算圆周率，只能采用被叫作“割圆术”的“土法”，也就是将圆形分割成内接的正多边形，利用计算正多边形总边长的方法，去求得圆周长度的近似值。从正六边形开始，不断增加边数，直至正24576边形。祖冲之没有算盘，只能用算筹来计数。可以看出，他的圆周率得来不易。

圆周率的近似值，以前是用分数形式表示的。最早提出“径一周三”，后来又精确到22/7，不过折算成小数，就成了3.1428571，小数点后第三位就跟现代测算的圆周率不符合了。祖冲之认为它比较粗疏，故而称之为“疏率”。他自己测算的结果是355/113，折算成小数是3.1415929，小数点后前六位都跟现代测算的圆周率相符，近似度更高，因而称为“密率”。

在祖冲之死后一千多年，荷兰人安托尼兹和德国人奥托，也算出了“密率”。不过，他们并不知道远在东方的祖冲之，因而误以为“密率”的创始人就是这位荷兰人。于是，国际上一度将“密率”称作“安托尼兹率”。然而，当祖冲之的故事为世人所知后，许多人更愿意将其称为“祖率”，叫起来更简便，也更符合历史实际。

祖冲之不仅是科学家，还是个与众不同的哲学家。应南朝齐武帝之子萧子良的邀约，他制作了一台欹器。这种古玩春秋时代曾有出现，孔子在鲁桓公之庙里见过。西晋将军杜预曾经复制了一件，但早已失传。其实，祖冲之将欹器献给萧子良，是希望他能记住这件古玩的工作原理，及其所蕴含的特殊意义——“虚则欹，中则正，满则覆”，戒骄戒躁，虚怀若谷。

作为中国古代最有名的科学家之一，祖冲之给后人留下的精神财富，绝非仅仅是祖率，以及那些精巧机械的制作方法，更可贵的是他的著述《缀术》，以及一门忠烈的品质。

《缀术》，与《大明历》一样，在他的生前都没有得到重视，而在死后成了宝贝。《大明历》搁置了四十八年，直到他死后十年，才采用颁行。《缀术》则在他死后一个多世纪，被列为唐代太学生必读的《算经十书》之一，规定学制四年。遗憾的是，《缀术》虽然远传日本、朝鲜，成为当地的教科书，但还是遗憾地失传了。

祖冲之的孙子祖皓，在侯景之乱的黑暗岁月里，领导广陵全城军民与叛军激战，最终城陷被俘，车裂而死，为谨守气节流尽了最后一滴血。

事实上，南北朝时期的科学成就，远不止《缀术》和指南车，郦道元的《水经注》、贾思勰的《齐民要术》，成为反映那个年代水利科学、农业科学的扛鼎之作。贾思勰在《齐民要术》自序中说：“盖神农为耒耜，以利天下。尧命四子，敬授民时。舜命后稷，食为政首……殷周之盛。《诗》《书》所述，要在安民，富而教之。”以自己特有的方式彰显了儒家的农本思想。有意思的是，这两部书的作者，都是北魏的臣民。

或许，这也是北方民族融合的结晶吧。

第四专题

梦境与困境：传统个性的肇基

腾讯公司开发运行的《王者荣耀》游戏风靡全国。其中有个角色叫“蔡文姬”。她有天籁般的技能，通过演奏《长歌行》《思无邪》《胡笳乐》《忘忧曲》，能够恢复体力、召唤同伴、弄晕敌人、增加防御。

蔡文姬不光是游戏角色，也是历史人物；既是六艺皆通的才女，也是人生坎坷的悲剧角色。她的一生，颠簸无定——有时在草原，有时在中原，有时在父亲身边，有时又不得不离丈夫而去。她嫁了三次，幸与不幸，往复循环；她在塞外生了两个孩子，面对赎身回京，而又无法带走孩子的困境，她不得不割舍骨肉，孑然南去。

《胡笳十八拍》和《悲愤诗》，传说是蔡文姬的作品。字里行间，回首人生，梦境与困境交织，一悲一喜，亦悲亦喜。

蔡文姬的梦境与困境，在先秦、秦汉、魏晋南北朝的历史上，多次出现，多人经历。不同的境遇，不同的事迹，造就了千奇百怪的人物个性。而这些个性的集合体，就构成了中国传统社会自身个性的基础。

谁说两千多年的中国社会只是一成不变的“亚细亚生产方式”，谁说中国人在过去的几千年里只知道“闭关锁国”“闭门造车”。正是这样的集体个性，塑造了与世界其他三大古文明完全不同的中华文明。

第十章

从唯才是举到阶层固化

十六国前秦有个贵族将领，名叫苻朗，是皇帝苻坚的侄子。淝水之战，苻坚惨败，苻朗走投无路，只好投降东晋。他曾被苻坚评价为“吾家千里驹”，既能打仗，也能写作。其撰写的《苻子》一书，跟《老子》《庄子》的观点大体一致，是继《淮南子》之后的又一部道家著述。

《苻子·方外》里记述了一件事：

> 太公涓钓于隐溪，五十有六年矣，而未尝得一鱼。鲁连闻之，往而观其钓焉。太公涓跪石隐崖，不饵而钓，仰咏俯吟，及暮而释竿。

这就是“太公钓鱼，愿者上钩”的典故由来。

传说，姜子牙曾长期怀才不遇，困顿不堪，一事无成，落魄成岐山脚下的一介钓鱼翁，连老婆都嫌弃他，离他而去。

孑然一身的姜子牙一直在渭水钓鱼，但短竿长线，线系直钩，不用诱饵之食，钓竿也不垂到水里，离水面有三尺高。一边钓鱼，他还一边喃喃自语：“姜尚钓鱼，愿者上钩。”

显然，直钩钓鱼，不挂鱼饵，是不会钓到鱼的。大家都嘲笑他脑子进水，他也沉默不语，一笑置之。久而久之，直钩钓鱼这事，一传十,十传百，尽人皆知。

岐山在西伯姬昌的控制范围内。姬昌听说姜子牙直钩钓鱼这事，有些纳闷。他精通卜卦，便占卜了一下，发现姜子牙是个不得志的人才。此时的姬昌正在用人之际，便借外出打猎的机会，整装驾车，前往拜访。两人一见，相谈甚欢。

传说，姬昌本打算亲自驾马车，载姜子牙出山。结果马车路过一段泥泞道路时无法通行，姬昌干脆甩下千乘之尊，背着姜子牙走过这段路。就这么大概走了八百步，姬昌累得实在坚持不住了，直接坐在地上歇了。姜子牙长叹一声：西伯如能再坚持一阵子，就有一千年了。可惜周王朝也就八百年啊。姬昌听罢，如梦初醒。

姜子牙出山后，被姬昌用为相。在他的辅佐下，周文王姬昌励精图治，夯实了攻灭商朝的基础；周武王姬发更是在牧野之战中击败商纣王，攻灭商朝。姜子牙本人因功封在齐地，成为齐国的开国诸侯。

“太公钓鱼”，其实是姜子牙使用了传播心理学的一些理念，通过一些不正常的行为吸睛，形成轰动效应，然后将其中他所看重的“王侯大鱼”设法“路转粉”。当然，这一做法既反映了姜子牙的自信，相信姬昌是明君，一定会注意到他，又有些自卑，没有勇气主动登门，直接毛遂自荐。不过，姜子牙赢了。

其实，姬昌也赢了。他有猎奇心理，也有求才渴求。在贵族当道的时代，姬昌能够礼贤下士，重用有能力的普通人，说明其人才战略具有开放性和包容性。

与其类似的是商代君王商汤，其重用的伊尹原本是“师仆”，即奴隶主贵族子弟的家庭教师，也是有甲骨文记载的中国最早的教师。父母分别是厨子和养蚕工，都是奴隶。商汤闻其才智，放下身份成见，专程聘请。伊尹服务的贵族有莘氏一度不同意。后来，商汤通过娶有莘氏的女儿为妻，以联姻渠道，将伊尹冠以陪嫁奴隶的身份，弄到了自己麾下。

商汤的这番努力，绝对超值。伊尹知识储备丰富，承担了三种角色：

其一，谋士。为强国和灭夏出谋划策，立了大功。

其二，老师。“汤之于伊尹，学焉而后臣之，故不劳而王”。从伊尹那里，商汤学到了很多治国道理，伊尹也就成为有史料记载的中国首位帝王老师。

其三，巫师。“殷人尊神”，商朝非常崇信鬼神，大事小情都要占卜，“国之大事，在祀与戎”。巫师地位很高，能够将政权神化，从而“代天发言”，包装政策，稳定人心。

伊尹和姜子牙脱颖而出的经历告诉我们：用人的思维和视野，是事业成败的关键。不过，古人虽然对“人才强国”有深刻认识，但实际操作起来就是另外一回事了。传统官僚政治的环境里，官帽子事大，你死我活，甚至搞到阶层固化。人才并不总能闪闪发光。

一、从军功到察举

战国中叶，长期落后的秦国迎来了一次脱胎换骨的裂变。

当左庶长商鞅的新政，以秦孝公的名义发布时，许多人惊呆了。

其中规定，秦国的士兵只要斩获一名敌军“甲士”的脑袋，就可以获得一级爵位“公士”，以及一顷耕地、一处房产和一个仆人。当然，砍下的敌军脑袋要带回军营，作为受赏的证据。

如能砍下两个敌军“甲士”的脑袋，这个士兵的父母即便是囚犯，也能立刻获释，妻子即便是奴隶，也能立刻豁免，转为平民。

斩杀的脑袋越多，获得的爵位越高，享受的待遇越好。比如能擢升到五大夫，就可以享受三百户老百姓提供的租税，实现那个年代的“财务自由”。

爵位不同，伙食差别很大。在秦军里，三级爵就能吃到精米、菜羹配半升酱，有滋有味；二等爵只能吃粗米；没爵位的士兵有得吃就不错了。

这就是具体到每个个体的“军功爵制度”，在中国军事史上具有划时代意义。

春秋及其以前，列国普遍沿用西周以来的“世卿世禄”制度。国家选拔人才，包括将领，也是“亲亲尊尊”，在贵族中挑选。因此，普通士兵无论立下多大军功，也不大可能改变自身的社会地位。因此，要想在兼并战争中取胜，就必须设法调动士兵的积极性。光靠天花乱坠的口头表扬、少量的金钱奖赏，甚至是赶羊一样的驱迫，肯定是不靠谱的。改革势在必行。

最先动起来的是魏国。李悝变法就提出“食有劳而禄有功”，将军功而非贵族身份作为赏赐的标准。从魏国出走的将军吴起，在楚国推行变法，“使封君之子孙三世而收爵，绝减百吏之禄秩”，然后将收回的爵位作为奖品，奖给立军功的战士。不过，他们都失败了。

吴起变法时间短暂，很快就被旧贵族反攻倒算，全部推倒。李悝变法对魏武卒（魏军士兵）提供“复其户，利其田宅”的待遇，也就是享受免税免徭役的特权，而且即便年老体弱，优待条件也不改变，这确实有利于提高人们参军的积极性。不过，长此以往，军队就成了一个新的既得利益集团，没人愿意退伍，军队更新速度迟缓。长期这样搞优待，财政吃不消；战士们为了保住特权，不愿拼命，不敢战死。因此，这样的军队战斗力并不强。

只有商鞅变法，给有军功的士兵提供爵位、房子、耕地、仆人，可以让他们改变命运，由平民变成“地主”。如果不断立功，还可以不断得到奖赏，即便战死，军功爵还可以传子，惠及家人。它得益于另外三项新政：

其一，“废井田开阡陌”，实现土地私有，让赏给有功士兵的土地变成私人财产。

其二，“宗室非有军功论，不得为属籍”，取消贵族的世袭特权，腾出更多的爵位给有功将士。

其三，赏罚并行，立功者赏，无功者罚，秦军以“伍”为作战单位，只有将斩杀敌人的数量扣除己方阵亡数量后，方能按“斩一首爵一级”给予奖赏。在主要靠肉搏的兼并战争中，总能立于不败之地是很难的。于是，如此措施既能激发斗志，又能控制奖赏不被滥用和透支。

军功爵制度的推行，使“宰相必起于州部，猛将必发于卒伍”成为可能。秦军将领白起、王翦出身平民，齐军军师孙膑出身刑徒，楚国令尹吴起出身游侠，赵国名臣赵奢、蔺相如分别出身田部吏和舍人。他们是靠打胜仗一步步成长起来的。这些平民出身的人出将入相，改变了“世卿世禄”的既有政坛格局，开启了秦汉时代“布衣将相”的新局。而贵如赵国的长安君，即便是国君之子，也要为国立功，否则难以立足。

战争年代，举国都在军事化状态，以军功作为升职的衡量标准，顺理成章。然而，和平年代没仗可打，也就没了军功，靠什么来选拔人才呢?

汉高祖刘邦虽然有些“流氓”习气，但也深知“马上不能治天下”的道理。立国第二年起，他就“诏举三老”，也就是选拔五十岁以上，“有修行，能率众为善”的人，协助郡守和王国相处理政务。就在他去世前夕，他又传旨各郡国向朝廷推荐人才，并详细登记品行、仪表和年龄，做好把关。刘邦此举，开启了一种新的选人用人模式——察举。

察举是汉代选人用人的主要方法之一。它是自下而上的推荐人才，选拔对象是没有官职的书生，以及低级别官员，选拔标准则是德才兼备。

汉文帝二年(前178年)，发生了日食。在那个迷信的年代，连皇帝都坚信，这种天文现象绝非吉兆，而是上天对他的施政表示不满的警告。有上天的鞭策，他必须做出一些改变。其中一项改变，就是下诏求才，匡正“朕之不逮”。这些“才”，有个专用术语，叫“贤良方正”或“贤良文学”。

十三年后，汉文帝再次传旨，明确指示诸侯王、公卿、郡守“举贤良能直言极谏者”，由皇帝亲自考试。考试题目是“朕之不德，吏之不平，政之不宜，民之不宁”，由各方面推荐来的考生开展对策作答。后来成为汉景帝老师，以“削藩”闻名的晁错考中高第，成为西汉察举制度的早期受益者之一，直接擢升为中大夫。

察举的内容，在汉文帝时代得到了极大丰富，既有更广泛的举荐者，还有考试和成绩等级，比起汉高祖时代要成熟得多。不过，它还存在考试科目单一，没有固定期限和人数限制的缺陷，更像是皇帝的临时起意。

察举真正成为一项制度，还得是在汉武帝时期。建元元年（前140年），刚刚上台的汉武帝就下诏举“贤良方正，直言极谏之士”。董仲舒就在这次察举中得到了汉武帝的亲自策问并脱颖而出。六年后，汉武帝再次诏举贤良，并在董仲舒的建议下做了一些政策调整。至此，察举制度基本成型。

在汉武帝和董仲舒擘画的察举制度中，有几个要素是不可或缺的：

——举荐者必须是高级干部，丞相、御史大夫、列侯、中二千石、二千石、诸侯相，最低也得是二千石级别，也就是刺史的监察对象——郡守、诸侯王国相。

——给举荐者下达任务指标。列侯、中二千石和二千石，每年可以推荐两人。被举荐者成绩的好坏，跟举荐者的赏罚直接挂钩。“贤”者有赏，“不肖”者有罚。

——被举荐者必须是儒家出身，法家、纵横家之类皆不录取。这就将儒家思想纳入选官考试环节。察举就这样成了主流意识形态的指挥棒。考什么，就学什么、提倡什么。

——按照各郡人口多寡考量被举荐者的数量分配。从而避免出现家住长安比家住江浙考试难度低的情况，力求机会均等，起点大致公平。

——考试是察举最重要的环节。汉武帝明确察举考试分为常科和特科两类。常科每一至三年举行一次，分为孝廉、秀才、廉吏、光禄四行等四科，考查“德行”、学问等方面，覆盖面广泛。所有科目考试，在录取标准上，一律以“德行”为先，以“儒学”学问为主。

上述四科里，孝廉排在第一位。“孝廉”取“孝顺父母、清廉勤政”的意思。西汉的孝廉，大部分录取的是具备儒学基础的官二代。如能成功“举孝廉”，就会被视为“正途”，起步就是六百石的郎官，未来通常升迁很快，前景不可限量。

秀才主要针对现任官员，由于已有官职基础，“举秀才”后会从一千石的县令起步。

廉吏主要针对低级官员，“举廉吏”后，一般会按原职升补，从虚职到实职，从副职到正职，他们一般是靠为官清廉、忠于职守，才被高级官员看中和举荐的。

光禄四行则是从忠厚质朴，但没什么业绩，长期原地踏步得不到升迁的官员中，每年选拔一二人予以升职，也算是照顾老实人了。

汉武帝以后，直至东汉时代，察举制度的形式和内容多有调整，但大框架保持稳定。

察举制的实施，继承了军功爵制度的特点，给中国社会带来了一股让阶层动起来的清流。

在这种人才选拔体制下，个人的社会背景和家庭出身，虽然很重要，但不再是选人任官的唯一依据。只要有真才实学、社会声望、高尚道德，就有机会列入察举对象，从而开启政治生涯。主父偃、东方朔、司马相如都是出身卑微的平民，借由这样的渠道登堂入室，得到重用。显然，这比“世卿世禄”制度造成的职位、爵位世代垄断，要进步得多。

察举制度的考试科目众多，可以覆盖各种类型的人才。由熟悉地方情况的郡守亲自察举推荐，就有可能将本地区的能人都推荐到决策层的视野里来。这要比单凭军功获得封爵要更加开放，给手无缚鸡之力的读书人提供了更多出人头地的机会。同时，考试录取比军功封爵，肉体折磨的残酷性要小得多，不大可能出现为获取爵位而滥杀无辜的情况。

察举制度中，举荐权虽然下放到了地方，但官员任免权是由中央来掌握的。这就避免了军功爵制度下，地方诸侯由于战功卓著，功高震主，威胁皇权的问题。这样说来，察举制度是有利于加强中央集权的。

难能可贵的是，察举制度在赋予举荐权的同时，还给地方高官扣了一项追责义务。这些举荐者必须保证被举荐人的“品质”。被举荐者需要有一年试用期，期满考核合格才能转为正式官员，如果不合格，不但要被撤换，举荐者还要连带被罚。这就让举荐人不敢随便乱举荐，让南郭先生很难蒙混过关。

不过，察举制也有自身无法克服的问题。

察举的第一关是地方官推荐。举荐者总有眼拙的时候，埋没人才在所难免。有时候为了点蝇头小利，还会收受贿赂、编织人脉网，把自己人推荐上去，从而结党营私。

察举最看重的是德行。然而，这个要素的评判可紧可松、标准模糊，操作性比较差。有些言行，看起来很正面，其实可能是假的。

有些人看起来很孝顺清廉，其实是两面人。光靠这些来选拔官员，很容易看走眼。比如外戚王莽，一直是以谦恭至孝的公众形象出现的，朝野声望很高，但最后干脆撕破伪装，篡汉称帝，跟儒家倡导的忠君思想背道而驰。

地方官都是有任期的，不可能做到对基层的情况全面掌握。这时候，就要参考基层民间名士对被举荐者的评议，又称为“清议”。可是，“清议”是以名士的好恶作为臧否依据，不重实际，空发议论。随着“清议”的参考价值日渐凸显，竟然成了一些伪君子捞取政治好处的资本。

到了东汉后期，貌似公平的察举制已经变味。地方的察举权已经被公卿大臣、名门望族垄断，他们举荐人才，不看学问品质，先问家庭出身。如此一来，选才范围越来越窄，选出来的“才”也大多名不副实，竟然出现了“举秀才，不知书；举孝廉，父别居”的怪现象。

察举制彻底变成了官职世袭制、官僚门阀化的保护伞。中国几千年官僚政治的历史一再证明，无论是哪种官僚制度，一旦变成世袭制，就会迅速腐朽。魏晋时代的士族门阀政治，就是汉代察举制度变味的恶果。

不过，即便没有上述问题，察举制度也会导致阶层固化。当判断孝廉、秀才的标准包括对儒家经典的熟悉程度和道德声望的高低时，其实已经将选人用人的视野局限化。被录取的者大多已有官职，类似华佗、葛洪之类在其他领域有所建树，甚至有能力改变世界的平民人才，很难进入决策层的法眼。

当然，察举制的这些问题，汉朝的皇帝们不可能毫无察觉。他们也有一些补充的选人手段，比如征辟制。这是一种自上而下的选人用人机制，跟察举制刚好相反。“征”和“辟”的最大区别是，前者是朝廷招聘，后者是“三公”以下的官员招聘。

征辟制并非常规的选人渠道，主要是将不愿为官的特殊人才破格录取，吸纳到决策层来，为此必须给他们特殊礼遇。然而，它与察举制相比，只是礼遇，并非强制，被征辟者可以应聘，也可以婉拒。一旦政治生态出现紊乱，各级官员便有机会利用征辟制的“辟”，为自己招募和培植私人势力，成为巩固君主专制和中央集权的隐患。

“二代”依旧是“二代”，平民渴望有更公正合理的选人机制，让他们出人头地，一展才华，报效家国，青史留名。

“唯才是举”及其倡导者曹操，给了他们这样的机会。

二、不拘一格降人才

曹操是中国历史上较早秉持“人才强国”思维的政治家。

建安十五年（210年），曹操发布《求贤令》，鲜明表达了他对人才的渴望：“二三子其佐我明扬仄陋，唯才是举，吾得而用之。”建安十九年和二十二年，他还先后发布了《取士无废短令》《举贤勿拘品行令》，重申了唯才是举的用人思路。

曹操用人，“不念旧恶”，“各尽其才”，善于在实践中选拔人才，甚至连竞争对手都能为己所用。为了实现自己的霸业，他可以不拘一格，广揽人才，知人善任，用人不疑，哪怕“负污辱之名，见笑之行，或不仁不孝而有治国用兵之术”的人，只要有本事，也照样重用。

不是所有领导都有这样的气度和胸怀。曹操能有如此识见，既归因于他的豪迈英雄气概，也归因于东汉末年群雄并起、斗争残酷的政治环境。只有把自己阵营的人才搞得多多的，才能有更大的把握成为胜利者，也才能将敌人阵营的人才搞得少少的。

东汉末年到三国时期，正是世家大族影响力不断攀升的阶段，社会名流大多出自这个阶层。相对于袁绍这样“四世三公”的士族，曹操出身宦官家族，不仅不属于社会名流，而且被世家大族鄙视。袁绍在跟曹操作战时，曾在讨曹檄文中辱骂其是“赘阉遗丑”。对于曹操来说，如果要统一北方，必须翻过袁绍这座山。然而，这看起来太难了。

就在官渡之战前夕，曹操麾下的文武官员，几乎都不看好曹军能赢，纷纷与袁绍暗通款曲。后来曹军攻占袁绍大本营，缴获大量此类书信，就说明了这一点。对于这些人来说，反正都是汉臣，给曹操打工，给袁绍打工，都一样。这让曹操很惊讶。尽管他没有深究，但还是得想办法扩充班底，招募更多有识之士。军事斗争的实际需要，成为曹操发布“唯才是举”令的重要诱因。

其实，曹操的“唯才是举”，重在选拔社会身份不入流，却有治国用兵才能的人。在具体操作上，他秉持“治平尚德行，有事赏功能”的原则，并没有放弃对社会名流的拉拢，也没有否定世家大族制定的德行标准。他的麾下，既有平民，也有“二代”。只是，不同的人用在不同的阶段，发挥不同的作用。

曹操之所以能拉拢各路人才，除了降低门槛、多途吸纳外，还有一个很重要的因素，就是襟怀坦白、认清自我。他在《请增封荀彧表》里讲道：

> 昔袁绍作逆，连兵官渡。时众寡粮单，图欲还许，尚书令荀彧，深建宜住之便，远恢进讨之略，起发臣心，革易愚虑，坚营固守，徼其军实。遂摧扑大寇，济危以安……向使臣退军官渡，绍必鼓行而前，敌人怀利以自百，臣众怯沮以丧气，有必败之形，无一捷之势。（《后汉书·荀彧传》）

他坦承，官渡之战，敌强我弱，自己甚至有放弃抵抗，就地逃跑的念头。是尚书令荀彧建议他一定要顶住压力，并帮他设计对策方略，最终取得了胜利。大敌当前，荀彧比他要冷静、沉稳得多。因此，曹操不得不承认，荀彧的谋略“以亡为存，以祸为福，谋殊功异，臣所不及也”。能够承认自己不如下属，而不是自以为是，这也是需要勇气的。

曹操的人才战略是成功的。在他的麾下，文官有郭嘉、荀彧、荀攸、程昱、陈群、司马懿等一批谋士，武将有曹仁、曹洪、夏侯渊、夏侯惇、张辽、徐晃、张郃、于禁、李典、典韦等一批猛士，无论是阵容规模，还是“板凳深度”，都比刘备、孙权的人才储备要充沛、厚实得多。同时，曹魏的地盘更大，经济水平更高，对人才的发展环境和上升空间也就更好。

到了三国后期，蜀汉出现了“蜀中无大将，廖化作先锋”的情况，东吴也有人才枯竭的迹象，但曹魏（西晋）江山代有人才出，无论是邓艾、钟会、卫瓘，还是羊祜、杜预、王濬，都能独当一面。

三国鼎立的天平，向曹魏（西晋）一边倾斜，也就不奇怪了。

可是，魏蜀吴三国里，最先失去政权的，却是曹魏。魏正始十年（249年），司马懿发动高平陵事变，诛杀大将军曹爽。至此，曹魏政权落入司马氏集团的实际掌控之中。曹魏在其后虽然勉强维持了十几年，换了两个皇帝，而且还灭了蜀汉，但早已名存实亡。司马懿、司马师、司马昭才是曹魏的实际统治者，曹姓皇帝成了摆设。

这就奇怪了。人才济济的曹氏皇帝为什么会率先丢掉政权呢?那些被曹操不拘一格招来的人才，在曹氏皇帝身处险境的关头，为什么大多数冷眼旁观，装聋作哑，没几个愿意出手相助，力挽狂澜的?

曹操时期，摒弃了“德才兼备”的选人用人标准，为了追求“才”的最大化，降低了“德”的门槛。通过“唯才是举”的途径选出的大臣，大多是用才智换饭碗，用本事换功名待遇。追求个人利益最大化本来无可厚非，但如果连起码的政治底线也没了，那就真成了“有奶便是娘”。这些人才虽然名为汉臣，但在曹丕篡汉之际，没几个真的为这个行将就木的王朝抗争和殉葬。而在曹魏政权被司马氏控制之际，也都集体默认，无人敢言。

显然，过分强调“才”而忽略“德”的考量，虽然吸纳了大批能干之人，但也泥沙俱下。后来，这批人继续反复无常，不顾国家安危，只顾自身利益，个个敛财斗富，攀龙附凤，最终将司马氏建立的西晋王朝生生搞成了短命政权。当西晋末代皇帝脱去上衣，含着玉玺，坐着羊车，走出长安城，向匈奴大军投降时，不知他有没有对“唯才是举”这个成语有所反思。

正如《资治通鉴》记述的魏徵之言：“天下未定，则专取其才，不考其行；丧乱既平，则非才行兼备不可用也。”

三、高攀不起的汝南月旦评

曹操一生致力于“唯才是举”，跟他的先天资质不无关系。

作为宦官曹腾养子曹嵩的儿子，这种“阉宦之后”的出身让他常常抬不起头。年轻时代的曹操，也确实显现了一些坏宦官自暴自弃的流氓习气——“不治行业，好飞鹰走狗，游荡无度”，这就让家乡的士大夫更看不上他，甚至父母官还打算法办他。

人不能混一辈子，总还是要谋口正经饭吃。那个时代，做官被视为“正途”，有稳定的皇粮和受人尊敬的社会地位。可是，曹操的这些“前科”，让他与官场渐行渐远。为了混进官员队伍，他就必须想办法抹去“前科”，最简便易行的，就是让社会名流给自己“正名”，搞个比较好的评价，扭转负面形象。

虽然是“阉宦之后”，但曹操借助爷爷和父亲的关系，还是有些官场人脉的。他先找了太尉桥玄帮忙。桥玄给他的评语是：“天下将乱，非命世之才不能济也，能安之者，其在君乎？”这个“安天下”的评价非常高了，但桥玄觉得自己名望还不够，让他去趟汝南，去找当地名士许劭帮忙。

许劭是个讲原则的人，不是随便哪个来找都会给段评语的。对于曹操，他是看不上的。如果是换作好面子的袁绍，不给评语就算了。不过，曹操不是这样。《后汉书·许劭传》如此记载：

微时，常卑辞厚礼，求为己目，劭鄙其人而不肯对。操乃伺隙胁劭。劭不得已，曰：“君清平之奸贼，乱世之英雄。”操大悦而去。

曹操不愧是“奸雄”，送礼不成就要流氓，为达目的不择手段，最终博得了许劭的这句高度评价。这不是一句说说而已的评语，从许劭口中说出，分量就不一样了。很快，他就被当地举为“孝廉”，到首都洛阳做官，开始了官场生涯。

为什么许劭的评语，比位列三公的太尉桥玄还管用？许劭究竟是个怎样的人，为什么会有如此巨大的能量呢？

东汉沿袭了西汉的察举制度，来选拔人才。察举的第一关就是推荐，“举孝廉”是最主要的一种推荐形式。然而，并不是每位地方官都对当地人才了如指掌，在推荐人才时，需要听取各方面的意见和评价，尤其是权威的声音。许劭及其创立的“汝南月旦评”，就是民间对人才优劣的权威评价机制。

许靖、许劭是堂兄弟，同为东汉末年的著名贤士。在东汉末年朝政混乱、社会黑暗的大背景下，他们希望革新世风，抑恶扬善，就在清河岛开设了一个论坛，“核论乡党人物，每月辄更其品题”。每月初一日命题清议，评论乡党，褒贬时政，不溢美，不遮丑，不中伤。

品评之后，用事实验证。大家发现这个论坛对人对事的评价，精准度还挺高。于是，参加论坛的人越来越多，影响也越来越大。由于许氏兄弟都是汝南郡人，办论坛的地点也在汝南，每月初一日开坛一次，故而命名为“汝南月旦评”。

原本只是个类似脱口秀的论坛或自媒体，办着办着，竟然成了社会名流品评当世人物的舆论主阵地。北宋文学家秦观曾有诗曰：

"月旦尝居第一评，立朝风采照公卿。"能在"汝南月旦评"上获得几句褒奖的评语，就意味着打开了通向仕途巅峰的大门。

就连东汉朝廷也愿意援引"汝南月旦评"作为选人用人的参考指标。正如《后汉书·许劭传》所载："所称如龙之升，所贬如坠于渊，清论风行，高唱草偃，为众所服。"小小的清议论坛，竟然成了博取功名的秀场。

"汝南月旦评"名噪一时，确实对社会时尚和官场风气产生了一定影响。许劭身边的大小官员，纷纷检点自己的言行举止，生怕得到恶评，以后没法在官场上混。不光小人物敬重许氏兄弟，就连"四世三公"的袁绍，平时习惯于前呼后拥的排场，听说自己的言行为许劭所不齿，也不得不夹起尾巴，轻车简从。

许劭兄弟善于识人，"汝南月旦评"所给评语的准确度还是经得起历史检验的。

——在曹操尚未出道前，就能给出"清平之奸贼，乱世之英雄"的评价，一语中的。

——对割据一方的徐州牧陶谦则给出"外慕声名，内非真正"的评语，事实证明陶谦并没有用好兵精粮足的禀赋，而是"背道任情"，"刑政失和，良善多被其害"，最终被曹操所灭。

——袁术"树恩四世，门生故吏遍于天下"，甚至有称帝野心，许劭评价他"其人豺狼，不能久矣"。事实证明，称帝之举得罪了各路诸侯，袁术最终被曹操所灭。

——许劭对刘晔评价很高，认为他"有佐世之才"，事实证明刘晔作为曹魏三朝老臣，足智多谋，屡建功勋。

众所周知，在中国的官僚社会，只要是靠"推荐"才能登堂入室的，都会伴随着各种塞关系户的情况。察举也不例外。东汉末年，皇帝带头卖官鬻爵，朝政腐败不堪，察举推荐基本成了关系户的禁脔，没钱没势的书生很难进入仕途。许劭主持“汝南月旦评”，并非搭个台子空发议论。由于他担任郡功曹，有权选拔人才，“月旦评”的权威就像紧箍咒一样，让许多人不得不敬畏三分，不敢造次。

“汝南月旦评”并不是简单的臧否人物，其每一句评语，读起来简明扼要、朗朗上口，用词诙谐、如数家珍，比喻贴切、形象生动，文笔精致、流转优美，推动了秦汉文学走向骈文化，在中国文学史上还是有独特地位的。

那么，究竟是什么力量，能够让“汝南月旦评”有如此魔力？难道许家的名望和汝南郡功曹的职位，就能在选人用人问题上号令天下，甚至成为皇帝用人决策的依据？

以下因素不得不提：

——汝南特有的文化氛围使然。东汉学者应劭在《风俗通义》中记述：“汝南，中土大郡，方城四十，养老致敬，化之至也。”汝南地处中原，靠近东汉都城洛阳，具有先天的政治地缘优势，经济文化发达，社会道德风尚和文化修养也具有一定层次，人才辈出。曹操曾评价“汝颍固多奇士”。这样的文化积淀，使“月旦评”在汝南破土而出成为可能。

——东汉士人热衷“清议”使然。东汉后期，皇帝公开卖官鬻爵，外戚宦官交替专权，政治腐败黑暗，社会矛盾尖锐。诸葛亮在《出师表》就讲，“亲小人远贤臣，此后汉所以倾颓也。先帝在时，每与臣论此事，未尝不叹息痛恨于桓、灵也”。汉桓帝、汉灵帝统治的半个世纪，将东汉王朝直接带进了万劫不复的深渊。

对于日益深重的社会危机，本来就血气方刚、情绪激动的士人和学子，再也无法安心于书斋、沉潜于学问了。议论时政成为他们的兴奋点，并经由他们的带动成为一种时尚。尤其是汉桓帝时期发生“党锢之祸”后，非但没有遏制“激扬名声，互相题拂，品核公卿，裁量执政”的趋势，反而到了读书人见面即臧否朝政，甚至通宵达旦地谈论，成百上千人讨论的地步，涌现出诸如孔融、许劭这样发言有见地的评论家。

在热烈的议政讨论中，不乏对时人进行品评的情况，从而意外地起到发现和推荐人才的作用。相比之下，许劭、许靖兄弟对人才的识见和品评，经验丰富，精确度高，在圈里形成了良好口碑。显然，“汝南月旦评”不是孤立的，而是与东汉士林的“清议”之风一脉相承。

——察举制度的选官模式使然。汉代的察举制度，在选人用人上重“德”轻“才”，而“德”的评判标准模糊，不免会出现“说你行你就行不行也行，说你不行你就不行行也不行”的情况。因此，考察“德”的标准，就得指望社会舆论。因此，要想在察举制度下获得举荐，出人头地，必须先获得好名声，特别是社会名流的积极肯定，最好形成轰动效应。

这样一来，沽名钓誉就成了东汉社会的一大风景。豪强地主争相自我标榜，互相吹捧，营造社会舆论。以社会公论的好坏来决定被品评者未来的政治前途。而主持公论的人大多是豪门世族，他们人脉广泛，有社会声望和地方权威，不仅对社会舆论产生影响，而且能左右朝廷选人用人。比如“党锢之祸”中惨遭宦官势力打压的司隶校尉李膺，仕途不如意，但社会声望很高，俨然士大夫领袖。能被他看上和推荐的书生、小吏，身价立马飙升。

清代学者王鸣盛在《十七史商榷·州郡中正》中记述：“大约汉末名士互相品题，遂成风气，于是朝廷用人，率多采之。”许劭作为社会名流和汝南郡功曹，声望震动朝野，更是成为制造社会舆论的大师级人物。因此，“汝南月旦评”实际上为读书人和低级别官员开辟了一条入仕和晋升的有效途径。

——许劭、许靖兄弟的高尚品质使然。东汉末年政治黑暗，想升官者，必须打点外戚、宦官，甚至投奔其下，沦为党羽，但许劭、许靖却能“出淤泥而不染，濯清涟而不妖”。

许氏兄弟不仅对达官贵人不买账，就连趋炎附势的亲戚也瞧不起。许劭从兄许相，位列三公，却“谄事宦官”，许劭“恶其薄行，终不候之”，到了断交的地步。他们不畏权贵、正直清廉的高风亮节，成为“汝南月旦评”的公信力支撑。

尽管“汝南月旦评”名头很大、影响广泛，但也仅在东汉末年红极一时。就像一档“爆款”的综艺节目，做了若干期就逐渐销声匿迹了。

三国鼎立局面形成后，“汝南月旦评”赖以兴起的诸多因素，比如政治黑暗、皇权旁落、社会控制力下降、政治多元化等，在很大程度上得到消减。曹操统一中国北方后，中央集权和社会控制力有所增强。特别是随着九品中正制的确立，选拔人才的主导权从社会上的清议重新收归朝廷，实现了制度的规范化。这样，民间分散的人物品评论坛也就失去了存在的基础。“汝南月旦评”也就悄无声息地告别了历史舞台。

“汝南月旦评”曾饱受非议，被东晋葛洪指为“以口舌取戒，争讼论议，门宗成仇”。也曾被余嘉锡在《世说新语笺疏》评价为“不免臧否任意，以快其恩怨之私，正汉末之弊俗。虽或颇能奖拔人才，不过藉此以植党树私，不足道也”。看起来更像是朋党政治斗争的副产品，很容易让人联想起明朝末年东林党的“清议”，以及跟阉党的骂战。

不过，在东汉后期特殊的政治环境里，“汝南月旦评”的存在确有其合理性，具有推荐人才和舆论监督的双重作用，其价值不同于“平时袖手谈心性，临危一死报君王”的做派。它臧否了许多人物，也必将得到历史的臧否。

功耶？过耶？自有后人评说。

四、上品无寒门，下品无士族

提到“世家大族”，抑或是东晋以降的“门阀士族”，许多人一定会首先想到一个当代名词——“二代”。有这样的联想并不奇怪，但“二代”一词确实不够准确。不过，“士族”门阀化，乃至垄断高官席位，其结果就是“上品无寒门，下品无士族”，也就是今天所说的“阶层固化”。

曹操不是倡导“唯才是举”吗？为什么没过几十年，就出现了士族，乃至阶层固化了？事情还要从“汝南月旦评”的人才评级机制谈起。

“汝南月旦评”在朝野的口碑不错，为官方选人用人提供了参照，但毕竟只是民间自发行为，地域性强，不够规范，评语更侧重德行，无法向全国普及。黄初元年（220年），刚刚篡汉的魏文帝曹丕，接受吏部尚书陈群的建议，对两汉的察举制度进行改革，加入“月旦评”的一些要素，创立了“九品中正制”，作为全国性的官方人才选拔机制。

什么是“九品中正制”呢？陈群勾勒的顶层设计主要有三条：

第一，设置中正官，作为掌管对某一地区人物进行品评的负责人。三国时期，中正官由郡守推举产生，西晋以后改由朝廷的三公之一司徒任命，一般是由司徒举荐的现任中央官员兼任，甚至司徒亲自兼任。朝廷对中正官人选的控制，也是为了保证中央对人才举荐工作的直接掌握，最大限度减少他人对中正官的干扰。

第二，主要根据家世和行状对人才进行定品。其中，家世就是家庭出身和背景，要看父亲和爷爷辈的官场资历和官职、爵位高低。行状就是个人品德才能的总评语，类似“汝南月旦评”。原则上，中正进行定品，主要依据行状，参照家世，将人才分为九个等级，分别是上上、上中、上下、中上、中中、中下、下上、下中、下下。被评议的人物，既有想当官的读书人，也有在职官员。

第三，中正评议结果上交司徒府复核批准，然后送吏部作为选官的根据。评的等级高，任职的起步级别就高，升迁速度快，受人尊重；评的等级低，任职的起步级别就低，升职速度慢，受人轻视。不过，定品并非一“定”终身，而是三年一调，一旦升品或降品，就会相应影响被评议者未来的仕途。即便他们觉得等级评定不公，也必须认命，不能鸣冤，而中正官定品是否违法，全由官府认定和追责。如此一来，中正官在地方上真的一言九鼎。

“九品中正制”的初心是好的。两汉时期实行察举制，人才推荐全凭地方官的好恶，尽管有一些类似“孝廉”“贤良”之类的推荐方向，但也很容易沦为地方官举荐亲信，形成利益集团的载体，从而造成人才垄断、权力割据和阶层固化。九品中正制使官员选拔有了一定的客观标准，并采纳地方群众舆论和公共意见，吏治有所改善。同时，斩断了地方官垄断人才选拔的有形之手，削弱了地方豪门开展割据、对抗中央的政治基础，有利于魏晋时期的政局稳定。

然而，在传统官僚社会，任何“好经”，一旦跟权力和利益扯上关系，都有可能念歪。魏晋时期，充当中正官的一般都是二品大员，这些人虽然有很多是“唯才是举”渠道提拔上来的，但经年累月，也成了豪门大族、既得利益者。他们借此把持了官员选拔之权。于是，在人才定品时，行状就被忽视，家世越来越重要，甚至成了唯一标准。出身寒门者行状评语再高，也只能定在下品；出身豪门者就算行状不佳，亦能位列上品。

“九品中正制”固然削弱了那些不当官或官职不高的地方豪族的选人权，却便利了中央豪族借助对中正官职位的垄断，进而扩充势力，形成“门阀”。到了西晋时期，终于形成了“上品无寒门，下品无士族”的局面。“九品中正制”的“居中公正”特性荡然无存，沦为维护和巩固门阀统治的重要工具，以及士族门阀制度的组成部分。

当“九品中正制”变味以后，它存在的必要性也就大打折扣了。南朝时期，中正官给人才定品时，只考虑被评议者祖上在魏晋时期官居几品、爵位高低，这些事情其实无须品评，只要查查谱牒就行。因此，中正官的品评就成了例行公事。而少数民族统治的北朝，在大多数时期根本不实行“九品中正制”。

“九品中正制”变味甚至走向形式化，给社会带来的却是新一轮的阶层固化。底层人士希望通过良好的道德和才智表现，凑出一份漂亮的“行状”，以此博得中正官的好评，从而脱颖而出，这样的美好愿望却被残酷的现实撕碎，乃至努力终生，依旧无法突破阶层桎梏。

在魏晋时期，政坛露脸的依旧是背景深厚的家族人物。就拿曹操的三个谋士为例：荀彧号称荀子后裔，其父荀绲曾任济南相，叔父荀爽曾任司空；杨修的高祖杨震、曾祖杨秉、祖父杨赐、父亲杨彪都是官居太尉；司马懿的曾祖司马量当过豫章太守，祖父司马儁当过颍川太守，父亲司马防曾任京兆尹。这些家族都是一方豪门，而且世代多有担任省部级以上的高官。

由于世代为官，随着子孙的代际繁衍，家族官员越来越多，使朝廷选官的对象日益固定化，造成人才通道越来越狭窄。世家大族无须通过努力，只要“拼爹”“拼祖宗”，就可以直接进入高官序列，轻松融入上流社会圈子。他们一经坐稳高位，就会努力保住既得利益，与同为高门的士族分享权力，排斥底层崛起的新秀，形成等级壁垒。一部分纨绔子弟就会因得到太容易而不够珍惜，竞相上演“斗富”“裸奔”等荒诞剧。

出身底层的优秀人士，只能通过给这些世家大族的高官当幕僚、门客等途径，才能有机会进入官场，施展才能。有些人甚至不得不另走旁门左道，给少数民族酋长、叛军将领当幕僚，豪赌人生命运。另一些人干脆不为五斗米折腰，而是寄情山水，纵情放浪，演绎另类的“魏晋风度”。

西晋、东晋之所以从成立伊始，就迅速走向政治腐败，乃至很快就滑入大权旁落、分崩离析的境地，与这种畸形的人才供给机制有着直接关系。

怎样才能改变“上品无寒门，下品无士族”的畸形现象？现代社会提供的方案，是打破信息壁垒，普及基础教育，提高识字率，搭建各个行业的食物链和生态链，实现价值最大化，从而提高社会地位，“三百六十行，行行出状元”，而不用都挤在做官的独木桥上了。然而，在传统农业社会，这样的条件还不具备，寒门寻求上升空间，在顶层设计不改的情况下，只能寄希望于自己的努力和能否抓住历史机遇了。

五、豪门与寒门轮替

西晋建兴四年（316年），在经历了八王之乱和匈奴打击的一连串折腾后，西晋王朝灭亡。随后，西晋末代皇帝司马邺作为俘虏，受尽奚落和侮辱后遇害身亡。又过了一年，消息传到建邺（今江苏南京），复兴晋王朝的希望，几乎完全寄托在镇守江南的琅琊王司马睿身上了。在履行了举哀建陵等必要程序后，司马睿决定称帝，成为东晋的开国皇帝。建邺更名建康，作为首都。

其实，司马睿原本是没机会做皇帝的。他虽然是司马懿的曾孙，但在皇族里只是远支，父祖又没什么功业。八王之乱期间，最终的胜利者司马越为了给自己留条后路，让他离开原先的封地，到建邺待命，当个备用的棋子而已。可是，司马越没有等到逃亡南方的那一刻，就死在了西晋灭亡前夕。司马睿幸运地躲过了北方的浩劫，没有被南下的匈奴人一网打尽。

然而，初到建邺，南方的世家大族并没看得起他，甚至把连他一起迁到南方的北方人称为“伧夫”，意思是粗鄙之人。堂堂琅琊王居然被冷落了一个多月，当地头面人物没有一个主动登门拜会他。

强龙难压地头蛇。司马睿很懂这个道理，对付南方豪门，不能来硬的，只能想别的办法。

每年三月初三日，男女老幼都会齐聚河边祭祀，祈福消灾，熙熙攘攘。西晋永嘉元年(307年)的这一天，司马睿乘坐华丽的轿子，突然出现在街面上，威风凛凛，引人注目。簇拥在轿子后面的队伍也很庞大，领头的王导、王敦是北方士族名士，后面跟着一大批北方南渡的社会名流、世家大族的头面人物。这一场景，让江南豪族开了眼。他们再也不敢小瞧这位王爷。据说，南方豪门的代表人物顾荣、纪瞻等人，当即就在路旁拜见。

事后，司马睿又让王导出面，回访顾荣、纪瞻等人，聘请他们出来做官。有顾荣、纪瞻等人带头，南方豪族人士也都纷纷出来从政，拥护司马睿。这样一来，司马睿就取得了南北士族的共同支持，从而在建邺站稳了脚跟。由于这一切都是王导帮着策划的，故而司马睿的王位踏实了，王氏家族在南方的根基也就牢固了。王导辅佐司马睿，从兄王敦掌握军权，帮助司马睿在几年之间，将地盘扩大到长江中下游的荆州、扬州等地，控制了南方半壁。

司马睿登基大典那天，本来是百官分列左右，司马睿非要拉着王导共坐御床，接受百官朝贺。王导见状，婉拒再三，这才作罢。皇帝邀请宰相共登大宝，即便是董卓、曹操、司马昭之类的权臣，都没享受过这待遇，真是史无前例。因此，当时有民谣说“王与马共天下”。

“共”字用得很形象。说明司马氏政权离不开士族支持，也说明士族的政治势力足以跟朝廷抗衡。东晋王朝就这样维持了一个世纪。在这一百年里，王、庾、桓、谢等四个家族先后秉政，涌现出王导、谢安、庾亮、桓温等一批有作为的权臣。在这一百年里，王、庾、桓等三个家族还出了叛臣，桓玄甚至占领建康，改号称帝。士族代表人物像走马灯一样，你方唱罢我来唱。最后的胜利者，竟然是个寒门子弟刘裕。这是怎么回事呢?

历史文献记载，南朝宋的开国皇帝刘裕，是汉高祖刘邦的弟弟楚元王刘交的二十一世孙。刘交是汉家刘姓藩王里，排行最小的一支，但后裔颇为庞大，人丁兴旺，繁衍极盛，构成了刘氏族姓的重要组成部分。甚至有人认为，今日天下刘氏，十分之二三都是刘交的后代。

其实，这样的说法不一定可信。刘裕自称刘交二十一世孙，恐怕跟三国刘备自称中山靖王刘胜的后代一样，都有编造的成分。在那个讲出身、讲背景的时代，要想翻身，大概只有假托子孙满堂的古代名人之后，让别人根本没法“外调”查实，图个面子上过得去。

刘裕祖籍徐州彭城（今江苏徐州），父祖辈跟着衣冠南渡，到江南做官，曾担任过县令、郡守、郡功曹，家庭背景的起点要比三国刘备好得多。因此，历史学家陈寅恪将其归入“次等士族”行列，祝总斌则将其称为“低级士族”。

尽管刘裕的祖先混得并不差，但到刘裕这儿，就命运多舛了。他生下来母亲就死了，在需要喂奶的阶段，家庭贫困，请不起乳母。家里人担心养不活，差点把他遗弃了。后来别人伸出援手，养育刘裕，才得以长大成人。

东晋时代，士族出身就能“平流进取，坐至公卿”。那些高级职位“凡厥衣冠，莫非二品”“大权美仕，俱在豪族”。而社会底层境况不佳。正如李延寿在《南史·宋本纪上》中所记：“自晋中兴以来，朝纲驰紊，权门兼并，百姓流离，不得保其产业……山湖川泽皆为豪强所夺，百姓薪采、渔钓，皆责税直。”刘裕就生活在这样的底层，不得不在夹缝中度日，想方设法混口饭吃。

为了讨生计，他当过农民，种地、砍柴、打鱼，样样精通；他做过小贩，编草鞋、卖东西、讨价还价，什么都会。这些营生，赚的都是辛苦钱，没办法做大做强。于是，他决定赌一把，结果陷进去无法自拔，成了赌徒。不但辛苦钱全部砸进去了，还欠了一屁股债。最糟糕的是，他欠了京口豪强刁逵一笔钱，实在还不起，被人家捆起来揍了一顿。一分钱难倒英雄汉，何况是一身赌债。旁人一看便能得出结论：刘裕这辈子算是完了。

不是所有人都不看好刘裕。有个人还是慧眼识珠的，他叫王谧，是东晋头号士族人物王导的孙子。作为一个赢在起跑线的年轻人，他并没有被眼前轻松获取的父爵和秘书郎头衔而沾沾自喜。他对刘裕的评价是“卿当为一代英雄”。或许，他从刘裕的赌徒习气和丰富的基层阅历中，察觉到了乱世英雄所必备的某种气质。

总之，王谧自掏腰包，帮刘裕还了债，解了围。事实证明，王谧才是真正的赌徒，而且赢了赌局。后来刘裕击败桓玄，掌握东晋朝政实权，王谧也鸡犬升天，兼任侍中，领扬州刺史、录尚书事。他的几个儿子在南朝宋也是高官得坐。而那位逼债的刁逵，后来站错了队，被崛起的刘裕处死和抄家，只落得白茫茫大地一场空。

眼下身无分文，连做赌徒的本钱都没了。回锅当农民、当小贩，刘裕心有不甘。于是，怀着“一代英雄”的梦想，他去找吃皇粮的差使了。毕竟年轻，毕竟有一身力气和胆量，恰好北府兵正在招募南渡的北方人后代，刘裕各方面条件都达标，便轻松应征入伍。由于粗通文墨，没过多久，就调拨给冠军将军孙无终当司马。

此时此刻，刘裕只是实现了一人吃饱、全家不饿的梦想，距离“英雄”梦还有很远。据《资治通鉴·晋纪》载，在这支军队里，他依旧“名微位薄，轻狡无行，盛流皆不与相知”。不过，刘裕运气不错，孙无终把他推荐给了北府兵猛将刘牢之的麾下。

这是一个重要的转折点。其后，刘裕在北府兵镇压孙恩起义的过程中，经常上演以少胜多的好戏。特别是他一人抵挡几百名敌军的场景，给刘牢之留下了深刻印象，迅速成为北府兵集团的头牌将领。后来，在历次权力斗争的关键时刻，他都审时度势，准确选边站队，从而击败了桓玄、卢循、刘毅等诸多竞争对手，推行土断改革，镇压豪强恶霸，创造了克复西川，攻灭南燕、后秦的战绩，时隔一百年，将汉家王朝的旗帜再度插上了长安城头，为南朝赢得了足够大的战略缓冲区。

戎马生涯和赫赫武功，也让他在朝中再无制衡力量，一跃而成为权臣。那些昔日的玩伴、战友、同乡，跟他并肩战斗，纷纷走出底层，登堂入室。这些人与他一样，都是次等士族，甚至只是平民出身。而在东晋后期的历次变乱中，王、谢、桓等大家族的头面人物王凝之、谢琰、桓玄纷纷身首异处，传统的高门士族瞬间凋零，腾出了大量职位。

东晋元熙二年（420年），刘裕终于撕下了权臣的伪装，代晋称帝，建立南朝宋。在他的治下，寒门出身的官僚走上历史前台。魏晋南北朝历史上，汉族王朝第一次实现了整体性的阶层松动。实现这种改变的，是时势和英雄的互动，是历史机遇与机缘。

南朝齐的开国皇帝萧道成，行伍出身，却自诩西汉相国萧何的二十四世孙；南朝陈开国皇帝陈霸先，早年家境贫寒，最初只是个村官小吏，却自诩东汉颍川名士陈寔的后裔。这种假托名人后裔的做法，明显是对自己身世背景不够自信的表现，这种做法还说明，虽然越来越多的庶族地主进入政治舞台，但士族地主营造的门第观念，依旧是南朝社会的主流意识形态，根深蒂固，难以消解。

也许，辛弃疾读出了寒门子弟的不易，在他的《永遇乐·京口北固亭怀古》里，寄托了对刘裕英雄气概的怀念，也展现了对那个时代历史的追思。他在用历史和诗词告诉后来人：即便在阶层固化的时代里，寒门子弟照样可以逆袭。然而，逆袭并不容易，靠机遇，靠伯乐，更靠实力。当机遇到来之际，要有聪明才智，去识别它，追上它，抓住它，把握它，让它转变为推动事业走向成功的砝码和利器。

千古江山，英雄无觅孙仲谋处。舞榭歌台，风流总被雨打风吹去。斜阳草树，寻常巷陌，人道寄奴曾住。想当年，金戈铁马，气吞万里如虎。

元嘉草草，封狼居胥，赢得仓皇北顾。四十三年，望中犹记，烽火扬州路。可堪回首，佛狸祠下，一片神鸦社鼓。凭谁问：廉颇老矣，尚能饭否？

第十一章

从解民倒悬到脱离实际

大泽乡的滂沱暴雨中，一群本应前往涿郡戍守的农民，面对“会天大雨，道不通，度已失期。失期，法皆斩”的困境，勇敢地喊出了“王侯将相宁有种乎”的口号，揭竿而起，发动了中国历史上第一次大规模农民起义——陈胜吴广起义。

这是一场典型的“官逼民反”。起义在短时间内取得了重大进展，连克多城，在占领楚国旧都陈城后，当地三老、豪杰都说：“将军身被坚执锐，伐无道，诛暴秦，复立楚国之社稷，功宜为王。”于是，这场被逼无奈的起义，有了一个响亮的政治追求——“伐无道，诛暴秦”。

有了这样的追求，起义的正当性得到了合理诠释，起义军的规模和影响力也与日俱增。司马迁在《史记·陈涉世家》中记述：“当此时，诸郡县苦秦吏者，皆刑其长吏，杀之以应陈涉。”

陈胜吴广起义带动了六国旧贵族，他们利用在当地盘根错节的影响力，纷纷举兵起事。陈胜吴广虽然迅速败亡，但旧贵族的代表人物项羽，俨然以义军新盟主自居，率领几十万大军浩浩荡荡，挫败秦军主力，杀进咸阳。

尽管此前先入咸阳的刘邦，通过“约法三章”，争取了民心，大体上稳定了当地局势，打下了很好的基础，但项羽入城后，反其道而行之，将秦王朝的多年积蓄，带得走的搬空，带不走的宫殿付之一炬，投降的秦王子婴也被杀害。“伐无道，诛暴秦”的口号，至此彻底变味。显然，项羽“以暴制暴”的情绪化表现，让他脱离了民心思定的社会现实，背离了“伐无道，诛暴秦”的正统初心，从而民心尽失。

1920年，列宁在《共产主义运动中的“左派”幼稚病》中说过，“只要再多走一小步，仿佛是向同一方向的一小步，真理便会变成错误”。中国历史上的诸多大事件，从“救民倒悬”到“脱离实际”，有时只是一念之错，一瞬转折；有时只是在不合适的时间和地点，出台了不合适的政策措施，即便初心良好，也会黑白两隔，评价两极。

一、另眼旁观商纣王

桀纣，历来是暴君的代名词。这对组合中的“纣”，近些年争议很大。人们抛开传统的思维定式，仔细深挖，才注意到“纣”的意思很不好。《说文解字》里解释为“残忍捐义”，而在《古文尚书》里通“受”，意思是大坏蛋。谁会把这样糟糕的名号主动加在自己头上？很显然，纣，只是后人对这位商朝末代国君强加的恶谥。

其实，纣的本名叫作“辛”，子姓，历史上还给他一个名号，叫“帝辛”。

众所周知，夏朝君主称“后”，周朝君主称“王”，商朝君主里，只有少数几位具有“帝”这样霸气的字眼。商纣王就是其中之一。显然，霸气的名号，本不该跟暴君的脸谱画等号。那么，历史上的纣王，到底是个怎样的君主？

《荀子新注·非相》载，纣王“长巨姣美”;《史记·殷本纪》载，纣王“材力过人，手格猛兽”。历史文献中的纣王，不仅高大威猛，英俊潇洒，而且博闻强识，智商过人。这是个天资优异的君王，具备当中兴之君的客观条件。

虽说是天之骄子，但纣王也有性格缺陷，比如《史记·殷本纪》中说他“知足以拒谏，言足以饰非。矜人臣以能，高天下以声，以为皆出己之下”。说白了，就是好面子，好名声。不过，这样的缺点反倒说明，帝辛是个心智健全、有血有肉、更接地气的俗人，而不是不食人间烟火的所谓“圣人”。

成功男士可不是光靠脸蛋吃饭。帝辛的成功，更多的是在事业上。

他继承了武丁以来的军事扩张战略，东西兼顾，以东为主。

东夷，是商朝东扩的强劲对手，商朝与之交战有年。尽管在兵员素质和武器装备上，商朝占据绝对优势，不过，纣王没有掉以轻心。为了打赢这场战争，他把主力部队派到了前线，开辟了通往东夷的大道。商军装备的青铜箭镞，精巧锋利，射程远，杀伤力大；商军组建的大象战队，冲击力强，用尖锐的象牙轻易地顶穿敌人的胸膛。在商军潮水般的扫荡之下，东夷各部一溃千里，商朝的势力范围从中原拓展到了山东地区，以及长江中下游。

这是一场划时代的胜利。从此，中原和东南一带，交通主动脉打通，联系更加密切，中原文化也逐渐传播到了东南地区，促进了当地的开发。这样的贡献是历史性的。

就在纣王全力对付东夷的同时，西面的周国也在崛起，形成了对商朝的威胁。纣王的前辈，就曾惩罚过这个表面臣服、背地不服的方国。其君王季历就死于商君文丁之手。可是，季历之死并没有打断周国的上升曲线。于是，纣王继续实施遏制政策，将周文王关押在羑里。

“文王拘而演周易”，这句话表明，周文王可能只是失去了自由，并没有受皮肉苦。至少，他还有精力完成这部皇皇巨著。或许也表明纣王对付劲敌时展现的政治手腕与前辈不同：不再是一棍子打死，而是大棒加胡萝卜。

关押，并没有让周国沉沦。面对这个地盘日广的新兴方国，与其打压，不如收买。于是，周文王被释放，得到了良好招待。纣王甚至展现出“幼稚”的一面，亲口告诉周文王，主张将其关起来的，是大臣崇侯虎。

周文王死里逃生，重返周国。他并非空手而归，而是带着纣王册封的“西伯”封号。纣王用承认周文王在西面的政治地位和势力范围为代价，换取周国暂时消停一下，使自己得以腾出手来，专心致志对付东夷，避免陷入两线作战的苦境。

纣王的政治头脑似乎简单了些。周文王的扩张，一刻也没有停止。周武王更是趁纣王忙于东夷战争，首都空虚之机，组织反商联军，奇兵突袭，夺得了胜利。

周武王在《牧誓》里，曾经列举了纣王的三大罪状：一是听信妇人之言，二是不祭祀祖宗和神灵，三是任用四方逃亡的奴隶而不任用同宗兄弟。今天看来，这些“罪状”未免太牵强，甚至根本就不该是“罪状”，而是应当提倡的优点。

为什么听女人的话就不对？为什么牝鸡司晨就一定是家国败落

的先兆？如果女人有正确的见解，凭什么不能察纳雅言？

虽说殷商信奉鬼神，但如果鬼神观念淡一些，祭祀鬼神不那么按时，难道就是十恶不赦的罪责吗？阶段性地忘记鬼神，追求务实，不也是思想的进步吗？

能够将地位卑贱的奴隶提拔使用，本身就是不拘一格降人才，是一定范围内的解放奴隶，这样固然触犯了贵族利益，但也是社会进步的必由之路。

从某种意义上说，周武王列的三条罪状，正是纣王对传统奴隶制的三方面改革。

武王伐纣成功后，分封在朝歌的殷商太子武庚举兵叛乱，殷商遗民几乎全部动员，就连武王派去监视武庚的周王室成员管叔、蔡叔、霍叔也跟着造反了。周王室只能派摄政的周公旦亲率大军镇压，花了三年才将其平定。周王室出于恐惧，不得不营建东都，将殷商遗民迁到东都，集中管起来，调重兵驻守，让他们再无造反的机会。

那些出征东夷的商军主力，听说朝歌沦陷的消息，他们没有选择投降周朝，也没有自立为国，或是重建商朝，而是自行解散，融入江南华南，成为开发当地的第一批能人。

纣王被后人骂了三千年，背着暴君的锅，却留下了许多故事、地名和历史遗迹。

纣王是个懂得享乐的君王。根据考古遗存，酒池肉林的场景，在当时应该是存在的。在物质生活很不丰富的商代，这样的状态确实过于奢侈，不得人心。不过，在“无肉不欢”的朝歌时代，生活奢侈应该算不得殷商崩盘的主要原因。

纣王是个下手残忍的君王。他发明的炮烙之刑，令人毛骨悚然；传说比干剖心而死的惨剧，成为残害忠良的典型案例。可是，标榜“吊民伐罪”，将商朝攻灭的西周，酷刑更多，就连死刑都有若干种，残忍程度不亚于纣王。这就是奴隶社会野蛮之处的冰山一角。

纣王是个沉迷女色的君王。妲己，本是敌对部落为了求和而献出的美女，却深受纣王宠幸。据史书载，纣王有了妲己后，言听计从，更加荒淫无度。妲己曾怂恿纣王用炮烙等手段残害宗室大臣和百姓，起了“助纣为虐”的作用。

在周武王的袭击下，殷商轰然倒塌。这是周武王的军事胜利，但并非政治进步。其后，周天子大搞分封制，固化了贵族政治，让普通奴隶失去翻身逆袭、脱颖而出的机会。

显然，纣王的政治作为更像是改革，而周王室则显得保守落后了。西周王朝广泛宣传和放大纣王的阴暗面，以塑造武王伐纣的正当性，后来历朝历代又不断累积纣王的罪行，直至《封神演义》的夸张演绎将其残暴的形象推向顶点。

二、备受争议的王莽改制

地皇四年（23年），绿林、赤眉起义风起云涌，王莽政权面临众叛亲离的困境。当此危难关头，王莽怪招频出，先是动员长安及其周边的老百姓出来“哭天”，而后又把囚徒放出来拼凑新军。然而，眼泪救不了自己，囚徒上阵便一哄而散，挡都挡不住。

此时此刻，王莽真的成了孤家寡人，除了待在未央宫的宣室殿里，在宫门外的杀戮声中，静静地等待着死亡的降临，别无选择。

曾几何时，这座象征着最高权力的殿堂，是他梦寐以求的目标。为了能够有朝一日成为这里的主人，他调动了自己非同寻常的政治智慧，抓住了一次次机遇，忍受了一次次屈辱，付出了一次次牺牲。

由于汉元帝皇后王政君的关系，王氏家族在西汉后期迅速崛起，成为权倾朝野的外戚家族，先后走出九个列侯，五个大司马。跟所有政坛“暴发户”一样，这个家族的成员大多身居高位，生活奢靡，声色犬马，目空一切，唯独王莽是个异类。他给人们留下的印象，主要有三方面：

——慈善家。王莽早年做过把自己的俸禄分给门客和平民的事，还卖掉马车接济穷人。后来当了大司马，主动捐出一百万钱和三十顷田产救济民众。每逢水旱灾害，他还只吃素，不吃荤。在他的引领下，捐钱捐地成了上流社会的时尚，灾区普遍减免租税，皇家苑囿改为专门安置流民的县城，连长安城都造了一千套房子安置灾民。这样的作为，这样的力度，恐怕在世界慈善史上都名列前茅。

——道德模范。王莽模范带头，严于律己，遵纪守法。次子王获杀了一名奴婢，按说“虎毒不食子”，何况是贵族，但王莽力排众议，严格执法，竟然大义灭亲，逼迫王获自杀抵罪。他服侍母亲和寡嫂，抚育兄长的遗子，行为检点，至纯至孝。套用今天的话，这位豪门子弟，“没有低级趣味”。

——学问家。王莽为人谦恭，勤奋好学，师从沛郡的大学者陈参学习《论语》，有些文化积淀。他还把所思所学运用到治国理政中，对诸侯王、功臣后裔和各级在职官员大加封赏，增加宗庙礼乐等，活人死人，各个阶层都照顾到，充分展现他对“仁政”的理解和把握。

王莽的种种作为，让他在朝野上下博得了许多好感，也让他的政治威信与日俱增。与之形成鲜明对比的，是西汉后期皇帝荒淫，荒废政事，地主豪强兼并土地，蓄养奴婢，搞得贫富两极分化，百姓无立锥之地，社会陷入无药可救的病态。

无论是高官大族，还是普通百姓，都对这位与众不同的人物寄予厚望，希望他能改变时局，扭转乾坤。在人心思变的背景下，这位“安汉公”走上了“篡汉”道路，应该算是顺天承运，万民拥戴。

如愿以偿坐上了皇帝宝座，并不意味着万事大吉。社会矛盾摆在那里，怎么改都会触动一批既得利益者。尤其是那些占有大量土地的大官僚大地主，平常嘻嘻哈哈，热情力挺，关键时刻，动到自己的奶酪时，都不是善茬，不会有“壮士断腕”的政治觉悟。因此，必须跳出窠臼，换个思路去解决问题。

王莽是儒生，固有的知识结构让他顺理成章地搬出了古代儒学理论去改造社会。既然现实很残酷，那就回归历史。既然他被朝野视为当世周公，而《周礼》传说就是周公制定的，那就干脆从《周礼》的记载中寻找依据，进行社会改革。在他看来，《周礼》够神圣吧，按照《周礼》的说法来“割肉”，谁敢不听！

王莽的改革包括六个方面：

——土地问题。实施土地全盘国有化。规定天下田皆为“王田”，所有权属于国家，不许买卖。显然，王莽看到，农民大量失去土地，是由于日益严重的土地兼并，而土地兼并源于土地买卖。因此，他宣布土地国有，冻结买卖，农民不就不会失去土地了吗？

这样的改动，无疑是开历史的倒车，将春秋战国以来定型几百年的土地私有制打回原形，变成早已过时的“井田制”。又有谁愿意把几代人积攒的土地兼并成果交出去？本来土地作为可变现的资产，荒年卖出，能帮农民解燃眉之急，现在完全“冻住”，换不来粮食和铜钱，只能饿死。

因此，这样的法令，非但没有操作性，而且无人喝彩，只会导致全民皆输。落实到基层，只能是一纸空文，地方根本推不动，或根本就没推。“王田令”公布不久，就宣告作废。

——奴婢问题。王莽下令将奴婢改称“私属”，数量冻结，不准买卖和新增。改名“私属”，只算是更符合儒家经典著述的叫法而已。

王莽这么做，初心也许是好的，通过控制奴婢规模，稳定自耕农队伍，遏制土地兼并，为国家提供充沛的劳动力资源。然而，强行“冻住”奴婢买卖，对买卖双方的短期利益都有损害。这一点，跟土地国有化一样，既不叫好，也不叫座。

——市场调节。为了稳定物价，调节市场，控制金融秩序，王莽下令推行五均、赊贷和六筦政策，初衷是利用官府力量控制经济事业，平抑物价，限制奸商囤积居奇，打击高利贷。

在长安及邯郸、洛阳、临淄、宛城、成都等当时的“一线城市”设立五均官，征收工商业税款，通过测算制定各类货物的标准物价，称为“市平”。一旦市场物价高于“市平”，就抛售库存，平抑物价；市场物价低于“市平”，就听任百姓自由买卖。

规定百姓可以向官府借贷，用来从事祭祀、丧葬或做买卖。祭祀、丧事的贷款分别限十天和三个月内还清，不收利息，做买卖的贷款年息10%。

六筦就是将酒、盐、铁、铸钱、渔猎、赊贷等六类事业纳入官府管理，发给牌照，征收赋税或利息。

五均、赊贷和六筦政策，体现了早期的“计划经济”思维，是汉武帝“均输”“平准”，以及盐铁官营等经济政策的延续。不过，中国古代官营经济的弊病，在新政实施后迅速释放。

推行政策的地方官，原本就惯于官商勾结，形成利益集团，他们借机上下其手，营私舞弊。“五均”本来用于调剂物价、防止暴利，却搞成了官员贱买贵卖、牟取暴利的工具。许多商人身穿官服，打着官府的旗号，制作假账、强迫借贷、随意插手，给正常的工商业经营和百姓民生带来极大干扰。

——官制更改。王莽按照《周礼》的描述，将中央和地方的官职名称和类别进行了大调整，搞得乱七八糟，最后谁也搞不清自己担任的官职该怎么称呼。地名也被改了不少，搞得很多老百姓，甚至父母官都弄不清自己工作生活的地方到底叫什么名，就连王莽在后来的诏令里，提到某地也不得不注明原先的地名。

更糟糕的是，王莽为了普发恩惠，派发了上千个爵位帽子。其实，这些爵位大多没什么实惠，莫说是封地，连每月领的铜钱，也只有几千而已，根本不够糊口。

——币制改革。王莽先后进行了四次币制改革，恢复了一些春秋战国形制的刀币、布币，但币制越来越乱，成色越来越差。每更改一次币制，就是对民间财富的一次剥夺。

——边政改革。王莽一改西汉后期与邻为善的民族政策，以《礼记》里所说的“天无二日，土无二王”的信条，将西汉册封西域各国首领的“王”爵一律改为“侯”爵，将汉朝颁发给匈奴的“匈奴单于玺”改为“新匈奴单于章”。用这种毫无缘由的降格，挑动边疆战争，从而转移朝野上下对内政改革失败的不满情绪。

理想很丰满，现实很骨感。他处心积虑解决社会问题的诸多改革措施，最后落得所有人都不买账。改来改去，大家都苦不堪言，无论是豪强地主，还是普通官员，抑或是平头百姓以及奴婢，都被他得罪光了。

改革，是利益的重新分配。分配的结果，本应让大多数人受益。可是，王莽却要让所有人背负改革的成本。经济混乱、政治混乱、战乱再起，再加上天灾频仍，王莽及其政权走到了尽头。

令人叹息的是，王莽生前曾大兴教育，扩招太学生，而取其而代之的东汉开国皇帝刘秀，就是太学扩招的受益者。王莽被杀后，尸体被肢解，舌头被分吃。也许人们对他生前的那些表演，特别是巧言令色而又无法兑现的政治谎言，实在是审美疲劳了。

王莽的改革，有想法，有创见，有成效，有教训，展现了他的某些真性情，有些改革措施还很超前。不过，他的改革思路大体还是政府控制一切、包办一切。在私有制根深蒂固、工商业迅猛发展的背景下，这样的思路显然不合时宜。

王莽给刘秀上了一堂生动而残酷的创业课。刘秀上台后的改革，汲取了他的经验教训，为政风格以“柔道”为主，尽量减少折腾。他没有限制土地和奴婢买卖，而是发布解放奴婢的诏令，从道义上给奴婢免费“赎身”的机会。通过恢复西汉旧制、善待功臣，迅速强化了中央集权，将四分五裂的政局重新捏合在一起。尽管土地问题依旧无解，但足以让东汉王朝踏踏实实地维系下去。

不知王莽在天之灵，看到刘秀所做的一切，该做何感想。

三、如何看待黄巾起义

滚滚长江东逝水，浪花淘尽英雄。是非成败转头空。青山依旧在，几度夕阳红。

白发渔樵江渚上，惯看秋月春风。一壶浊酒喜相逢。古今多少事，都付笑谈中。

罗贯中以此作为《三国演义》的开篇词，感叹英雄辈出，传奇无数。接着，率先亮相的并不是刘备、曹操，而是在今天看来知名度并不高的张角，以及他领导的黄巾起义。这是怎么回事呢？怎样看待这场揭开汉末大乱乃至三国鼎立帷幕的农民起义呢？

黄巾起义在中国农民战争史上具有开创性。

传统社会，中国农民至少有四个特征：人口多，受教育程度低，生活水平不高，高度信任治病之人。这四个特征是彼此关联的。

传统农业靠天吃饭，粮食收成不稳定，一旦遇到天灾，这么多人就吃不饱饭，但农业又是劳动密集型产业，在生产工具没有显著革新的情况下，就必须指望人多力量大。连饭都吃不饱，遑论受教育。教育程度低，就容易迷信。因为穷，看不起病，所以一旦生病，只能指望“神医”和“神汉”，甚至借助宗教的力量来减缓病痛。如果“神医”真能治好病，那这些农民就很容易对“神医”产生信任感。

我们有理由相信，假如东汉后期的基层长官是靠选举产生的话，华佗、张仲景一定能胜出。不过，华佗、张仲景都是正规大夫，他们没有政治野心的，只追求研究医学、治病救人。然而，有些人貌似“神医”，免费给穷人看病，其实包藏了其他想法。

按《三国演义》的说法，东汉末年，巨鹿郡就有兄弟三人，老大叫张角，他的两个弟弟分别叫张宝和张梁。据说，张角曾怀揣梦想，渴望通过举孝廉的渠道进入官场，实现政治抱负。然而，残酷的现实告诉他，上头没人，寸步难行。这条路根本走不通。接下来的经历，就越发离奇了。

按照张角自己的说法，有一次，他进山采药，遇到一个“碧眼童颜，手执藜杖”的老人，自称“南华老仙”。把他叫到一个山洞里，传授了三卷名曰《太平要术》的“天书”，并要求他“代天宣化，普救世人；若萌异心，必获恶报”。而后，老人化为清风而去。张角懵了好一会儿，便抛开儒家著述，潜心钻研这三卷书，学会了呼风唤雨，号称“太平道人”。

上述神奇的经历应该是张角编造的。为了把自己包装成“太平道人”，必须让故事神一些、邪一些、怪异一些，越神秘越好。不管怎样，经此包装，张角从一介书生，摇身一变，成了人间的神仙。

东汉末年，灾害频仍，瘟疫流行。古人一旦染上瘟疫，就有死亡的危险。张角横空出世，自称“大贤良师”，“散施符水，为人治病”。或许他确实懂些医术，救活了不少人的性命。于是，他的知名度越来越高，越传越神。比起远在洛阳的汉灵帝，越来越多的人更愿意相信张角，毕竟他更实惠，更能给百姓带来切近实际的福音。于是，跟随张角、崇拜张角的信徒越来越多。张角的“造星”构想正在逐渐变成现实。

张角麾下的直系徒弟有五百多人，跟着他云游四方，“皆能书符念咒”。这就给医病多增加了一重神秘色彩。信徒与日俱增，竟能在几年间裹挟几十万人。显然，如果几十万人一起上课，“教学”效果肯定好不了，需要编组。于是，他“乃立三十六方，大方万余人，小方六七千，各立渠帅，称为将军”。

收徒讲学，开设“分校”，“校长”居然称为“将军”。这已经不是一般意义的传授医学或者神学知识了。可是，东汉各级官府居然对此毫无反应。也许是情报工作做得太差，也许是一些基层官员也对朝廷不再信任，而是转投张角麾下。

一个能“呼风唤雨”的大法师，分布在青、徐、幽、冀、荆、扬、兖、豫八个州的几十万信众，再加上一套看起来不松散的组织体系，一旦动员起来，就是爆发式的力量。张角跟几个得力助手约好了，在中平元年(184年)三月初五日，也就是甲子年甲子日那天，八州几十万信众同时起事。

要起事，就必须得有鲜明的行动口号。张角量身定制的口号是“苍天已死，黄天当立，岁在甲子，天下大吉”。比起陈胜吴广的“王侯将相宁有种乎”，张角的政治野心更大。不是要做王侯，而是要取代东汉，建立新的王朝，当皇帝。比起绿林赤眉还要借助刘姓贵族的号召力去对抗王莽，张角干脆甩开所谓“正统”，不再借尸还魂，而是自己出来建立新“正统”。

跟陈胜吴广、绿林赤眉这种“农村包围城市”“边缘包围都城”的搞法不同，张角的计划是，先由马元义等助手集结荆州、扬州的信徒，在冀州重镇邺城搞出点动静来，然后再通过送钱行贿，联络京城的封谞与徐奉，里应外合，攻破洛阳，推翻东汉王朝。

为了区分敌我，张角的信徒都在自家大门上用白土书写“甲子”，免得打起来误伤。所有参战人员都头包黄巾，队伍举黄旗，故而这场起事称为“黄巾起义”。

箭在弦上，却出了意外。

张角麾下的几十万人，虽然都是信徒，但未必都打算造反。这支靠造神而汇聚起来的队伍，组织凝聚力和纪律性都不怎么样，出个叛徒也不奇怪。唐周，作为张角的弟子之一，就当了叛徒，供出了起义计划。汉灵帝闻讯大惊，连忙让自己的大舅子，担任河南尹的何进率军出击，按照叛徒提供的地址，先把马元义及其同伙抓获，直接斩首。

唐周的叛变，给张角投下了一颗震撼弹。照这样下去，还没等起义，信徒就会被全部抓光。事已至此，起事只能提前。张角连夜举兵，自称“天公将军”，张宝称“地公将军”，张梁称“人公将军”。他在给信众的动员令上表示：“今汉运将终，大圣人出。汝等皆宜顺天从正，以乐太平。”

起事很仓促，但还是有几十万人闻风而动。起义军所到之处，官军望风败逃，黄巾军很快就取得了战果：冀州的安平王刘续和甘陵王刘忠被俘，幽州刺史郭勋及太守刘卫全掉了脑袋。黄巾军连续攻陷南阳、颍川和汝南三郡，杀死当地郡守。由于这三个郡靠近洛阳，它们的失陷，对东汉朝廷震动巨大。

汉灵帝已经没了主心骨，只能把全国的军权交给何进，去镇压起义。于是，何进就成了张角起事最大的受益者。他就任大将军、封慎侯，大权独揽。可是，谁也没有想到，他居然成了东汉最后一个专权的外戚。

何进居中调度，镇守洛阳，选派了中郎将卢植、皇甫嵩、朱儁分三路领兵御敌。皇甫嵩和朱儁联合作战，先是通过火攻，将依草结营的颍川黄巾军击溃，紧接着又连克汝南郡、陈国郡，解除了洛阳周边的军事威胁。何进发现，皇甫嵩和朱儁太好用了，于是让他俩各领一军，分别攻克了东郡和南阳郡，基本肃清了洛阳周边八百里范围内的黄巾军。汉灵帝和何进长出了一口气。皇甫嵩和朱儁踩着黄巾军将士的尸骨，得到了加官晋爵。

卢植的运气似乎就没那么好了。这位颇有文学气质的将领，遭遇的对手是大法师张角。本来，卢植的大部队将张角围困在广宗城，挖壕沟，修围墙，造云梯，为攻城做足了准备。就在总攻即将打响的节骨眼，奉旨视察前线的宦官左丰，可能是伸手索贿被拒，一怒之下，回到洛阳后给汉灵帝打小报告，说了卢植一通坏话。于是，卢植阵前被捕，装进囚车，被押解进京。

中国历史上任何时代都不缺小人。小人成不了事，但足以坏事，甚至改变历史轨迹，实在是得罪不起。

围攻广宗的官军，突然没了统帅，有两个人直接受益。一是被困的张角，终于可以喘口气了；二是中郎将董卓，被临时抽调接替卢植。

别看董卓后来擅废立，专横跋扈，成了东汉末年的大权臣，但论打仗，绝对是个孬种。董卓接掌帅位后，巨鹿太守郭典曾提醒他，黄巾军虽是乌合之众，但人数众多，速战速决对官军不利，还是沿用卢植制定的“步步为营、渐渐逼近”的方案比较实在。可是，董卓刚愎自用，拒不采纳，立功心切，执意速战。

张角深知自己的处境，根本不给董卓主力决战的机会。任凭董卓怎样叫战，他都只是派小部队袭扰，坚决不搞硬碰硬。时间一长，董卓的大军被磨得士气低落，连朝廷都对他寸功未立的表现感到耻辱。

见到朝廷发来的问责诏书，董卓还算识相，赶紧上表谢罪，请朝廷另派能人接收他这个烂摊子。于是，朝廷走马换将，让皇甫嵩来收摊。几乎与此同时，张角病逝了。

大法师一死，群龙无首。按说皇甫嵩一到，官军就该时来运转了吧。非也。广宗城下，常胜将军皇甫嵩遇到了自出兵以来最为顽强的抵抗。取代张角指挥起义军的张梁，愣是将官军挡在了坚城之下，进退不得。显然，靠以前强攻的老办法，很难搞定这支黄巾军。

就在这时，钜鹿太守郭典加入了皇甫嵩的部队。他向皇甫嵩讲述了董卓失利的原因，又把卢植的打法搬了出来，极力推荐。皇甫嵩听罢，觉得有理，便改变战法，停止围攻，待黄巾军放松警惕后，再发动夜袭，将其彻底打垮。张梁也被阵前斩杀。

紧接着，皇甫嵩再率官军，在下曲阳击溃张宝，将其斩杀。至此，黄巾起义的三大领导者全部死掉，黄巾起义以付出了几十万人伤亡的代价，最终归于失败。

20世纪50年代至80年代，中国历史学界曾对农民战争迸发了格外的研究兴趣。黄巾起义成了历史学者关注的焦点之一。人们总结它失败的原因，比如准备不充分，计划不周密，人才不够多，指挥不在行，部队不善战，等等。这些说法都有道理，但都不全面。客观地讲，黄巾起义的失败，应当归因于三方面：

——计划没有变化快。由于叛徒告密，起义被迫提前，准备仓促，在通信工具落后的条件下，各地起义军难以配合，只能各自为战。马元义被捕，导致“中心开花”的计划失败。起义军没能第一时间占领洛阳，号令天下，使黄巾起义一开始就蒙上了失败的阴影。

——敌强我弱超想象。镇压黄巾军的不光有官军，还有各地豪强组建的民间私人武装。他们对黄巾军的抵抗和镇压是毫不留情的。这不光出于阶级感情考虑，更着眼于自身命运。无论是官府，还是豪强，都不敢掉以轻心。他们的既得利益，是与东汉王朝的生死存亡捆绑在一起的。谁要撼动朝廷，他们就会跟谁玩命。相比之下，黄巾军只是武装起来的信众，缺乏专业化的军事训练，战斗力根本不是官军的对手。

——有组织但无纪律。总结农民起义失败的教训，总离不开“农民阶级局限性”这个提法。其实，反映到战争的全过程，具体而论，黄巾军不仅缺乏有大局观和战略思维的军事领袖，而且起义计划粗疏，缺少应变机制，战争打响后，基本上各自为战，猛冲猛打，没有谋略，没有配合，不懂机动灵活的战法。这样的将领，这样的队伍，面对官军的强势冲锋，就会被动挨打，一触即溃。俗话说，秀才造反，三年不成，何况这些神神道道的信徒。

黄巾起义为期半年多，迅速掀起，瞬间扑灭，但它对中国历史带来的影响很深远。最重要的一条，就是“沉重打击了东汉王朝”。具体来说，为了尽快镇压这场起义，吓破胆的汉灵帝不得不放权让利，将军权下放给地方。各地豪强借助这一政策，迅速组织各种武装，将黄巾起义控制在本乡本土，没能让其拧成一股绳。

可是，黄巾起义失败后，这些武装力量却没有就地解散，而是迅速膨胀，割据地方。豪强摇身一变，以朝廷命官身份跨州连郡，成了实际意义的一方诸侯，开启了东汉末年军阀混战的潘多拉魔盒，使东汉政权名存实亡。

黄巾起义虽然失败，但它给中国的农民战争带来了三点新意：以推翻旧政权，建立自己的新政权为主要目标；利用宗教进行起义宣传组织，麻痹官府，隐蔽身份；前期准备的覆盖范围波及全国，影响面广。这些都成为此后中国农民起义的标配。特别是宗教掩护，比如白莲教、天地会、拜上帝教，将农民起义披上了一层神秘面纱。

四、琅琊榜：南朝政治衰败之路（上）

前几年，电视剧《琅琊榜》的热播，让人们开始关注一个此前在荧屏上相对陌生的时代——南北朝。尽管情节和人物源自架空历史的小说，但还是能找到一些历史原型。剧中所展现的，则是南朝走向政治衰败之路。

衰败的缘由很多，电视剧给出了三条线：

第一条线：梁帝。原型就是梁武帝萧衍。

萧衍是个有特点的皇帝。

——长寿。萧衍活了八十六岁，是中国历史上第二长寿皇帝。如果不是因为最后活活饿死，或许会超过乾隆，成为中国历史上最长寿的皇帝。

——信佛。萧衍是中国历史上最笃信佛教的皇帝。能让自己三次舍身同泰寺，宁要当僧奴，不愿当皇帝，念佛比江山更重要，纵观中国历史，也就他了。三次舍身，三次被大臣们凑巨资赎回。国不可一日无君，靠这三次任性的往复，他给同泰寺挣足了香火钱。

——在位久。萧衍是南朝享国最久的皇帝，在位四十七年，占南朝近三分之一。要知道，南朝梁一共才存在了五十五年而已。

萧衍自称是萧何的后人。他给自己起了个小名，叫“练儿”。这是梵语，佛经常用，意为树林、寂静处、无诤地，指能远离喧嚣，安心修习的禅定之所。显然，他对佛教的信仰，年少已有。

关于萧衍的这个小名，还有个故事值得一提。南朝齐倒数第二个皇帝萧宝卷，有个妃子名叫吴景晖。萧宝卷在位三年，昏聩暴躁，被时任雍州刺史的萧衍推翻。萧宝卷死后，萧衍入主金陵，拥立南齐和帝，独揽大权，不久就取而代之，建立南朝梁。吴景晖被他纳为侧室。只不过，此时的吴景晖已经怀有身孕，但萧衍浑然不觉。

几个月后，吴景晖生下了萧综。萧衍以为己出，宠爱有加，给他起个有佛家特色的小名“缘觉”。不过，等到萧综长大，已经年老色衰、渐渐失宠的吴景晖，终于将实情告诉了萧综。获悉自己的亲生父亲其实是前朝皇帝，萧综颇为悲愤，对眼下的这个霸占母亲的“父皇”恨之入骨。他曾偷偷跑到萧宝卷的墓前痛哭，也经常躲在密室里啜泣，脾气也渐长。

后来，萧衍将他外放锻炼，去做南徐州刺史。在刺史衙门院里，他种了不少练树，每天都用刀砍。旁人不知其故，只有他心里清楚：“父皇”萧衍小名练儿，砍练树就相当于砍“练儿”，替亲生父亲报仇解恨。

再说梁武帝萧衍。当时的敌国，对他的评价呈现两极。据《北史·郭祚传》载，北魏雍州刺史郭祚有如此言说：“萧衍狂狡，擅断川渎，役苦人劳，危亡已兆。”《资治通鉴·梁纪》则载有东魏实际统治者高欢如此言说：“江东复有一吴翁萧衍，专事衣冠礼乐，中原士大夫望之以为正朔所在。”郭祚说他垄断资源、滥用民力，高欢说他保留了汉族衣冠，代表了华夏正朔。他们说的都有道理，但都只反映了萧衍的某一面。

即便是后人，对萧衍的评价也一分为二。唐代诗人杜牧在《杭州新造南亭子记》中说：“梁武帝明智勇武，创为梁国者，舍身为僧奴，至国灭饿死不闻悟，况下辈固惑之。”天赋虽好，但到死也不醒悟，这样的皇帝也是奇葩了。据《梁书·武帝纪》载：“武帝少而笃学，洞达儒玄，虽万机多务，犹卷不辍手……天情睿敏，下笔成章，千赋百诗，直疏便就……兼长释义……历观古昔帝王恭俭庄敬，艺能博学，罕或有焉。”对萧衍的文化素养给予了高度评价。

无论评价怎样，有一点是共识。那就是梁武帝推崇佛教，大兴佛寺。杜牧曾有诗云：“南朝四百八十寺，多少楼台烟雨中。”南朝建康城里就有同泰寺、栖霞寺、瓦官寺等著名寺院。而按照清刘世琦《南朝寺考·序》的说法：“梁世合寺二千八百四十六，而都下乃有七百余寺。”其中，建康城里确切可考的就有两百多所。

梁武帝为什么对佛教这么感兴趣呢？恐怕有四个原因是不可忽视的：

——佛教教义的魅力。佛法主依自力，非依他力；主救世，不主出世。佛教提出“涅槃”境界，主张“三世因果轮回报应”，倡导永恒观念，更关注人的内心。“今世受苦难，来世得好报”的理念迎合权贵精神空虚、士人报国无门、百姓穷困潦倒，从而追求极乐世界的心理诉求。这样的教义，是深受统治者欢迎的。

——素食主义者的偏好。梁武帝早年曾经历太多杀戮，称帝后心生怜悯，成了素食主义者。“日一蔬膳，过中不餐”且“永断辛膳”。这与佛门饮食戒律相仿。

——高僧大德的身体力行。在南北朝时期，佛教还在追求本土化的进程之中。高僧大德普遍悲天悯人，志向宏大，与梁武帝的政治追求有相似之处。

——魏晋玄学的影响。魏晋玄学为代表的魏晋风度，融合了儒、道、佛家的思想精华，其带来的慢节奏也与佛门的清静相协调。在南朝庶族地主与士族地主权力转换的动荡中，这样的清静和慢节奏难能可贵。

然而，梁武帝虽有拜佛之心，却始终无法清除他心中的阴影。

——身份尴尬。梁武帝出身寒微，想攀附高门，却学得不像，毫无贵族气质。在那个讲门第的年代，即便贵为皇帝，也会低人一等。早年，父亲和兄长死于战祸；登基以后，他的几个儿子不是贪婪，就是不孝，让他陷入长期内疚之中，总觉得是自己做得不好，才会有这样的结果。内疚，成了他信佛的重要动因之一。于是，为了惩戒赎罪，他情愿去当苦行僧，四更秉烛批阅公文，每日一餐，衣着俭朴，不饮酒，不听音乐，毫无生活情趣。

——认同错位。王夫之在《读通鉴论·梁武帝》中曾这样评价萧衍，说他“沈溺于浮屠氏之教，以迄于亡而不悟。盖其时帝已将老矣，畴昔之所希冀而图谋者皆已遂夹，更无余愿，而但思以自处”。萧衍始终生活在一种矛盾之中，既想成就大事业，又想纵情山水、逍遥度日、寻求精神寄托和洁净港湾，既要追求人生完美，又要尽可能优雅轻松，这是典型的士大夫情怀。问题是，他搞错了自己的身份。他是皇帝，不是普通的文人。身份认同错了，就会发生言行的方向性偏差。

心态失速。梁武帝统治期间，换了好几个年号。每个年号都有各自的含义。第一个年号天监，意思是上天监督，表明他刚刚登基，还比较心虚，诚惶诚恐，不敢造次；第二个年号普通，意思是阳光普照万物大通，表明他认为自己已经把帝国带入正轨。第三个年号大通，意思是一切圆融无碍，畅通无阻，表明他认为此时的南朝梁已经进入太平盛世。第五个大同，意思是天下大同，一切如意，表明他对现状非常满意，当然，这种现状只是表面太平而已。第七个，也最后一个年号太清，意思是世间清平和个人境界的清静，表明既然天下太平，功德圆满，他就可以去追求更高的精神境界了。这些年号的用词，越来越接近佛家术语，但又摆脱不了他的政治抱负——当一个好皇帝的“凡心”。于是，年号的变化，也反映了心态的演进，甚至偏向失速。

这样的状态，太平岁月倒也还好。可在此期间，南朝梁的内政和边政，一点都不太平。

第二条线：江左梅郎。原型有二，分别是山中宰相陶弘景和北伐猛将陈庆之。

电视剧中的江左梅郎，一个真身，两个名字。真名林殊，化名梅长苏。林殊是赤焰军将领，前线厮杀，生死未卜；梅长苏则是死里逃生的林殊，号称江左盟主，麒麟才子，其飘逸潇洒的气质，带有鲜明的魏晋风度。

陶弘景是个大帅哥，但帅得有些特色。《南史·隐逸传下》记载，

“及长，身长七尺七寸，神仪明秀，朗目疏眉，细形长额耸耳，耳孔各有十余毛，出外二寸许，右膝有数十黑子作七星文”。甚至有文献记载，由于他容貌明秀，皮肤白细有光泽，走在路上，回头率很高，故而即便冬天，他出门都要带把扇子遮脸。

从长相来看，陶弘景既有南方人的飘逸，又有北方人的粗犷，尤其是耳孔钻出的毛，以及膝盖上的黑痣，看起来有些逗。没错，他的籍贯是冀州平阳，先祖南渡居丹阳。

陶弘景多才多艺，“读书万余卷，一事不知，深以为耻”，尤喜读葛洪《神仙传》，有“仰青云，睹白日，不觉为远矣”之感。早年曾追随丹阳郡尹刘秉，当小吏，刻苦攻读。那个年代的名士，都喜欢物以类聚，人以群分，三五成群，泛舟江上，游学四方，陶弘景也结交了几个志同道合的朋友，分别是江斆、褚炫、刘俣，合称“升明四友”。

升明元年（477年），建康发生石头城事件，一批南朝宋的大臣不满权臣萧道成专权跋扈，准备发动政变，得而诛之。然而，事情败露，作为主谋的司徒袁粲，以及参与政变的刘秉、刘俣都被杀害。陶弘景虽然也厕身其间，但只主掌文书，没有实质性参与。考虑到要争取人心，为称帝做舆论准备，不能大开杀戒，所以萧道成对陶弘景予以宽恕。

这是一段白色恐怖的岁月。那些遇害的政变官员，横尸街头，没人胆敢过问。只有陶弘景挺身而出，为朋友刘俣收尸。《华阳陶隐居内传》有载：“人莫敢视，先生哭其尸，躬自收殡。”大家都为他的行为捏把汗，可是萧道成并没有太在意，反倒因为这个年轻人如此重情重义，给他安排了一个新职位——“未弱冠，齐高帝作相，引为诸王侍读，除奉朝请”。

如果换作旁人，一定会对萧道成的“宽宏大量”“虚怀若谷”千恩万谢，但陶弘景没这么做。他深知，这只是萧道成为世人做出的尊贤姿态。奉朝请是个什么职位？《宋书·百官志》是这样解释的：“本不为官，无员……奉朝会请召而已。”说白了，只是个编外顾问而已。《南史·陶弘景传》也记载，“虽在朱门，闭影不交外物，唯以披阅为务。朝仪故事，多所取焉”。只是做一些朝会礼仪方面的文字设计工作，不跟外界打交道。

这不是陶弘景想要的生活状态。在跟兄长的书信里，他就冒出了不少牢骚：

> 昔仕宦应以体中打断，必期四十左右作尚书郎，出为浙东一好名县，粗得山水，便投簪高迈，宿昔之志，谓言指掌，今年三十六矣，方作奉朝请，此头颅可知矣！不如早去，无自劳辱。（《华阳闲居先生本起录》）

仕途失意，看不到出人头地的希望。于是，永明十年（492年），陶弘景挂冠而去，告别官场，跑到句容的句曲山（今江苏南京附近的茅山），道教第八洞天隐居起来，自号“华阳隐居”。其间，他独享山水之乐，净化心灵，潜心研究道教，以及医学、炼丹术、养生法、阴阳五行、天文历法。“隐居以求其志，行义以达其道。”

人在隐居，但心从来都没有远离朝堂。就在他告别官场两年后，南朝齐接连发生政变，西昌侯萧鸾弑君，自立为皇帝。本来，京城政坛的这些事，他可以不必过问，可是，他最要好的宜都王死在其后接连的宫廷斗争中。要知道，他曾担任过宜都王侍读，两人感情很深。陶弘景不能再置身度外了。

南朝齐在内讧中走上了下坡路，改朝换代的传言越来越多。坊间有民谣："水丑木，为梁字。"暗示齐将被梁取代。或许，这不过是萧衍编造的瞎话，愚弄舆论而已。可是，萧衍真就起兵，打着为父兄报仇的名义，进军建康。就在大军抵达首都附近的新林时，有人专程前来奉表表示效忠。这个人就是陶弘景的弟子戴猛。

显然，陶弘景看准萧衍极有可能取代南朝齐，便以这种方式果断押宝。其后，他还援引图谶，数处皆成梁字，进献萧衍，为萧衍筹备禅位大典，取代南朝齐制造舆论。

陶弘景赌赢了。梁武帝萧衍上台后，对他恩遇有加，不断派人到句曲山送信。"书问不绝，冠盖相望"，诚恳邀请陶弘景告别隐居，出山为相。

但陶弘景婉拒了。他没有明言，而是绘制了一幅画。画面之上有两头牛，一头牛散放水草间，逍遥自在；一头牛戴金笼头，穿华丽服，被人驱赶。陶弘景意在表达，自己宁愿做那头散放水草间的牛，虽然光着身子，一无所有，却能逍遥自在，无拘无束。

看罢这幅画，梁武帝萧衍若有所悟，不再强征，但朝廷每有吉凶征讨大事，无不事前向他请教。因此，人们给陶弘景冠以"山中宰相"的名号。虽然人不在朝中，但发挥的作用不一般。陶弘景也给萧衍赠诗云："山中何所有，岭上多白云，只可自怡悦，不堪持赠君。"

在这位吃斋念佛的皇帝护佑下，陶弘景的隐居生活恬静安详。他潜心著述的《本草经集注》《养性延命录》，对身体和精神调理提出了一系列创见，比如“游心虚静，息虑无为”“神大用则竭，形大劳则毙”“保精则神明，神明则长生”，等等。这些创见也在他身上得到了印证。陶弘景活了八十一岁，在那个年代绝对是高寿。

五、琅琊榜：南朝政治衰败之路（下）

林殊的原型是多元的。在他身上，可以看到南朝宋名将檀道济的影子，也能看到南朝梁北伐猛将陈庆之的特质。既然我们关注的是南朝梁，那就主要谈谈陈庆之。

提到陈庆之，这是一位令人并不熟悉，但历史学界关注度极高的将领。

据《梁书·陈庆之传》载，梁武帝萧衍评价他“本非将种，又非豪家，觖望风云，以至于此。可深思奇略，善克令终。开朱门而待宾，扬声名于竹帛，岂非大丈夫哉”。唐代史学家姚思廉评价他“有将略，战胜攻取，盖颇、牧、卫、霍之亚欤。庆之警悟，早侍高祖，既预旧恩，加之谨肃，蝉冕组佩，亦一世之荣矣”；“性祗慎，衣不纨绮，不好丝竹，射不穿札，马非所便，而善抚军士，能得其死力”。

令人惊奇的是，陈庆之的事迹引起了毛泽东的兴趣。据《毛泽东读文史古籍批语集》载，毛泽东在1969年读《南史·陈庆之传》时，做了一段批注：“再读此传，为之神往。”要知道，毛泽东熟读二十四史，指点江山，品评人物，能得到他的高度评价，足见陈庆之确实不简单。

平心而论，陈庆之是个优势和劣势都很突出的将领。

说劣势，他出身寒微，早年只是萧衍的主书（随从），而且身体羸弱，不善骑射。这样的人，从外表看就不是当将军的料。

说优势，他有胆略，有筹谋，带兵有方，善抚士兵，深得人心，全军为其效力；作战勇猛，敢打硬仗，善于以少胜多；性格沉稳谨慎，每次奉诏，都要洗沐拜受；生活简朴，只穿素服，不好丝竹；精力旺盛，热衷陪萧衍下棋，基本上随叫随到。

陈庆之人生的高光时刻，与林殊的赤焰军一样，都是北伐。南朝梁普通六年（525年），北魏爆发六镇起义，北魏朝廷忙于镇压内乱，无暇旁顾。当此时刻，北魏徐州刺史元法僧突然叛变，投降南朝梁，并献出了军事重镇彭城。梁武帝萧衍认为，这是收复失地、建功立业的机会，便派陈庆之率军前往接应，辅佐豫章王萧综进入彭城。

进占彭城后，陈庆之本打算以此为根据地，向北拓展。可是，萧综对萧衍怀恨在心，借着北伐的机会，联络早年依附北魏的南朝齐皇族，叛变投降北魏。萧综一走，彭城防务空虚，陈庆之北伐梦碎，只能全线撤退。所收地盘全部丢失，万幸的是，保住了所部主力。

三年后，靠镇压六镇起义起家的北魏权臣尔朱荣发动“河阴之变”，淹死小皇帝和胡太后，另立新君，大开杀戒。在这场内讧中，北魏北海王元颢走投无路，只好投奔南朝梁。梁武帝萧衍吃着斋饭，琢磨着建立不世之功。见北魏内乱，王爷来投，便又打算借机北伐。

于是，他承诺立元颢为魏王，派陈庆之率军护送元颢北上。萧衍的想法，就是先收复洛阳，扶植一个傀儡政权，作为南朝梁对抗北朝的缓冲地带。如果运气好，直接统一天下。

陈庆之不辱使命，率军势如破竹，收复洛阳及黄河以南地区。他身披白袍，仅以数千之众，转战二千里，历时百日，大小四十七战，攻克三十二城，每战必捷。元颢在洛阳即魏王王位，大赦天下，陈庆之受封侍中、车骑大将军。南朝梁大有重演当年刘裕北伐的势头。

打下洛阳后，元颢和陈庆之发生了理念上的冲突。前者不理朝政，饮酒作乐，横征暴敛。他以为自己翅膀硬了，就有脱离南朝梁遥控，拒当傀儡的念头。当时，陈庆之麾下兵少，希望元颢批准，向南朝梁的朝廷求援增兵。不料元颢有自立的私心，拒了他的请求。陈庆之的手下将领见势不妙，建议杀掉元颢，陈庆之考虑再三，也没有同意。

陈庆之踯躅再三、元颢畏葸不前，给尔朱荣赢得了喘息之机。当北魏内乱暂告段落后，尔朱荣就率领虎狼之师汹汹而来。陈庆之所率之军寡不敌众，全线溃退。陈庆之本人只得装扮成和尚，勉强躲过北魏士兵的重重封锁，逃回建康。而元颢则当了俘虏，身首异处。

陈庆之的两次北伐，都是先胜后败，最终以失败告终。在历史上，他留下了两重印象。

其一是军事战神。当时就有童谣说:“名师大将莫自牢，千兵万马避白袍。”可见白袍将军陈庆之的名声，确实令人生畏。他通过“长驱伊、洛，前无强阵，攻靡坚城”，一度扭转了“南风不竞”的普遍印象，向世人证明，南朝的军队也很能打。

其二是政治侏儒。他错估了形势，高看了元颢和梁武帝萧衍的战略头脑。事实上，元颢只想利用南朝梁抢夺王位，并不想当傀儡；梁武帝鼠目寸光，坐视“孤军无援，深入寇境，威势不接，馈运难继，将是役也，为祸阶矣”。更糟糕的是，陈庆之的军队虽然善战，但这样的高昂的战斗力和士气，竟然是靠军纪败坏来维系。“屠城略地，实为不少；君等杀人父兄，略人子女，又为无算”，攻破洛阳后，“所统南兵，陵窃市里”。这对于争取中原民心、巩固北伐成果，的确起了负面作用。

第三条线：靖王萧景琰和誉王萧景恒。虽然都是王爷，但前者是梅长苏的好友，以正面形象示人；后者则处心积虑打算抢夺皇位。梁武帝萧衍的儿子里，除了长子萧统（昭明太子）还算全面发展外，其他儿子不是贪图财货，就是觊觎皇位。不过，真正给梁武帝带来灭顶之灾的，却是北方来的羯人侯景。

侯景是个没有多少文化底蕴的粗人，在他的人生信条中，有奶便是娘。他从六镇起家，先后在尔朱荣、高欢的麾下效力。北魏分裂后，高欢主掌东魏实权，尚能控制侯景，对他又用又防。这家伙打仗勇猛，对高欢也颇为俯首帖耳。然而，高欢死后，儿子高澄继位，就是另一回事了。俩人互不服气，高澄甚至动了杀机。

显然，侯景在东魏是待不下去了。

他手下还有几万军队和河南十三州的地盘。以此为见面礼，投奔西魏，按说也能换个大官做。可是，西魏的实际掌权者宇文泰更加狡猾，知道侯景首鼠两端，不怎么靠谱，便一方面虚与委蛇，一方面蚕食侯景的地盘。

眼看自己地盘将尽，在跟高澄的军事对决中又损兵折将。走投无路之下，侯景想起了南朝梁，便投书一封，准备把剩余的州县当作见面礼，在萧衍的朝堂之上混个席位。

此时的萧衍，老迈昏庸，见侯景来投，不辨真伪，竟然又萌生了借力打力的念头。他想的是侯景的地盘，却忽略了侯景的人品，以及东魏的态度。于是，不顾大多数高官的反对，执意将侯景接纳过来，加封大将军、河南王，并派皇侄萧渊明率军接应。

此前，南朝梁和东魏大体上相安无事。可是，萧衍此举打破了以往的平衡。高澄被激怒了，发兵追击侯景，捎带着连南朝梁军一起揍。寒山之战，梁军大败，萧渊明当了俘虏。侯景带着几千残兵逃入南朝梁境内，幸免于难。

其实，高澄并不想马上激怒南朝梁，教训一下就得了。为了跟萧衍修好，打算释放包括萧渊明在内的梁军战俘。至于侯景，高澄或许认为，穷寇莫追，这个大麻烦，还是留给老皇帝萧衍自己去对付吧。然而，高澄的书信却被停留在寿阳的侯景截获了。

寒山一战，让侯景看到南朝梁表面繁荣背后的虚弱。这位羯人猛然冒出了一个奇特的念头：干吗要对老皇帝俯首称臣啊？为什么不能取而代之呢？于是，他伪造了一份书信，其中写有“贞阳旦至，侯景夕反”的字样，然后送到了萧衍的御前。“贞阳”就是贞阳侯萧渊明。

考验萧衍政治智慧的时候到了。可是，不知是着了什么道，萧衍竟在宠臣朱异等人的忽悠下，对这份书信上提出的条件表示赞同。梁武帝的表态，侯景很快就知道了。

“欲加之罪，何患无辞”。经过侯景这么一搅和，举兵的借口轻易地找到。他打出了“指诛权佞，非倾社稷”的旗号，把一切责任都推给了朱异之类的佞臣。然后，他率领八千人马，向建康开拔。

南朝梁纵然虚弱，也有几十万常备军。建康城深沟高垒，易守难攻。然而，梁武帝先是对侯景造反的消息拒不相信，等到坐实消息后，急急忙忙让驻在各地的皇子、皇侄们带兵勤王。可是，他万万没想到，虽然建康周边迅速云集了三十万勤王大军，但谁都不愿跟侯景玩命。在他们看来，老皇帝在位太久了。他们巴不得萧衍赶紧死，然后自己坐收渔利，抢到皇位。“养儿防老”的传统，在这一刻被残酷的现实撕得粉碎。

最糟糕的当属一个叫萧正德的皇侄。他想当皇帝想疯了，便跟侯景勾结在一起。侯景承诺，攻下建康，立他为帝。于是，作为长江防线的指挥官，他不仅擅自撤防，而且帮着侯景大军渡江，打开城门。叛军长驱直入，包围台城（皇宫）。在经过了一百三十多天生死激战后，台城陷落。

可怜萧衍，被“供”在皇宫里，没人伺候，没人管饭，想喝口蜂蜜都没人给。八十六岁的老人，最后活活饿死。看起来很悲，但平心而论，咎由自取。

他可以撒手人寰，但给南朝带来的后果是灾难性的。

据《南史·侯景传》载，侯景攻占建康前后，“纵军杀掠，交尸塞路，富室豪家，恣意哀剥，子女妻妾，悉入军营”。南朝的门阀士族纷纷遭遇屠戮和抢掠，从此一蹶不振。有学者做过统计，高官的构成上，南朝梁士族占85%，庶族只占15%，而到了南朝陈，士族只剩32%，而庶族增至62%。

据《资治通鉴·梁纪》载，侯景在攻城略地的同时，为了增加兵源，瓦解民心，想了很多办法。其中，“（侯）景募人奴降者，悉免为良，得朱异奴，以为仪同三司，异家赀产悉与之。奴乘良马，衣锦袍，于城下仰诟异曰：‘汝五十年仕宦，方得中领军；我始事侯王，已为仪同矣！’于是三日之中，群奴出就景者以千数，景皆厚抚以配军，人人感恩，为之致死”。此举本是为了增加兵源，却意外起到了解放奴婢的作用。

侯景拿下建康后，并未履行承诺，拥立萧正德，而是将他扒拉到一边，先后拥立萧纲和萧栋当皇帝，最后索性灭掉南朝梁，自己改国号汉，做起了皇帝。远在江陵的梁武帝皇子萧绎，当年目睹父皇被围，作壁上观，如今时机已到，便打出南朝梁正朔，在建康称帝，并组织力量反击，最终平定了叛乱。

然而，经此折腾，南朝的经济遭到严重破坏，实力削弱，再无北伐之力。西魏趁南朝梁内乱之机，攻占长江上游大片土地，甚至袭占江陵，俘虏萧绎。东魏（北齐）则趁机攻占江淮地区。至此，南朝梁版图缩减，只能与北朝划江而治。南北均势就此打破，为后来隋朝统一南北奠定了基础。

《琅琊榜》并非历史正剧，但对那个年代的社会风尚有所展现。它跳脱传统定势，重新定义了帝王文化、权谋文化、江湖文化、复仇文化和贤良文化，其成功并非偶然。不过，《琅琊榜》所塑造的人物角色和故事情节，却将南朝政治衰败之路透彻地展现了出来。

南朝一百六十年的历史悲喜剧，为南方经济开发、华夏文明保存、边地民族融合、东方美学培育、门阀士族衰落做了铺垫，这些都将成为隋唐盛世不可或缺的基础性要素。

“旧时王谢堂前燕，飞入寻常百姓家。”南朝的旧时代即将终结，新时代即将拉开大幕。

第十二章

跳脱脸谱，追根溯源

蓝脸的窦尔敦盗御马，红脸的关公战长沙，

黄脸的典韦，白脸的曹操，黑脸的张飞叫喳喳……

这首名叫《说唱脸谱》的歌曲，多年前曾红遍大江南北。曹操在京剧中的扮相，让人一看就知是“奸臣”；而张飞的黑脸扮相，让人们记住了这个粗鲁人的形象。

不过，历史告诉我们，人是多面的，不能以好坏一言以蔽之，也不能以一张脸谱为他们盖棺定论。比如张飞，看似粗鲁，粗中有细，打起仗来也会动脑筋；关羽的红脸象征着忠义，但他毕竟投降过曹操，让这张“红脸”好像还打了点折扣。

至于曹操，许劭主持的“汝南月旦评”，给他了一个“君清平之奸贼，乱世之英雄”的评价，还带有奸臣的成分。到了20世纪，鲁迅则给曹操正了名。他说“曹操是一个很有本事的人，至少是一个英雄，我虽不是曹操一党，但无论如何，总是非常佩服他的”。尽管这段评价在当时应者不多，但毛泽东颇为赞赏。他不仅高度肯定曹操统一北方、恢复经济、整顿政治秩序的历史贡献，而且对曹操的文艺天才也赞不绝口:“曹操的文章诗词，极为本色，直抒胸臆，豁达通脱，应当学习”，曹操的诗“气魄雄伟，慷慨悲凉，是真男子，大手笔”。

历史是胜利者书写的，但一切历史都是当代史，需要实事求是，公正客观。我们做历史研究，也要跳脱人物和事物的脸谱化叙述，追根溯源，找准历史的真相。这样才能有的放矢，真正做到以史为鉴。

一、再论秦皇汉武

对于秦始皇和汉武帝，有两段文字值得好好推敲。

其一，毛泽东在《沁园春·雪》中，大气磅礴地写下了“惜秦皇汉武，略输文采”的豪迈词作，将秦皇汉武相提并论。

其二，北宋史学家司马光在《资治通鉴》中，则指出汉武帝一方面“异于秦始皇者无几”，另一方面又讲其“有亡秦之失而免亡秦之祸”，讲了两人政治作为相似，却结局不同，对中国历史走向的影响也不同。

今天，我们如何来看这两段话呢？

“秦皇汉武”并称的提法，源自南北朝刘勰《文心雕龙》里的一句话：

> 昔《储说》始出，《子虚》初成，秦皇汉武，恨不同时；既同时矣，则韩囚而马轻，岂不明鉴同时之贱哉！

这句话的意思是说，从前韩非子的《储说》刚传出来，司马相如的《子虚赋》刚写成，秦始皇和汉武帝深恨不能和他们相见。但是后来相见了，结果却是韩非子下狱，相如被冷落。这不显然可以看出是对同时人的轻视吗？

它表达了两方面的思想倾向。其一，古代传统社会，伴君如伴虎，锋芒太露并不安全。其二，秦始皇和汉武帝的人才理念有相似之处，既渴求，又嫉妒。

事实上，秦始皇和汉武帝的相似之处远不止人才理念。

从大处着眼，他们同为雄才大略的君主，都在政治、经济、文化领域建立了一番功业，并在边疆治理和开疆拓土方面有所斩获，对于实现国家大一统，巩固统一多民族国家，做出了积极贡献。

从细处着眼，他们同样奉行多领域管制政策。在政治上强化专制主义中央集权，经济上将紧缺资源收归官营垄断，统一和改进货币，全面干预微观经济，文化上通过各种手段统一和改进文字，统一思想，排斥异端。通过权力上收，将举国资源和力量最大限度集中起来，按照皇帝的大战略来统一调配和使用。

正是由于这样大包大揽式的治国思维，他们的政策措施很快就与农业国家的现实发生背离。他们穷兵黩武和大兴土木的做法，虚耗国力，超越农业国家的现实承受能力，造成百姓赋税徭役负担沉重，田地不得不抛荒，农业生产受到冲击。

我们不能忽视皇帝的个人特点。秦始皇和汉武帝个性都有些偏执，甚至在私生活上有些变态。秦始皇笃信求仙问药，冀图长生不老；汉武帝信奉神怪，好大喜功，热衷面子工程。这俩人还都对儿子（扶苏、刘据）不放心。这些不良嗜好一旦需要由国家买单来满足，就会惹出许多莫名其妙的事来，比如秦始皇时代的徐福东渡、汉武帝时代的“巫蛊之祸”。在君主专制的时代，皇帝的个性也足以改变历史。

在司马光看来，汉武帝“穷奢极欲，繁刑重敛，内侈宫室，外事四夷，信惑神怪，巡游无度，使百姓疲敝，起为盗贼”。到了汉武帝晚年，已经出现了重演秦末大乱的征兆。然而，为什么汉武帝“有亡秦之失而免亡秦之祸”？

司马光的解读是：“然秦以之亡，汉以之兴者，孝武能尊先王之道，知所统守，受忠直之言，恶人欺蔽。好贵不倦，诛赏严明，晚而改过，顾托得人。”这是站在道德高度的分析。实际情况却没那么简单。至少，汉武帝在四个方面的条件好过秦始皇。

——“折腾”的空间更大，基础条件更好。

秦始皇平灭六国后，绵延百年的混战刚刚结束，没有经历休养生息，即开始大规模的“折腾”，动辄调发几十万人戍边、拓土、建大工程，无论是国力，还是民心，都不支持长时间这么干。就像皮筋，已经绷得很紧了，在需要松一松的时候还要绷得更紧，就不科学了。

汉武帝面对的形势则有所不同。承汉初以来六十多年的休养生息，秦末大乱的破坏基本抚平，到汉武帝时，国内经济实力和政治控制力显著增强，具备了开疆拓土的现实条件。同时，西汉朝野上下都有结束和亲政策、根治匈奴之患的呼声。因此，汉武帝上台后的一系列军事扩张、政治集权和经济管控举措，基本都有雄厚的物质基础和广泛的民意基础支撑。

——在位时间更长，民力透支的风险有所分散。

汉武帝在位五十四年，虽然其中有五十年都在打仗，但主要是进行边疆战争，内地保持和平稳定，有更大的时间跨度去分散战争带来的压力和负担。而秦始皇对全国的统治只有十一年，却要把汉武帝五十多年要干的事都干了，短时间内给民众加压太大太猛，从而导致激烈反弹。

如果翻阅编年体史书《资治通鉴》，具体到某个年份对比，汉武帝时期的人均年度经济负担比秦始皇要轻。至少有三方面指标可以印证：

其一，人口数量。秦始皇时期全国人口约为两千万，而汉武帝时期达到五千多万。

其二，赋税额度。汉武帝时期，田租三十税一，算赋和口赋（财产税和人头税）较重；秦始皇时期田租十税一，财产税和人头税额度不详，但根据商鞅变法以来“重农抑商”的导向，财产税额度恐怕不低。

其三，战争规模。汉武帝虽然打了五十年仗，但动员兵力规模都不大，一般为几万人到十几万人，且很少在不同方向同时用兵，这与长距离后勤补给能力不足有关。秦始皇动辄调集几十万大军南征北讨，而且经常同时在不同方向用兵，几个拳头打人，对民力支撑和后勤保障的要求更高。

——思想控制更有柔性，民众接受度高。

汉武帝实施“罢黜百家，独尊儒术”的方式来统一思想，其具体手段是将儒学著述作为官员选拔的基本考试内容，以及国家最高学府——太学的教学内容。以考试作为指挥棒，顺理成章地抬高了儒学地位。

在那个“万般皆下品，唯有读书高”的时代，做官几乎是知识分子的唯一出路和人生梦想。为了做官，他们必须攻读儒家经典，客观上实现了儒学普及，自然将其他学派边缘化。

而秦始皇则通过“焚书坑儒”的方式来统一思想，做法相对简单粗暴，不具有长效机制的特征，很难持久和令人信服。

——能够及时调整政策，规避重大风险。

汉武帝末期，特别是“巫蛊之祸”以后，他意识到自己在重大决策上确有失误，也看到了长期战争和兴建大工程给国计民生带来的压力，以及潜在风险，便利用否决轮台戍边的机会，发布了著名的《轮台罪己诏》，调整内外政策，结束了对外大规模战争，回归休养生息。此后，通过汉昭帝、汉宣帝时期的局部调整，经济管制有所放松，军事扩张有所收缩，吏治得到整肃，让老百姓能过上几十年消停日子，汉武帝后期的弊政得到一定修正，缓和了本已激化的社会矛盾，并出现了“昭宣中兴”的局面，将西汉灭亡的时间点推迟了近百年。

尽管秦始皇滥用民力造成的社会矛盾日趋尖锐，但他毕竟只统治了全国十一年就死了。如果秦二世能够改弦更张，稍有舒缓，恐怕陈胜吴广也就不大可能在大泽乡走投无路，揭竿造反，秦王朝的统治可能会得以延续。遗憾的是，秦二世胡亥将秦始皇的弊政“发扬光大”，生活奢华、滥用民力、加重赋税徭役和刑罚等方面更甚，从而激化了社会矛盾，酿成大祸。

俗话说，“文武之道，一张一弛”。治国理政也要讲究政策的周期性，可放可收，可控可逆，及时调节。无论是扩张，还是收缩，无论是管制，还是放松，无论是推行改革，还是维持现状，都要张弛有度。太多的历史经验和教训一再提醒我们：过犹不及。

“俱往矣，数风流人物，还看今朝。”秦皇汉武虽然功过自有后人评说，但他们的开创性贡献，是中国历史发展不可或缺的坐标，永远成为民族记忆的一部分。

二、昭君出塞的历史争论

“昭君出塞”的故事家喻户晓，但关于这段故事的历史记载，却只言片语。最详细的，莫过于范晔《后汉书·南匈奴传》里百余字的记述：

> 昭君字嫱，南郡人也。初，元帝时，以良家子选入掖庭。时，呼韩邪来朝，帝敕以宫女五人赐之。昭君入宫数岁，不得见御，积悲怨，乃请掖庭令求行。呼韩邪临辞大会，帝召五女以示之。昭君丰容靓饰，光明汉宫，顾景裴回，竦动左右。帝见大惊，意欲留之，而难于失信，遂与匈奴。生二子。及呼韩邪死，其前阏氏子代立，欲妻之，昭君上书求归，成帝敕令从胡俗，遂复为后单于阏氏焉。

这段话透露了四个信息点：

其一，王昭君在深宫生活多年，不得汉元帝恩宠，主动要求嫁到匈奴。

其二，王昭君容貌美丽，汉元帝初次目睹，“意欲留之”，颇有悔意。

其三，王昭君在匈奴生育二子，但两个孩子都没能继承单于之位。

其四，王昭君本不愿屈从匈奴风俗，在呼韩邪单于死后，曾上书希望回到汉朝，遭到汉成帝婉拒。迫于朝廷敕令，不得不从匈奴俗，改嫁复株累单于。

然而，如果翻阅班固的《汉书》，只有汉元帝将昭君“赐给”呼韩邪单于的寥寥数语而已。

《汉书·元帝纪》记载：“竟宁元年春正月，匈奴乎（呼）韩邪单于来朝。诏曰：‘匈奴郅支单于背叛礼义，既伏其辜，乎韩邪单于不忘恩德，乡慕礼义，复修朝贺之礼，愿保塞传之无穷，边垂长无兵革之事。其改元为竟宁，赐单于待诏掖庭王樯为阏氏。’”

《汉书·匈奴传》记载：“单于自言婿汉氏以自亲。元帝以后宫良家子王嫱字昭君赐单于。单于欢喜，上书愿保上谷以至敦煌，传之无穷，请罢边备塞卒吏，以休天子人民。”

“阏氏”，就是单于夫人的意思。在班固的笔下，并没有记述王昭君自请出塞的情节。司马光在编写《资治通鉴》的时候，放着更加详细生动的《后汉书》不用，只采纳了《汉书》的这两段记载。以司马光严谨的治学态度，不可能没看过《后汉书》。显然，在他看来，《后汉书》的记述虽然生动，但更像演义和道听途说，不敢轻易采信。

西汉时期，中原汉人的民族观念并不像今天想象的那样开放包容，“华夷之辨”根深蒂固。特别是儒家思想成为主流意识形态后，这种理念就更加强化。《论语·宪问》里孔子就有“微管仲，吾其被发左衽矣”的感叹，更说明孔子对少数民族的生活方式持抵触情绪。

作为“良家女子”，王昭君生活在儒家学说浓郁的文化氛围里，自然也就接受这一理念，很可能不大情愿远嫁草原。然而，作为宫女，她与先前那些没有留下姓名的所谓“汉家公主”一样，无法左右自己的命运，只能听凭朝廷安排，成为“和亲”使者。

到了塞外，跟老单于过着老夫少妻的生活，一切平静；诞育二子，在南匈奴也算是站稳脚跟了。可好景不长，他们的夫妻生活只持续了两年多，呼韩邪单于便撒手人寰。

接下来的情况，《汉书·匈奴传》里是有记载的：“复株累单于复妻王昭君，生二女，长女云为须卜居次，小女为当于居次。”显然，在再嫁这件事上，范晔《后汉书》的记载没有编造。至于昭君是否愿意再嫁，《后汉书》讲得很清楚，是不太愿意，但《汉书》没提。

论常理，她应该是不太情愿的。西汉学者刘向就曾撰写《列女传》，其主旨就是表彰美善，歌颂古代妇女高尚品德、聪明才智和反抗精神，侧面讽刺汉成帝时期皇后赵飞燕失宠后，招募男宠，淫乱无度的现象。因此，《列女传》也能反映西汉时期对女性贞节的基本要求和社会共识——鼓励从一而终，相夫教子，不提倡寡妇再嫁。

更重要的是，王昭君面对的局面，是按照匈奴风俗，丈夫去世后，要嫁给继承单于大位的长子，也就是呼韩邪单于前妻的大儿子。无论从伦理上还是情感上讲，面对这个“法律上的儿子”，昭君恐怕都没法接受。

坊间流传着一篇《王嫱报汉元帝书》，字里行间反映了王昭君的思乡之苦，从另一个侧面印证了她的不情愿和身不由己：

臣妾幸得备身禁脔，谓身依日月，死有余芳。而失意丹青，远窜异域，诚得捐躯报主，何敢自怜？独惜国家黜涉，移于贱工，南望汉关徒增怆结耳！有父有弟，惟陛下幸少怜之。

书信中讲，臣妾有幸被选为陛下的后宫佳丽，原以为可以把自己的身体献给陛下，死后也会留下芳名。不料遭到画师毛延寿的报复，把我画得很丑，从而没能得到陛下恩宠，只好远嫁到匈奴，臣妾是真心实意地以身报答陛下的恩泽，哪里还敢怜惜自己？如今感叹匈奴内部政局变动，难以预测，呼韩邪单于去世，臣妾只能移情于卑微的女工手艺来消磨时光，天天向南遥望汉朝的边关，也只是白白地增加悲伤情绪罢了。臣妾家乡还有父亲和弟弟，只盼陛下稍施怜悯，让臣妾返回汉朝吧。

写信的时候，把她嫁出去的汉元帝已经去世两年。有人说，她远在塞外，并不知道汉元帝病故的消息。然而，呼韩邪单于自从娶了王昭君后，自比汉家女婿，与西汉王朝保持长期友好关系。就在昭君出塞不久，汉元帝驾崩，汉成帝登基，西汉王朝不可能不派使者前去匈奴告知。作为单于的阏氏，王昭君不可能不知道这事。

由此猜测，这封书信可能是伪作。

至于当初汉元帝对王昭君是否存有眼前一亮的挽留之情，我们看看这位“柔仁好儒”的皇帝一生的爱情史，就能管窥一二。

历史上的汉元帝，有一个皇后（王政君），四个妃子，在西汉历代成年帝王里，着实不算多。当太子的时候，他曾宠爱妃嫔司马良娣。遗憾的是，这姑娘命比纸薄，早早去世。汉元帝伤心不已，从此对美女失了兴趣。

按照《西京杂记》的说法，王昭君是不愿向宫廷画师毛延寿行贿，才被毛延寿故意画丑，从而失去汉元帝召幸的机会的。如果昭君对自己颇有自信，非要让汉元帝在她远嫁匈奴前，对自己一见钟情，然后瞬间生离死别、痛失所爱，着实没有必要。因为，这么想，这么做，也改变不了什么。况且，她只是个宫女，离皇帝差着好多级别，根本不敢这么想，这么做。她能做的，只是等待皇帝的安排。事实证明，《西京杂记》只是本小说集，不能当史料。

汉成帝敕令中"从胡俗"这三个字，决定了这个女子悲凉的一生，她再也回不去故乡了。

王昭君留在了匈奴，和复株累单于共度了十一年时光，为他生了两个女儿，分别名叫须卜居次、当于居次，两个女儿先后嫁给了匈奴贵族。

按照《汉书·匈奴传》的记载，王昭君曾为呼韩邪单于生了一个儿子，取名伊屠智牙师，封为右日逐王。至于《后汉书·南匈奴传》记载王昭君为呼韩邪单于生了两个儿子，但也只提到了伊屠智牙师，而没有提及另一个儿子的名字。

伊屠智牙师后来升任右谷蠡王，并一度升格为左贤王。按照匈奴的传统，左贤王是单于储君，雕陶莫皋及之后五位单于均为呼韩邪单于之子，到了呼都而尸道皋若鞮单于时期，右谷蠡王伊屠智牙师按次序应该担任左贤王，但呼都而尸道皋若鞮单于希望传位给自己的儿子，于是杀死了伊屠智牙师。

昭君出塞，让她的兄弟成了受益者。他们被汉朝朝廷封为侯爵，多次奉命出使匈奴，与妹妹见面。王昭君的两个女儿也曾送到长安，进宫服侍过太后王政君。或许，这些经历才是王昭君最感欣慰的部分。

昭君死后，葬在大黑河南岸，位于今天内蒙古呼和浩特市旧城以南九公里的大黑河畔。据说入秋以后，塞外草色枯黄，唯独昭君墓上草色青葱，故而被人称为“青冢”。

关于“青冢”的得名，也有不同的解释。比如《筠廓偶笔》就讲：“王昭君墓无草木，远而望之，冥蒙作青色，故云青冢。”《塞北纪游》也说：“塞外多白沙，空气映之，凡山林村阜，无不黛色横空，若泼浓墨，昭君墓烟垓朦胧，远见数十里外，故曰青冢。”

不管怎样，这位被呼韩邪单于封为“宁胡阏氏”的传奇女子，用自己的一生，书写了一段汉匈民族融合的历史传奇。她的人生或许不堪回首，但她的出塞壮举，已经成为中华民族历史的坐标之一，永远铭记在每个中国人的心中。

千百年来，人们一直怀念王昭君，将她列入古代“四大美女”之中。杜甫的“一去紫台连朔漠，独留青冢向黄昏”，白居易的“不见青冢上，行人为浇酒”，杜牧的“青冢前头陇水流，燕支山下暮云秋”，都寄托了后人对王昭君及其事迹的尊重。

如今，塞外青冢前竖起了一座碑，碑面上镌刻着董必武同志的一首诗，题曰《谒昭君墓》，继续传颂着王昭君的历史功绩：

昭君自有千秋在，胡汉和亲识见高。词客各抒胸臆懑，舞文弄墨总徒劳。

三、“刺史”兴衰（上）

读《三国演义》，“刺史”这个职位经常映入眼帘。作为州行政长官，它的锋芒常常被“州牧”盖住。其实，“刺史”最早不是行政长官，而是监察官。“刺”本身就带有刺探、侦讯的意思。

监察自古就有。尧舜时期“天子五载一巡狩”。不过，天子很忙，不可能天天盯着手下的干部。于是，夏商时期就有“方伯”，负责监督一个大区域的诸侯和官员。

西周初年，为了监视商朝的残余势力，周武王就在商纣王太子武庚的封地周边，安排周王室自家人管叔、蔡叔、霍叔，各成诸侯，起到监视作用，史称“三监”。不过，这样的监督方式并不靠谱。周武王一死，“三监”对周公旦辅佐年幼的周成王，一手遮天的政治布局不满。而武庚时刻打算复国。于是，武庚和“三监”就联合起来，发动叛乱。周公旦不得不亲率大军前去镇压。

随着历史的发展，国君从加强集权的角度出发，对大臣和平民的监督需求与日俱增。据《史记·周本纪》载，周厉王为了“弭谤”，就曾“得卫巫，使监谤者，以告则杀之”，起到的效果是“其谤鲜矣，诸侯不朝……国人莫敢言，道路以目”。《韩非子·内储说》载，卫嗣君曾在县令身边安插监察人员，“县令发蓐而席弊甚，嗣公还令人遗之席，曰：‘吾闻汝今者发蓐而席弊甚，赐汝席。’县令大惊，以君为神也”。就连县令身上长褥疮的事都了如指掌。这样的监察官就有点形同特务了。

如果说上述监察官还是国君根据特殊需求临时设置，采取的监督方式也不太正规的话，那么到战国时期，“监县御史”职位的出现，就标志着监察官常设化，逐步走向正规。《商君书·禁使》里就记载："今恃多官众吏，官立丞、监，置丞立监者，且以禁人之为利也。"设置监县御史，主要是防范和遏制有实权的官员图谋私利。因此，这一职位的权力很大，大到让县令恐惧。

战国时期，魏国县令卜皮为了摆脱监县御史的监督，竟然出了个下三烂的招数，"其御史污秽而有爱妾，卜皮乃使少庶子佯爱之，以知御史阴情"。"少庶子"有两种解读，一是年轻的家臣，二是妾所生的儿子。这里估计是前者。卜皮用美男计勾引御史的爱妾，了解御史的私生活状况，以此作为要挟。如果不是监县御史权力太大、管得太狠，大概也不至于这样吧。

这些监县御史凭什么令县令们胆寒？因为他们主要来自国君的秘书和近臣，离诸侯国的一把手近，自然近水楼台先得月，占据了官场先机。

秦始皇统一中国后，在中央实施三公九卿制度，其中御史大夫作为三公之一，既是副丞相，又是国家最高监察长官。地方上设立郡县，西汉时期又调整为郡国并行制。郡守和王国相级别相当，高于县令。不过，郡守和县令别以为天高皇帝远，秦始皇在地方常设监御史，"掌监郡"。那么，监御史主要有哪些特点？

首先是垂直领导，直接听命于御史大夫，不受郡守支配，也就是监察权独立于行政权之外。其次是监督郡政，不监督县政。其三是撤销监县御史，县级监察权归口郡守。其四是除了监察工作外，监御史还会干些杂事，比如管后勤之类。萧何早年作为郡吏，就得到了监御史的推荐。

秦朝在全国设立了三十六郡，后来又增加到四十多个郡。每个郡管辖的地盘很大，接近于今天的省。有感于加强中央集权的现实需要，避免秦末分崩离析的局面重演，汉高祖刘邦在推行郡国并行制的同时，对大郡进行分拆，造成郡国相互监督的格局。如此一来，监御史的职能就被王国替代，从而撤销了。然而，这种郡国相互监督的做法，并不能遏制地方大员欺上瞒下、贪财好货的倾向。于是，从汉惠帝开始，御史制度又开始在一定层面逐步恢复。

汉惠帝时，派遣“御史监三辅郡”。对于这句话，学界有两种解读。其一是临时派出御史，对首都长安周边的左扶风、右冯翊、京兆府三个郡级地方进行监察，有点类似运动式反腐，刮一阵风。其二则是在“三辅”和“郡”之间应有个顿号，也就是向长安周边的三个要地，以及全国各郡派出御史，进行监察。笔者更倾向于第二种解读，这也就意味着监御史全面恢复。

按照《唐六典》的记载，汉惠帝恢复的监御史有九项职权，时称“察辞诏凡九条”，包括“词讼、盗贼、铸伪钱、狱不直、徭赋不平、吏不廉、吏苛刻、逾侈及弩力十石以上，作非所当服，凡九条”。他们要定期向中央汇报监察情况，每两年轮换一次监郡，避免在同一个地方待久了，形成尾大不掉的地方势力。

可是，这种看起来很完美的制度，在执行过程中就走了样。监御史和郡守串通勾结，“不奉法，乘公就私”“行权相放”，相互包庇，鱼肉百姓。于是问题来了：谁来监督监御史?

既然监察系统这么不省心，汉文帝上台后，干脆另派“丞相史出刺，并督监御史”。用这种方式来监督监御史。“丞相史”，顾名思义，是丞相府派出的官员。按照《汉旧仪》的说法，“丞相初置吏员十五人，皆六百石。分东西曹，东曹九人出督州为刺史”。这样一来，监察监御史的工作，便由作为中央行政系统的丞相府来完成了。

只不过，丞相史作为丞相属官，其“分刺州，不常置”，监督监御史的工作属于临时差遣，“常以秋分行部”，每年秋天到地方上走一遭。这样的监督，无论是力度，还是效果，都大打折扣。况且，丞相史离开丞相府，到地方去监督监御史，那么谁来监督丞相史呢？由行政系统派员监督监察系统的派出官员，实际上损害了监察工作的独立性。

这样的漏洞，终于在汉武帝时期被捅了出来。

据《史记·平准书》载，元鼎四年（前113年），“天子始巡郡国，东渡河，河东守不意行至，不办自杀。行西逾陇……陇西守自杀……新秦中或千里无亭徼，于是诛北地太守以下，而令民得畜牧边县”。汉武帝好不容易出巡一次，走到哪儿，哪的郡守就自杀。是天子好似“灾星”，还是地方官做了太多见不得人的事？为什么非要等到皇帝出巡，这些烂事才东窗事发？显然，丞相史、监御史失察失职，地方监察制度确实存在漏洞。改革在所难免。

此时的西汉王朝，再也不是那个“自天子不能具醇驷，而将相或乘牛车，齐民无藏盖”的穷国了，而是“人给家足”“都鄙廪庾尽满，而府库余财”的经济强国。继汉景帝平定七国之乱后，汉武帝又采用“推恩令”等措施，削弱了王国对抗中央的实力，重用董仲舒推行“罢黜百家，独尊儒术”的政策，设立“中朝”官削弱丞相、太尉、御史大夫的权力。可以说，汉武帝时期西汉王朝的综合国力和政治控制力达到了前所未有的高度，具备了实施监察体制改革的客观条件。

主观上讲，汉初以来“天下初定，制度疏阔”制度环境，带来的不光是休养生息和经济恢复，也有吏治的滑坡，诸如豪强横行、公卿奢靡、小官巨贪、侵帑剥民、人浮于事、疏于职守、图谋不轨、野心膨胀等问题，一直侵蚀着汉帝国的国家机器。改革监察体制势在必行。

元封五年（前106年），朝廷“初置部刺史，掌奉诏条察州，秩六百石，员十三人”。至此，“刺史”走上历史舞台，成为中央派驻地方开展监察工作的主官。当然，在全国的行政系统里，有三个特例是不受刺史监督的。其一是京畿地区，由司隶校尉（二千石）监察；其二是丞相府，由元狩五年（前118年）设置的丞相司直监察，“秩比二千石，掌佐丞相举不法”；其三是在京中央官员，由御史大夫和御史中丞监察。

“刺史”最初是中央行政系统的派出官员，隶属于丞相司直，到汉武帝晚期才划归中央监察系统，由御史中丞领导。不过，即便划归了御史中丞，但由于他们无权处置郡守县令，因而在组织人事问题上还少不了跟丞相府打交道。

“刺史”都有哪些职权？据《汉书·百官公卿表》载，汉武帝给他们规定了“六条问事”：

一条，强宗豪右，田宅逾制，以强凌弱，以众暴寡；

二条，二千石不奉诏书，遵承典制，倍（背）公向私，旁诏守利，侵渔百姓，聚敛为奸；

三条，二千石不恤疑狱，风厉杀人，怒则任刑，喜则淫赏，烦扰刻暴，剥截黎元，为百姓所疾（嫉），山崩石裂，妖祥讹言；

四条，二千石选署不平，苟阿所爱，蔽贤宠顽；

五条，二千石子弟恃怙荣势，请托所监；

六条，二千石违公下比，阿附豪强，通行货赂，割损正令。

以上六条，除了有一条是监察不法豪强，其他五条都是指向二千石以上高官，它们分别是：不听中央号令、不遵制度，损害百姓利益，谋取私利；司法不公正；用人不公平；子弟违法行为；勾结地方豪强的行为。显然，刺史在地方的主要职责就是制衡当地官权，避免其威胁中央集权。

"刺史"原本没有办事机构，后来逐渐固定下来，"假印绶，有常治所"，麾下的属员也越来越多。常见的包括治中、别驾、部郡国从事、主簿、功曹书佐、典郡书佐等。

"刺史"的日常工作都有哪些特点？至少可以概括为七个方面：

——定期巡视。"诸州常以八月巡行所部郡国，录囚徒，考殿最，初岁尽诣京都奏事"。

——以小监大。刺史本身只是六百石的小官，却有权监督二千石（郡守）以上的地方高官。对于这些小官来说，"夫秩卑而命之尊，官小而权之重""秩卑则其人激昂，权重则能行其志""官轻则爱惜身家之念轻，而权重则整饬吏治之威重"。正是因为职位卑微，故而会少一点圆滑世故，多一点上进动力，勇于任事担责，能办事，想办事，敢办事。

——职责清晰。刺史的监察职责只限"六条"里的内容，其他一概禁止参与。一旦查到犯罪线索，只能劾奏，无权亲自处罚罢免。这样设计，是为了避免刺史权力膨胀，滥用职权。

——巡视方式。刺史出巡，既有日常受理官民各类举报，也定期巡视其所辖州（部），“行部必先即学宫见诸生，试其诵论，问以得失，然后入传舍，出记问垦田顷亩，五谷美恶”。

——任职回避。任何刺史都不得在原籍所在地域开展监察。

——相对独立。“州（部）”是监察区，与行政区不同。刺史制度独立于既有行政体制之外，可无所顾忌地以第三者、旁观者身份进行监督。刺史不归郡守、县令管理，而是直接听命于丞相司直（后来是御史中丞）。

——代表皇帝。刺史出巡地方，其政治地位类似钦差大臣，具备较高权威性。监察剑指地方官场阳奉阴违的现象，力图遏制地方分裂态势，实现皇权有效延伸。

皇帝对刺史的工作要求很高，那么西汉时期究竟什么样的人才有资格当刺史呢？

要想当刺史，首先得有学问。比如担任博士官，或者通过明经、贤良、孝廉等途径，经由察举制度的选拔，进入仕途。想要走这条路，必须熟读儒家经典。毕竟，汉武帝时代，已经开始“独尊儒术”了。反映到人们的现实生活中，就是选拔官员，主要考察儒学功底。

就算学问不够精，也没关系，只要是皇帝的近臣，比如担任侍中、议郎、谏大夫、侍御史、校尉之类的中朝官，同样有机会当上刺史。

就算不是皇帝近臣，也不是跟刺史职位就绝缘了。如果当过县令，品秩也是六百石，跟刺史一样，而且对该县所在郡的事务比较了解，同样可以胜任刺史的工作。

在西汉历史上，这三类人都曾有担任刺史的案例。

想当个刺史不容易，那么当了刺史以后能获得什么样的待遇呢?

当刺史，看重的主要是政治待遇。

一方面，所有的刺史都是皇帝亲自考察任用。要知道，一个普通的六百石官员，可能一辈子都不见得能被皇帝召见一次。因此，刺史有面君的机会，是非常难得的政治机遇。

另一方面，刺史如果工作成绩卓著，是可以越级提拔为郡守和王国相的，“治状卓异，始得擢守相”。一般的情况，六百石官员要任满九年，才有资格提拔为二千石官员，而刺史如果干得好，三年就能破格提拔到位。比如汉武帝时，田仁为三河刺史，“能不畏强御，拜仁为丞相司直，威振天下”。丞相司直跟郡守就是同一级别。

对于那些渴望“上进”的刺史来说，好的政治待遇比多挣点钱，更有吸引力。

四、“刺史”兴衰（下）

尽管西汉王朝对刺史职位管束颇严，禁止其越权办事，然而，随着汉武帝以后中央政府控制力的弱化，刺史在实际工作中越权办事案例屡见不鲜。就连朝廷也知法犯法，向刺史交办了越来越多的非监察事务。汉昭帝到汉成帝时，这样的例子很多，大体分成5类:

——抓捕王爷。始元元年（前86年），燕王刘旦勾结中山哀王子刘长、齐孝王孙刘泽谋反，准备先杀青州刺史隽不疑。结果，隽不疑侦知消息，提前行动，“收捕泽以闻”。叛乱还没发动就流产了。事后，朝廷对隽不疑给予嘉奖，将其提拔为京兆尹，赐钱百万。

——招抚土匪。汉宣帝时期，益州刺史孙宝到任后，“亲入山谷，谕告群盗”，招安了大批土匪，将其放归田里务农，解决了当地匪患。

——镇压盗贼。广川国王室包庇盗贼，豫州刺史张敞在抓捕不成的情况下，“自将郡国吏、车数百乘”，包围王宫，进宫捕杀贼首，悬头宫门，并向朝廷弹劾广川王。朝廷对广川王从轻发落，削其食封的户数而已。

——窥探隐私。比如冀州刺史奏代国太子刘年与表妹刘则私通产子，青州刺史奏济北王刘终古宣淫等。这些属于诸侯王的私德问题，但如果朝廷打算“削藩”，这些私德的污点也会成为“削藩”的借口。

——其他副业。刺史还承担了安置流民、安抚蛮夷、赈济灾民等“六条”以外的工作。

不过，这些越权虽然大多有朝廷事前授权或事后认可，但毕竟还都属于临时差遣，不那么正规。从汉元帝时期开始，刺史越权的现象逐渐演变为制度，得到了官方的认可。

汉元帝时期，刺史的随员开始由少到多，刺史的机构设置从无到有，形成固定设置。刺史对属员的使用，也从此前的举荐，变成了直接任免。到汉成帝时期，刺史不但可以自行任用属员，甚至插手其监察区内的人事工作。刺史的巡视范围，从以前的主要巡视二千石高官，扩大到六百石级别的墨绶长吏。汉元帝到汉成帝时期，以王政君家族为代表的外戚专权，大量安插私门子弟和亲信死党担任刺史，造成刺史成了任人唯亲的重灾区，任职门槛一降再降。

最显著的变化，当属汉成帝绥和元年(前8年)的一项官制改革。这一年，朝廷罢州(部)刺史，以州牧取而代之，级别提升到二千石，位次九卿。“州牧”，顾名思义，就是一州之长。这意味着朝廷已经将“州”从监察区的概念，转向行政区的概念。通过官方口径直接承认了刺史监察权的扩张和刺史地位的提升。

不过，刺史更名州牧，并不意味着他可以掌握这个州的全部行政权。至少，州牧奏劾二千石以上地方高官，仍需先上奏三公，不能擅自罢免。

东汉初年，汉光武帝刘秀从统一战争的需要出发，给州牧一定的自主权，允许其带兵参战。然而，随着战争接近尾声，刘秀自然开始担心这些州牧，会不会拥兵自重，成为新的割据势力。于是，建武十八年(42年)，刘秀宣布废州牧，重新置刺史，收回兵权。

那么，东汉版的刺史，都有哪些特点呢?

他们是固定的地方官，主要处理地方政务；他们的监察权得到强化，可以不通过“三公”，直接向皇帝弹劾地方官；汉明帝以后，朝廷又恢复了刺史的兵权，并授权其参与水利建设。可以说，“州”在东汉时期，已经不再是监察区，而成为行政区和监察区兼而有之的区划级别。刺史也就从越权，转变为兼有行政权和监察权于一身的地方实力派官员。

东汉末年，黄巾起义爆发。朝廷为了迅速平定这场大乱，便在刺史之上，增加了州牧的头衔。州牧一般由豪门大族充任，位次重于九卿。在镇压起义的过程中，朝廷不得不强化了州对郡国的行政统领权，可以自行任免官吏、属员；明确了州牧的统兵权，可以自行任免将领，自行招募兵士。这样一来，州牧便逐渐坐大，乃至朝廷无法控制州牧的任免，从而形成了州牧世袭和军阀割据的局面。

州牧成为州的最高军政长官，集军政财权于一身后，刺史的地位就尴尬了，逐渐沦为州牧的副手，权力日渐缩小，表现也日趋劣化。比如汉灵帝中平年间，交趾刺史自以为天高皇帝远，便“上承权贵，下积私赂，财计盈给，辄复求见迁代，故吏民怨叛”，惹出大麻烦。

三国两晋南北朝时期，随着州的数量不断增加，无论是刺史，还是州牧，都越来越不值钱。唐代后期，由于军事斗争的需要，藩镇节度使独揽军政大权，藩镇辖有的州刺史，只能听命于节度使，其重要性进一步下降。

北宋为了矫正藩镇割据的历史问题，便推行文官治州政策，向各州派出知州和通判，作为州的正副长官，通判还兼有监督知州的职能。这下，刺史没了位置，沦为荣誉头衔。元朝以后，没了用武之地的刺史，也就从政治舞台上消失了，成了知州的别称、俗称而已。

刺史最好的岁月，是在西汉时期。它是汉代巡视的制度创新，至少实现了六方面的目标。

——依法巡视，按照“六条问事”。

——专职巡视，所有刺史都是专职，不是兼差。

——异体巡视，通过垂直领导，在一定程度上解决了“谁来监督刺史”的问题。

——巡、视结合，避免走马观花。

——对象明确，主要着眼于监察二千石官员渎职、违法行为。

——兼顾激励和制约的机制保障，实现了分工明确，权责清晰，任职回避，以卑制尊。

清代思想家顾炎武曾将刺史制度誉为“百代不易之良法”，绝非偶然。刺史在汉代的工作是卓有成效的。特别对于配合打击王国分裂势力，维护国家统一，以及肃清官场风气，清除贪渎分子，都起到了正面作用。

汉武帝时期，“二千石系者新故相因，不减百余人”。汉武帝在位54年，抓捕的二千石以上高官多达百余人，其“打虎”力度甚至超过了清代乾隆年间，这里面，刺史的监察和弹劾居功至伟。

东汉顺帝时期，益州刺史种暠发现永昌太守“冶铸黄金为文蛇，以献（大将军）梁冀”，虽然梁冀是外戚，专权跋扈，但种暠不畏权贵，立即逮捕。兖州刺史第五种发现中常侍单超侄子单匡在济阴太守任上，“负势贪放”，便“闭门收匡宾客亲吏四十余人，六七日中，纠发其臧五六千万”。冀州刺史苏章发现清河太守患奸赃罪，虽为“故人”，但“举正其罪”。汉灵帝时期，荆州刺史徐璆发现董太后外甥司隶校尉张忠患赃罪，其赃余一亿，奏皇上收缴，又惩其“五郡太守及属县有臧污者”。

此外，不少刺史率先垂范，带头提倡清廉为官，引导官场政治生态良性发展，比如汉顺帝时，杨秉出任豫、荆、徐、兖四州刺史，“计日受奉，余禄不入私门。故吏赍钱百万遗之，闭门不受。以廉洁称”。他自称：“我有三不惑：酒、色、财。”将行贿者直接挡在了外面。兖州刺史李恂生活简朴，“以清约率下，常席羊皮服布被”。他们虽有越权，但办了很多协助解决民生疾苦的实事，在老百姓眼里，这样的“越权”还是多多益善。

从中央政府的角度看，监察渠道是个补强中央集权的有效途径。通过派出刺史，将监察权上收御史中丞，直接听命于皇帝，朝廷可以全面及时了解各地政情，将皇权延伸至县，从而弥补地方监察系统“虚监”“失监”的缺陷。

当然，不可忽视的是，汉代刺史制度也有不可克服的痼疾。一方面，作为君主专制制度的产物，刺史无法摆脱其产生和存在的制度环境。刺史越权，是君主发号施令随意性的体现；州牧坐大，走向割据，也是君主专制的后果。自己做的饭，不管是否好吃，都要自己把它吃掉。另一方面，中国古代皇权不下县的副作用，造成朝廷只重视郡县一级的监察，对基层政权的监督长期缺位。

事实证明，国力和控制力，决定了刺史制度的兴衰。在“人治”的背景下，对刺史的权力约束仍过多依赖贤君和国力，监督执行层面缺乏严格的法治约束。这也是刺史制度走向异化，甚至衰败的重要因素。

五、传说中的魏晋风度

南朝宋的学者刘义庆，在《世说新语·简傲》里记载了这样的场景：

> 晋文王功德盛大，坐席严敬，拟于王者。唯阮籍在坐，

箕踞啸歌，酣放自若。

晋文王就是司马昭。大家都知道“司马昭之心路人皆知”这句成语。作为曹魏后期的权臣，司马昭一手遮天，与皇帝无异。他举办的宴会，应邀出席的宾朋肯定小心翼翼，唯唯诺诺，看着高高在上的司马昭不敢吭声。可是，只有阮籍，该干吗干吗，坐姿随意，喝酒唱歌都怡然自得，全然不顾场合。

今天看来，阮籍这么做显然是对司马昭不尊重，大概是“活腻了”，随便过头，场合不对。不过，司马昭深知阮籍的为人，也就没加怪罪。他知道，这是一种发自内心的自如洒脱、风流不羁。魏晋风度大概就是这个样子。

魏晋是个动乱的时代，也是个思想活跃的时代。一方面，战乱频仍，士大夫的生存环境恶劣，社会名流聚会山林，纵酒欢歌，清静无为，洒脱倜傥，要的就是避乱世，图安生；另一方面，魏晋时期的政局动荡，使得意识形态领域的控制松了下来，对人才的需求涨了上去，士大夫能够充分展现人格魅力，甚至恃才傲物、特立独行、不拘礼节、不滞于物，满满都是自信。

魏晋风度不是空穴来风。它有深厚的社会基础。概括来说，就是贵族气质的稳定性。

在科举制落地和普及以前，纵然“军功爵”和“察举”制度大行其道，但本质上中国社会还是个贵族社会。对于这样的贵族气质，商鞅和秦始皇曾想打破，想把每个官僚和子民都培养成技术官员、技术工匠，从而实现皇权的急速扩张。可是，他们忽视了中国传统文化中血缘基因的巨大作用。这样的尝试不成功，在陈胜吴广、项羽刘邦的摇撼中，没了血缘力量支持的秦帝国轰然倾倒。历史证明，“疏不间亲”，这不仅仅是个成语。

到了魏晋时期，九品中正制的引入，实现了世家大族对高级官员职位的垄断，在一定程度上保护了贵族的世袭权益。即便到隋唐时期，杨坚和李渊也只是取代了前朝皇族，对于既有的关陇贵族、山东士族，还要加以笼络和依仗。

对于世袭制，我们不能一棍子打死。在大部分教育资源仍被上层社会垄断的情况下，只有贵族子弟才能接受到完整、良好的教育。高门第的子弟，即便没什么本事，也在家族长期的教育和熏陶下，懂点礼仪，熟悉典章制度和经史子集，做官更得心应手。因此，魏晋时期的选官更多倾向贵族家庭（士族门阀），并不奇怪。

靠家族声望，特别是伴随始终的家族文化积淀和家风家训赢得官职，总比政客们进行权钱交易买官卖官，要好得多。因此，魏晋时代的家族竞争，表面看来是拼职位、拼权力、拼资源，其实拼的还是文化积淀和文化名望，特别是家学渊源的力量。南方的王导、谢安家族，北方的卢氏、范氏家族，之所以能维持长期兴盛，靠的不光是权力，更多的是文化名望。

名望不是吹的。很多世家大族为了传承家族精神，制定了林林总总的家诫、家训、家规。最有名的当属《颜氏家训》。这些家族的文化积淀，确实是像刘裕、萧道成、陈霸先这样的寒门子弟（次等士族）无法比拟的。

《世说新语·简傲》里曾记载：东晋士族谢安的弟弟谢万“在兄前，欲起索便器。于时阮思旷在坐，曰：‘新出门户，笃而无礼。’”谢安贵为高门士族，但门第历史不如阮氏久远，还是在人际交往中低人一等，被阮氏瞧不起。这种门第之见，跟家族的文化底蕴分不开。

经过累代传承，上层社会以家族为单位，底蕴越积越厚，将上层人士的精神气质塑造成为贵族文化。捍卫门第尊严和维系文雅品质，成为东晋到唐中叶的主流时尚，高门士族为朝廷源源不断地提供优秀人才，充斥宰相高位。

正是由于社会地位高，仕途起点高，不再为五斗米而发愁，魏晋士大夫对生活品质的追求，也到了一种纵情任性的地步。

有些人可以为心爱的事物忘我投入。比如阮籍，“或闭门视书，累月不出，或登山水，经日忘归”，活脱脱财务自由的“书虫”和“驴友”。

有的人可以了却尘世间的一切烦恼。比如孙登，衣蔬食，绝人间事，“夏则编草为裳，冬则被发自覆”，返璞归真，过起了原始人类的生活。

有的人行为放浪怪诞，惊世骇俗，不可理喻。比如刘伶“常乘鹿车，携一壶酒，使人荷锸而随之，谓曰：‘死便埋我。’”甚至纵酒佯狂，抬棺狂饮，室内裸奔，还声称“以天地为栋宇，以屋室为裤衣”，一副“六号病床”逃出去的姿态。

有的人完全不顾礼义廉耻，阮籍“邻家妇有美色，当垆酤酒。阮与王安丰常从妇饮酒，阮醉，便眠其妇侧……邻家处子有才色，未嫁而卒，籍与无亲，生不相识，往哭，尽哀而去”。一副蔑视礼法，打“擦边球”的做派。

有的人不修边幅，不讲卫生，喜穿宽袍大袖，经久不洗，长虱子也就不奇怪。可是，他们从不将其当作不讲卫生的丢人事。比如王猛见桓温的时候，就“扪虱而谈”，在当时是很高雅的举动。

有的人干脆视功名利禄如粪土，拒绝做官，拒绝跟权贵打交道。比如《晋书·王羲之传》里讲：“（王）羲之既少有美誉，朝廷公卿皆爱其才器，频召为侍中、吏部尚书，皆不就。”别人求之不得的高官职位，给王羲之留好了，几次诚邀，都吃闭门羹，这让朝廷情何以堪。

如果放在今天，这样的现象一定不正常，甚至有违人性。然而，在那个时代，战乱连绵，朝代更迭，政权轮换。权臣如走马灯，皇帝也当得不踏实——贵为天子，为了保半壁江山，还要拉着高门士族一起共坐天下。秦皇汉武确立的大一统政治秩序被破坏了，一些高门士族再也不愿为了权力俯首帖耳，甚至不屑于为皇帝打工，因为他们有比权力更可贵的资本——门第。

董仲舒改造的儒学就像藩篱，用察举制度的评价机制束缚着读书人。到了魏晋时期，政治权威濒于破碎，意味着“董记儒学”在意识形态领域的唯一性也将遭遇挑战。尽管思想界的波动不像春秋时期“礼崩乐坏”那么剧烈，但士大夫的思想边界一下子放开了。于是，魏晋士大夫对老庄和佛学的兴趣爆发式增长，推动了魏晋玄学的兴起，以及“清谈”之风的盛行。

魏晋玄学是中国传统哲学的重要分支，思想源流起于老庄和《周易》。他们所探讨的本体论、宇宙观、动与静、言与象、名教与自然的辩证关系，将道家思想与佛学理念杂糅起来，高深莫测。显然，它是超越功利的，是不能直接创造物质财富的。因此，没有雄厚的经济实力作为后盾，谁敢全身心投入冥想玄思。哲学在西方社会就是贵族的专利。

魏晋时代似乎具备了这样的条件。南渡士人流行“清谈”，纵情山水之间，品茶对弈之间，羽扇纶巾，娓娓而谈。他们讨论人生的意义，讨论个体与社会，讨论人格的魅力，有时还会争执，面红耳赤，喋喋不休，数日不绝。即便在文学作品中，也充斥着对人和人性的思考。比如曹操的“对酒当歌，人生几何”。或许，只有“无丝竹之乱耳，无案牍之劳形”的人，才有闲暇思考这些大问题。

魏晋风度，倡导的是儒道释互补的士大夫精神，追求自由自在和真性情的释放，主“我”重“情”，不受名教束缚。中国传统知识分子的人格基因由此奠定。当然，过多地表露真性情，也带来了一些负面影响。比如赶时髦、纵欲无度、追逐个性而丧失大局观。然而，任何一种价值理念都有其局限性，对魏晋风度也没必要苛责。

值得一提的是，魏晋风度为中国文学史贡献了“竹林七贤”，为中国书法史贡献了王羲之父子，为中国绘画史贡献了顾恺之，留下了诸多传奇故事。

《太平御览》记载，王氏家族是江南高门士族，几个孩子都英俊不凡。郗鉴听说后，就派媒人上门提亲选女婿。其他几个孩子都客客气气，以礼待客，显得言行优雅，唯独王羲之光着膀子躺在东床上，无动于衷。媒人将此情此景回禀后，郗鉴竟然做出了惊人决定：“我就是要找这样的人。”于是就把女儿嫁给了王羲之。几十年后，正是这位光着膀子的奇男子，在浙江绍兴附近的兰亭，以知天命之躯，盘坐兰溪之畔，聚各方文人，饮酒赋诗，挥毫写下《兰亭序》，传为千古佳话。

画家顾恺之“好矜夸、好谐谑”，“率直通脱”，言谈举止，“痴黔各半”。意思是说，这位画家喜欢吹牛，喜欢开玩笑，有时很机灵，有时又很莫名其妙，被人称为“三绝”（画绝、才绝、痴绝）。高超的才艺让他具有了年少轻狂的本钱。早年身无分文，却声称要给瓦官寺捐款百万钱。可是，他夸下的海口，竟也能兑现，靠着绘制高级僧侣的画像，赢得围观土豪的青睐，一掷百万钱买走画作。这样的情节，或许只能在类似《唐伯虎点秋香》的电影里，才能窥见一二吧。

这是一个政治衰落的时代，这是一个文明井喷的时代，这是一个动荡不安的时代，这是一个人性觉醒的时代。这是中国历史上精神“极自由、极解放，最富于智慧、最浓于热情的一个时代”。秦汉文明的延续，离不开这个时代；隋唐盛世的奠基，离不开这个时代。

率真而不拘小节，放浪而裸形天地，淡定而宠辱不惊，旷达而笑对人生。外表疯疯癫癫，内心至情至性，这就是魏晋风度——亦真亦幻的时代风尚。